中国古代
实战兵器图鉴

一部兵器发展史

指文烽火工作室 著

吉林文史出版社
JILINWENSHICHUBANSHE

图书在版编目（ＣＩＰ）数据

中国古代实战兵器图鉴：一部兵器发展史 / 指文烽
火工作室著. —— 长春：吉林文史出版社，2018.8
　ISBN 978-7-5472-5340-3

　Ⅰ. ①中… Ⅱ. ①指… Ⅲ. ①兵器(考古)－中国－图
集 Ⅳ. ①K875.82

中国版本图书馆CIP数据核字(2018)第198321号

ZHONGGUO GUDAI SHIZHAN BINGQI TUJIAN: YI BU BINGQI FAZHAN SHI

中国古代实战兵器图鉴：一部兵器发展史

著 / 指文烽火工作室

责任编辑 / 吴枫　特约编辑 / 朱章凤

装帧设计 / 舒正序

策划制作 / 指文图书　出版发行 / 吉林文史出版社

地址 / 长春市人民大街 4646 号　邮编 / 130021

电话 / 0431-86037503　传真 / 0431-86037589

印刷 / 重庆长虹印务有限公司

版次 / 2018 年 9 月第 1 版　2018 年 9 月第 1 次印刷

开本 / 787mm × 1092mm　1/16

印张 / 20.5　字数 / 291 千

书号 / ISBN 978-7-5472-5340-3

定价 / 119.80 元

目录
CONTENTS

绘图 Paintings

前言

　　中华民族拥有悠久的历史和璀璨的文明，而实战兵器就是其中一枚灿烂的明珠。分裂与统一的历史变革极易造就伟大的战争，在征伐中，各种实战兵器与军事技术应运而生，并逐渐趋于完善。可以说，从新石器时代晚期到第一次鸦片战争前的数千年里，中国古代实战兵器在战场需求和科技进步的双重驱动下不断推陈出新，生产与应用水平也与日俱增，不管是长兵器、短兵器、远程兵器、卫体兵器等冷兵器，还是原始热兵器都有了长足的进步。自然而然，不能适应战争的古老兵器不再出现在战场，它们或成为仪仗兵器，或被直接淘汰，消失于历史长河中。

　　实战兵器的发展与演变脉络自成体系，体现了我国古代恢弘的国力和民族力量。不过颇为可惜的是，明清之后，民间武术的大发展，使得中国古代战场实战兵器被混杂于众多民间器械之中。明代军事家戚继光就曾直言民间"花枪、花刀、花棍、花叉"不可用于战场。更甚者，进入近现代之后，在流传的各类文艺作品如演义和传说中，更是难觅中国古代实战兵器的真实身影和战场雄姿。

　　本书将通过史料记载、文物复原等方式，以精美的原创图片和文章，系统展示并讲解中国古代实战武器的诞生渊源、发展沿革、性能特征、战例故事，以及在战争中的实际应用和地位，以清除民间器械和文艺作品带来的误导，帮助读者从视觉感受和知识体系上，建立对中国古代实战兵器的了解和认识。

指文烽火工作室

诸器之王：枪矛

作者／太极白熊

当阳桥上，猛将张飞瞋目断喝："身是张益德也，可来共决死！"数千曹军惊得目瞪口呆，无一人敢再上前追击，怕的就是他横持的那柄丈八蛇矛；长坂坡中，浑身是胆的赵子龙在重重包围中杀得七进七出，终怀抱刘禅安然脱身，仗着的正是手中一杆银枪；阵前结亲的冷面寒枪俏罗成，用的是丈八滚云枪；雪夜山神庙的豹子头林冲，舞的是一杆花枪；大破连环马的徐宁，用得一手钩镰枪……

这些作品中的猛将豪杰，似乎非要跟枪矛武器扯上些干系，才能尽显洒脱武勇，枪矛武器何以如此抢眼？

"枪乃诸器之王，以诸器遇枪立败也"，这句评价不是来源于民间虚构的小说，而是出自明代著名武学著作《手臂录》中的《枪王说》一篇。这本书的作者吴殳是位武学大家，而他的师父则是明末武术界大名鼎鼎的石敬岩。

石敬岩单名一个"电"字，自幼熟习剑、刀、棍、枪术，尤以枪术闻名，自成一派石家枪，足称武学泰斗。他的武艺来自于军事，万历年间他应募剿寇，师从于县令耿橘；他的武艺也用于军事，他戎马一生，最终在崇祯八年（公元1635年）镇压农民军的战役中战死沙场。受他影响，他的嫡传弟子吴殳同样厌恶那些故弄玄虚的江湖把式，追求古朴简洁、实用高效的军阵枪术。《手臂录》的那句评价，可以说是其戎马一生

的师父对枪矛地位的肺腑之言。

对于枪矛，小说家青眼有加，武学者推崇备至，那么历史上的军事家呢？真正的将帅们又是如何看待枪矛的呢？

明代有一部军事典籍《武备志》，其作者茅元仪文武兼备，曾随孙承宗在辽东与后金征战多年。在这部军事典籍里，茅元仪如此点评枪矛："阵所实用者，莫枪若也。"

阵所实用者，莫枪若也！

无怪乎，数千年的中华军事史上，从未断绝过枪矛的身影；无怪乎，不论何时何地的军事记载，从未缺席过枪矛的英姿；无怪乎，不管是步战、骑战，还是曾经风行一时的车战，枪矛都不曾失却它的风采。

既然枪矛如此抢眼，接下来就让我们到浩瀚的历史长河、灿若星云的史料典籍和文物工作者的挖掘报告里，来寻找、印证这种武器的独有魅力吧。

▲《手臂录》所载武师弄枪图

洪荒远古

远古时期，原始人类需要在漫长的进化过程中跟种种猛兽甚至是同类族群对抗。在这种频繁的对抗中，他们学会了制造简陋的工具。这样的行为将他们同其他低等动物彻底区分开来，揭开了人类统治地球的序章。

在标志着人类进化到关键节点的一批工具中，有相当一部分，都是原始武器。

而原始武器中最为常见的，就有枪。将身边随处可见的树枝、竹竿削尖一端，便可以用来刺杀敌人、猎物，这就是最原始的枪。

这种制作方式不仅在原始壁画中有所体现，在各类记载中也留有痕迹。比如秦代著作《仓颉篇》便将"枪"字诠释为："枪，谓木两头锐者也。"而汉代的《通俗文》则说："刻木伤盗曰枪。"这些早期释意的记载，恰恰可以说明上古枪类武器的源流。

但是仅仅用削尖的木杆，并不足以有力地杀伤敌人。原始人不仅要面对有厚重皮毛的猛兽，还要跟披着兽皮、木甲的原始部族抗争。为了进一步提升枪类武器的穿刺能力和杀伤后效，人类开始将石块、兽骨摩擦尖锐，用绳索捆绑在木杆上，这就制成了矛。

这样的加工方式，代表着人类走入了

▲ 木矛头。尽管石材随处可见，骨器的原料获取也并不艰难，然而在石器时代仍然有相当数量的木制矛头存在。这类木制矛头虽然较为脆弱，却便于加工，因而边缘光滑，通体颀长如针。图中所示者长度达21厘米，宽2厘米

▲ 原始矛复原图

▲ 新石器时代的矛头。左侧四枚为骨质矛头，因为骨质比较易于加工，所以可以做得颀长光滑，这四枚的长度在21厘米到8厘米不等。余下五枚均为石制，材质较为脆硬，加工更为粗糙，造型扁平，长度稍逊骨矛

◀ 商代石矛头。这枚石矛打磨精细，造型规整锐利，属于石器研磨的精品，已经具备后世金属矛头的雏形

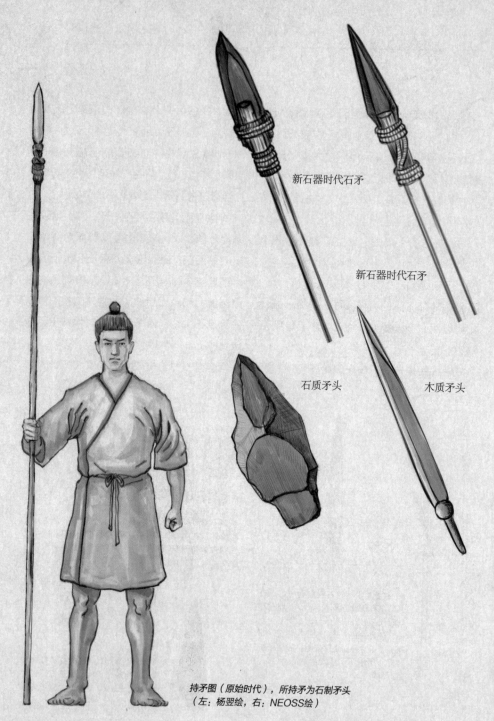

新石器时代石矛

新石器时代石矛

石质矛头

木质矛头

持矛图（原始时代），所持矛为石制矛头
（左：杨翌绘，右：NEOSS绘）

石器时代。矛类武器乍一出世，立刻凭借简单的制作方式、显著的杀伤性能以及无可比拟的实用性在原始武器中独占鳌头。在肉搏器械中，矛的长度远胜于同期的石斧、石匕，让原始人类有了在肉搏战中用距离优势保全自己生命的可能。

旧石器时代出土的原始石器打制方式多种多样，譬如碰砧、摔击、锤击、间锤等等。其制造手法简单而粗陋，除了勉强可以视作锋锐的边缘外，几乎没有什么共性可言。然而就是这样不规则的粗糙石制品，让人类在与大自然的对抗中保持着优势，牢固地站在食物链的顶层，积攒着继续进化的能量。

时间来到了距今一万多年前的新石器时代。人类的社会经济有了不小的发展，足以支撑石器的研磨加工，所以此时的人类对石器的加工水平有了长足的进步。这一时期，无论是石器还是骨器，人类都能够将刃体和边缘摩擦得较为光滑，形状也趋于固定，甚至还在刃体上钻出了用于固定的孔洞。这样均匀、光滑、大体对称的矛头既方便穿刺目标，也更容易让操作者掌控，使得矛的实用杀伤威力更上一层楼。

新石器时代晚期，人类发现玉石更为坚硬耐磨，因此较多地选择该类矿物生产武器。这种对玉石加工的审美风格严重影响了其后的整个中华文明。在玉制武器失去实用价值以后，这种加工风格延续至商代的艺术品，构成了青铜器和玉器的结合。

在石器时代，人类从蒙昧走向了文明，从混乱走向了规制。矛类武器同样也产生了这样的变化。受到材质和加工水平的影响，这些出土的石造矛头从七八厘米到二十多厘米不等，而且形状各异、长短不一，甚至有宽有窄、有扁有圆。但是从实用角度来讲，尽管新石器时代的武器仍旧不免粗陋，却已经足以有效穿透野兽的皮毛，戳破原始人类简陋的兽皮护具，给带来威胁的敌人以致命杀伤。

▲ 商代玉刃铜矛

青铜时代

历史的车轮滚滚向前，永不停歇。粗陋脆硬的石器、骨器渐渐无法满足需求，人类在不断的摸索中，探寻着新的技术。金属武器的诞生，呼之而欲出。

在夏、商期间，中华文明走入了决定性的时期——青铜时代。金属制品的出现，给

商代青铜矛

周代青铜矛

战国时期铍

春秋时期青铜长矛

持矛图（战国），武士身披的甲胄以曾侯乙墓出土皮甲胄为原型绘制
（左：杨翌绘，右：NEOSS绘）

枪矛类武器带来了革命性的变化和蓬勃的生命力。

通常意义上我们所说的青铜，是铜和锡、铅的合金，这种金属克服了红铜过于柔软的缺憾，硬度更大，熔点更低，非常适合浇铸。

在夏代，人们已经可以利用打磨石范和陶范来铸造青铜器。青铜能够提供更为强劲和精良的产品，在性能上远远超越了那些脆硬粗糙的石头、骨器，一经普及就迅速取代了原始的石器。

由于制造矛头的材料强度大幅度提高，青铜矛头的形制可以做得更为纤长。一方面，它的锋刃加工更为精细，能够生产出极其锐利的矛刃，大大提高了矛头的穿透力和杀伤力；另一方面，因为强度的提升和造型的方便，矛在青铜时代抛弃了单纯用绳索捆绑的原始固定方式，可以直接在矛头下方制造出套入竹、木柲的圆筒状骹部，让矛头和杆柲的结合更为稳固，同时也大大提升了矛能够承受的力量，进而加强了穿刺能力和杀伤力。

青铜矛作为第一种实用的金属制矛类武器，奠定了枪矛武器的基本形制。其后枪矛武器虽然产生过许多种变化，但多数情况下都没有脱离其基本构造：矛头中间突起成脊，两侧为刃身，后留有便于插入杆柲的骹，骹两侧还会留有用来辅助固定的环钮。

除了矛头、杆柲以外，此时的矛还有了新部件。根据商代的出土文物显示，该时期少量的矛类还配备了铜鐏。鐏，就是安装在矛柲（即矛头下面安装的木柄）尾部的金属制品，能够起到保护木杆的作用。当军士持

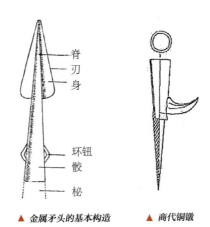

▲ 金属矛头的基本构造　　▲ 商代铜鐏

（图注）脊 刃 身 环钮 骹 柲

矛将矛尾立在地上时，不至于磨损柲的尾部，也可以利用鐏将矛插在地上，减轻负担。在青铜时代早期，这种装备显得有些奢侈。

原始的部族争斗，在青铜时代发展成了真正的战争。早在夏代和商代前期，就已经出现了战车的身影，但步兵作战仍然是最重要、最主流的决定因素。此时的步兵，多用戈配盾，矛的装备数量要相对少于戈。这一点可以从墓葬出土文物中得以佐证，我国20世纪70年代在安阳殷墟西区的中小型墓葬群进行发掘时，得到铜矛七十余件，仅占同地出土铜戈数量的三分之一，足见装备数量上的差距。

尽管绝对数量上不如干、戈，但矛仍是最主要的步兵武器之一，并且拥有无法替代的地位。《尚书·牧誓》中记载，武王即将伐纣时，给麾下将士们宣读檄文激励士气，将士们"称尔戈，比尔干，立尔矛，予其誓"，足以证明在正式的军事场合上，矛与干、戈同样不可或缺。

在出土文物中，我们也可以看到类似的证据。河南安阳侯家庄商代王陵的墓道中曾发现大批成捆存放的铜矛，每捆十支，共七百余支。这足以说明殷王的武士们大量装备青铜矛。

矛类武器为什么可以在干、戈占主导地位的时代获得一席之地？这个原因要从两者的差异和兵器的实用性上去找寻。汉代名臣晁错在《言兵事疏》中曾经如此阐述："两阵相近，平地浅草，可前可后，此长戟之地也，剑盾三不当一；萑苇竹萧，草木蒙茏，支叶茂接，此矛铤之地也，长戟二不当一。"

步兵作战中，遇阵形密集或周遭草木茂密时，作为一种主要用于勾、啄格斗兵器的戈、戟很难运用自如，只有长矛威力不减，故而其装备的必要性仍然不容撼动。

从具体的出土文物中，我们还可以看到时代变迁给此时的青铜矛头带来的细微变化。商代早期的铜矛造型受石器时代残余惯性的影响，多为简单的柳叶形。刃叶两边较为开阔，宽度较大，刃部中央保留贯通首尾的脊部以加强刃体强度。在骹部两侧多有钮或孔，便于用绳索捆扎、固定矛头。

商代中后期的铜矛头则更为多样化，而且还出现了带有精美纹饰、造型成熟的个体作品。虽然受到个体制作时间和制作者工艺水准差异的影响，但是就整体而言，此时的青铜矛头刃叶宽阔、扁平。这应当是因为此时的人类社会仍较原始，士卒们仅有少量简陋防护，无法对青铜武器形成有效的抵挡。所以宽大的刃叶可以明显扩大敌人的伤口，加强对目标的杀伤效果。

商末和周代，是中国青铜器制作的鼎盛时期。进入西周以后，青铜器的制作越发精良，诸多精美的青铜器具令人叹为观止。材料和工艺的革新同样带来兵器的进化，而枪矛武器的具体体现，就在于矛头刃部逐渐加长，矛体变窄，锋刃加厚，骹部变短。

西周的战车，已经成为陆地军事斗争的头号主角，此时绝大多数的战术都围绕着战车制定。车战这种战争形式在中原的日益兴起给单兵武器带来了巨大影响。围绕着车战，产生了车战兵器的搭配问题。虽然这种搭配在不同时期和地区都有诸多变化，但大体规律还是十分相似的：通常是以矛、戈等兵器提供肉搏保护，以弓弩提供远程火力，成员多配备短剑，但在大量步卒的掩护下，并没有太多使用机会。

在古代的典籍中，留下许多关于车战兵

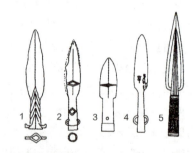

▲ 商代柳叶形铜矛。1、2为商前期款，长度约23.6厘米；3、5为中期款，分别长17.4厘米、37厘米；4为晚期款，长23.5厘米

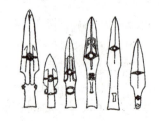

▲ 周代铜矛

器组配的记载。譬如《诗经·鲁颂·閟宫》郑笺中提及的"兵车之法：左人持弓，右人持矛，中人御"。而《五经正义》中则将车之五兵总结为"矛、戟、剑、盾、弓"。无论哪种记载，矛都在兵器中占有不可或缺的地位。

从出土文物方面来看：河南三门峡西周虢季墓中，有五件铜矛伴车马器一同出土；北京昌平白浮的 M3 西周中期墓中，共出土格斗兵器戟一、戈九、矛二、钺一、铜斧两柄。可见此时的枪矛装备数量上虽然仍旧远不及戈，同时还面临糅合戈、矛特征的戟的竞争，却依旧保有一席之地。

长矛何以在车战五兵中博得一席之地？

影响兵器发展的因素主要有：材料和工艺的进步，战争形式对用途提出的需求等等。在工艺、材料都固定的前提下，兵器的具体地位和变革就需要研究者扎扎实实地从用途上下功夫。因此对兵器细节的研究绝对不能抛开实用因素。

既然需要穷其用途，那就先从典籍中查阅，随后在形制上窥探。《考工记·庐人》记载：周人将步卒所用的矛称为"酋矛"，柄长约为两丈，按周尺（一尺约二十三厘米）计算，合约四米半；车战用矛称为"夷矛"，柄长约两丈四尺，合约五米半。车战兵器中，戟一丈六，长约三米七；戈六尺六寸，长约一米五，如此一来夷矛的长度自然大为领先。

《考工记·庐人》中又写道："凡兵无过三其身，过三其身，弗能用也，而无已，又以害人。"这意味着，在周代，古人已经发现实用长柄武器的长度最好不要超过人的三倍身高，倘若越过这条界限，则非但不能增加威力，反而会让使用者感觉累赘，从而降低效能。按人身高八尺计算，三其身则为两丈四，恰恰等同于夷矛的理论长度，可见夷矛的出现，就是为了追求车战肉搏兵器的极限攻击距离而产生的。

为何车战要追求这种极限攻击距离呢？

周代的战车已经从商代的两驾发展成四驾，在冲击力上有了很大的提高，车体也得到了加宽加固，这让车上的卫士可以在两车相互冲击时进行错毂格斗。在错毂格斗中，长柄武器有了决定性的优势。所谓"一寸长，一寸强"，为了让车上卫士在攻击对手时不致受创，这才将杆秘延伸至极限的"三其身"。

为何长戈、长戟不能做到三其身来替代长矛？

戈是勾啄兵器，戟是融合了戈、矛特点的长兵，其用途多为依靠侧刃对敌人发起啄击或者勾划。当秘长达到一定程度时，刃部严重偏向一边的戈、戟就会因为重心失衡而让卫士难以操控。唯有长矛作为单纯的刺杀兵器，能够将矛头加工得匀称、轻盈，不至于干扰重心，而且即使在三其身的长度上，单纯的戳刺攻击还不至于减少杀伤威力。所以，当手中武器的长度成为决定生死的关键因素时，只有矛才能胜任这一任务，而戈、戟显然更适合对近距离敌人和步卒发起攻击。

从实际考古挖掘的结果来看，该时期的矛确实少有打破三其身长度的例外。出土带柄的例子有：长沙春秋晚期楚墓中发掘的两支带柄矛，秘长分别为 297 厘米和 280 厘米；而湖北随州曾侯乙墓出土的战国楚矛，秘长超过 4 米，算上矛头，恰好符合古文常载的"丈八矛"规格。

东周的历史被分割成春秋、战国两个阶段。这一时期，周天子势衰，诸侯遂割据一方，天下战争频发，而战斗的规模、水平也在与日俱增。春秋末期的诸侯大国已经能够长期将军队保持在十万之师以上，而战国末期，强国经常会动员数十万大军作战。频繁的战争就如同军事技术培养皿一样，促使着兵器的频繁改进。

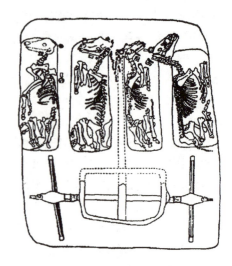

▲ 西周四驾马车（北京房山琉璃河西周车马坑出土）

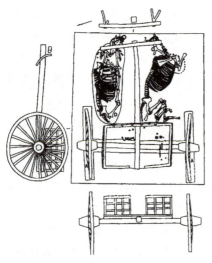

▲ 商代两驾马车（安阳郭家庄晚商车马坑出土）

▲ 西周前期铜矛

▲ 西周铜矛头

◄ 西周中晚期中原地区铜矛

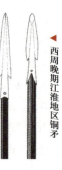

◄ 西周晚期江淮地区铜矛

东周时期，青铜兵器的制作走向了顶点，已经能成熟地通过控制合金成分的比例来满足青铜武器不同性能的需求，这大大提高了武器的质量。与此同时，武器的装备数量越发庞大，兵器生产开始更为重视材料、人力等成本，并且为了在制作中加强管理，铭纹开始普遍出现。

矛类武器在这个时期，工艺渐渐成熟，形制变得更为适应大规模装备。东周的青铜矛头延续了西周时逐渐变窄、变狭长的趋势，到春秋晚期，冶金水平的进步使矛头形成了固定的特点——刃体狭长顾直，筒型骹多延续至刃体中部。这样的矛头更为轻便尖锐，更适合在盔甲日渐普遍时，穿透敌人的良好防护，造成有效杀伤。

不仅仅是矛头，矛柄也出现了革命性的变化。许多长矛的秘不再使用单一的竹、木杆制造，而是选用了一种崭新的复合材料——积竹秘。

积竹秘选用坚固顾直的木杆为芯，外层以相对柔软、弹性良好的竹条篾合，然后用丝麻或者藤条紧紧缠裹，最后再涂漆制成。作为东周时期的工艺革新产品，积竹秘将多种不同性能的材料复合在一起，比单纯的竹木杆柄更为坚韧适手，成了当时提高长柄武器质量的一种常见手段。

春秋时期，诸侯们多以收藏精美的兵器为荣，因此常在该时期的诸侯墓穴中出土制作华美的兵器。现出土的这一时期的矛头中，精品当以夫差矛为最。夫差矛出土于 1983

▲ 吴王夫差矛（近来有专家考证其为吴国一种兼有矛和剑功效的特有兵器——铍）

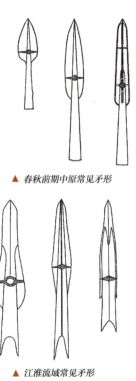

▲ 春秋前期中原常见矛形

▲ 江淮流域常见矛形

年发掘的湖北省江陵县马山五号楚国贵族墓，它以青铜制成，矛头长约29.5厘米，宽约为5.5厘米。夫差矛通体狭长如剑，遍布精美的菱形暗纹装饰。在它的矛脊上，还铸有深长的血槽，骹部刻有兽首形钮，矛体刃部有错金铭文——吴王夫差自作用□（矛）。时隔数千年，夫差矛出土后仍然锋利如新，与越王勾践剑并列为该时期出土兵器珍品。

到战国时期，矛头的形制受到地域间不同需求的影响，产生了显著的分界。中原地区的矛头狭窄短小，造型朴实精干，矛头上多有铭文记载制造信息，如时间、监造部门、监造人员等等，体现了当时军事生产管理上的严格。而南方楚越等国的矛头则更为狭长，虽然其上没有详细的铭文记载制造信息，却有华丽而富有艺术气息的纹饰，体现了南方诸国独特的风俗特色。矛脊在这一时期常常开有血槽，血槽的作用主要是减轻矛头重量，沟通伤口内外气压，避免矛头在插入敌人躯体时被紧绷的肌肉夹缠而难以拔出。通过这个革命性的变化我们足以发现，战国时期频繁的军事斗争给兵器铸造者们带来了丰富的实战经验反馈。

在出土的战国时期车战兵器里，矛的地位更加显要。以曾侯乙墓出土兵器为例，其中出土长柲武器中共有矛49件，而当中有一件最短，为225厘米，其余均是418～436厘米的丈八矛；戟仅有30件，全是325～340厘米的中等长度；戈仅有66件，全为127～133厘米的短柄。由此可见，战国的矛已经彻底垄断了车战长距离肉搏武器的地位，并且在数量上有了大幅度提升，戟和戈只能负责中近距离的肉搏。

不过在战国时期，车战的重要性开始下降。以贵族为主力的车兵逐渐走下神坛，步兵也不再只作为战车的附属单位存在，而是逐渐成为决定战果的主力。与此同时，北方游牧民族的骑战思想逐渐在中原地区普及开来，以赵武灵王胡服骑射为代表，各诸侯国纷纷开始重视更为灵活的骑兵战术，车战下降为次要地位。例如《战国策》卷二十六中，便将诸侯国的军队组成描绘为"带甲百余万，车千乘，骑万匹"，可见其构成比例的剧烈变化。

战车势衰而步兵日盛，长矛中的夷矛也随之退居次要地位，而步兵用的酋矛数量则变得更为庞大，这让此时长矛的平均长度稍有降低。

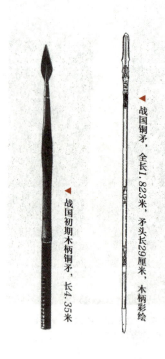

▲ 战国初期木柄铜矛，长4.35米

▲ 战国铜矛，全长1.823米，矛头长29厘米，木柄彩绘

秦汉雄风

时过境迁，天子和诸侯混战的东周最终被强秦终结，中国历史走进了一个新的时代。而此时的矛，也呈现出崭新的面貌。

秦代青铜兵器在风格上遗存了浓厚的战国风味，但在规格上却更加整齐划一。

在秦始皇陵中，考古工作者发掘出无数战国至秦代的兵器。尽管战国末期铁制武器并不稀少，但秦陵中出土的绝大多数兵器均为青铜制品，估计因铜质武器较为精美，更适合配给陵寝中的帝王仪仗。秦陵出土的青铜兵器制作之精良已趋极致，其中的青铜矛头虽历经两千余年仍坚固锋利，宛如新品。

战国末期至秦代的战争中，甲士比例逐渐提高，步战变得显要，这也让长矛的装备量大为提升，促使秦矛在形制上更为统一，以便于生产。为了节约成本，秦矛矛头短小精悍，加上骹长度多在15厘米左右，刃部锐利而宽厚，铸有血槽，骹部短而有钉孔，而且整个矛体从骹部开始中空直至锋顶，无论是矛头的强度还是固定水平上都更为有利于破甲伤敌。

同战国时期北方大多数国家的矛相同，秦陵出土的矛头上也都铸有小篆铭文，多为简单编号，如制造年号、部门、监管官吏的信息代号等，秦代兵器制造管理制度之严密可见一斑。

在矛体长度上，因为秦始皇陵兵马俑坑曾遭受过破坏，残存武器柄只能作为参考。一号坑出土的两件矛柄残余长度均为2.5米左右，二号坑出土了一柄残长达到4.3米的矛柲。但在一号坑挖掘报告中提到有一柄39号柲从中间残断，分为250厘米和345厘米两截。如果两者是同一柄矛柲的话，根据其出土位置判定，其长度应不低于630厘米，已经超出了《考工记》中长兵莫过于三其身的说法。

秦陵出土的兵马俑有较为完备的军事器械和排列规律，可以通过其大致数量和排列总结秦代的步兵战术。秦陵出土的较完整的弓弩手和长兵手陶俑，其数字分别是490和407，接近一比一。其中执长柄武器者以用矛者为最长，其次为铍、戟，最次为戈，形成长短搭配，远近交织的配置。这种互相配合、相互掩护的搭配和战术也被兵法家们大为推崇。古典兵书《司马法》定爵篇有云："……弓矢御、殳矛守、戈戟助。凡五兵五当，长以卫短，短以救长……"这即是对各类长短兵器互相配合、各司其职的清晰描绘。而另外一部战国时期的军事著作《六韬》的虎韬篇中也曾记载："甲士万人，强弩六千，戟盾二千，矛盾二千……"其所推崇的兵器搭配比例与秦陵兵马俑颇为近似。

从春秋时期开始，中原地区便零星出现一些铁质武器。到战国时代，铁质武器的数量、质量都有了较大的提高。因为铁在金属延展性和韧性方面都胜于青铜，并且可以通过渗碳和锻打的技术改变相同部件不同部位的性能，所以尽管中华文明在青铜器工艺上已经积累了非常丰富的经验，但铁器的出现仍然汹涌而不可阻挡。

在铁质武器出现的初期阶段，青铜和铁并行于世，共同争夺武器制造材料的主要地位，这种现象从战国延续到了西汉时期。在铁彻底确立统治地位之前，许多典籍已经开始注意到了铁质兵器的存在与优势。

《荀子·议兵篇》中记述："宛钜铁矛，惨如蜂虿。"这是在夸耀楚国宛（今河南安阳）附近制作的铁矛锋利无比，被扎刺的人像被蜂虿等毒虫袭击一般几无可救。而《吴越春秋》中载范蠡语："苫铁之矛，无分发之便。"则可算作当时已有铁矛的文史佐证。

在文物研究方面，已有不少该时期的铁矛出土，例如在湖南长沙黑槽门二号楚墓中挖掘出的战国铁矛，矛头长约 19 厘米，宽约 2.9 厘米。而河北易县的燕下都遗址四十四号墓还曾出土过铁质更佳的钢矛。

当中国的军事史进入西汉时期，战争形式再次发生了巨大的转变。秦末汉初的连年征战，让中原大地民生衰败，经济颓废，致使较为廉价的步卒成为主力，而车、骑兵都相对较少。虽然车战这种形式已经行将作古，但是骑兵战术却因为汉初经济不支的原因暂时未能替代车战。

公元前 200 年，天下初定，不料韩王信叛乱，并伙同匈奴攻打太原。汉高祖刘邦遂带着满腔雄心和久经考验的精兵悍将出征匈奴。然而匈奴集结四十万骑兵，将以步兵为主的三十二万汉军分割包围在白登山战场，足足围困了七天，最后汉高祖刘邦只

得靠贿赂匈奴阏氏才得以脱险。

自此以后，汉帝国为了对抗灵活机动的匈奴骑兵，开始积蓄国力，努力将骑兵部队发展为主要战力。到公元前 166 年匈奴入侵甘泉时，汉王朝已经有能力反击："以中尉周舍、郎中令张武为将军，发车千乘、骑十万。"（见《史记·匈奴列传》）一向被认为偃武修文的汉文帝时期，汉朝能够出动这样上十万规模的骑兵，足见其骑军实力。到了国势强盛的汉武帝时期，汉王朝主动跟匈奴展开了波澜壮阔的连年大战，双方动辄出动十万人以上的骑兵，这标志着骑兵从此走上了中原王朝战争舞台的绝对主角，正式淘汰了依赖战车部队的传统战术。

这样的军事变革给长柄武器，尤其是矛类武器带来了极其深远的影响，使得矛类家族在步兵矛、车战矛之后，又诞生了一个崭新的重要成员——骑兵矛。

汉代以前，华夏地区也有众多骑兵运用的实战案例，但由于此前并无马镫可用，骑兵往往将攻击手段局限在骑射上，肉搏方面只携带短剑一类的护卫武器。在洛阳

▲ 战国骑士执剑刺虎图

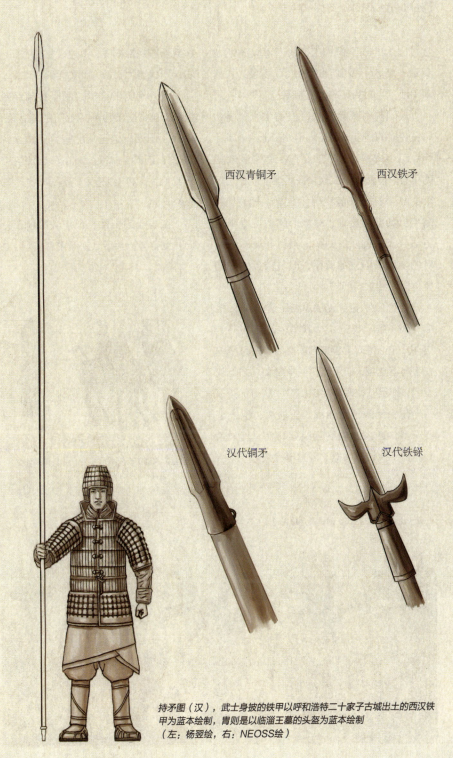

西汉青铜矛

西汉铁矛

汉代铜矛

汉代铁铩

持矛图（汉），武士身披的铁甲以呼和浩特二十家子古城出土的西汉铁甲为蓝本绘制，胄则是以临淄王墓的头盔为蓝本绘制
（左：杨翌绘，右：NEOSS绘）

金村出土的战国铜镜上，我们可以清晰地看到一名骑士拔剑刺虎的战斗场景，从侧面印证了当时骑兵的肉搏装备。

战国骑射骑兵**对**战车没有太大优势，毕竟骑射的精度、射程均不如车上的射手，而在马上肉搏，更不如在车上有稳固依托的车右。但是到了汉代，骑兵逐渐成长为军事主力，这个情况就发生了逆转。轻骑兵的战术机动能力更强，对地形的适应水平也更适合汉跟匈奴的对抗。虽然此时没有成对的金属马镫支撑骑手，但是骑兵们已经要负担起独立肉搏的战斗任务了。

自然而然，短剑无法再满足这样的需求，唯有矛、戟一类的长柄武器才适合在马上格斗。无论是双手握持向前冲刺，还是倒提在手向下扎刺，借用了马匹身高和马力的骑士们，都足以在跟步兵的抗争中获得优势。

在徐州狮子山西汉楚王陵中，出土了四千余件西汉时期的彩绘兵马俑。其中骑兵俑多手执长柄武器，因为年代久远，其所

执兵器皆锈蚀损毁，不过以其姿态而言，其右手所执当为长矛、戟类兵器。

更为有力的证据来源于甘肃武威雷台汉墓。墓中出土的青铜浇筑的东汉骑兵俑，跟狮子山西汉楚王陵的骑兵俑执兵骑行姿态一样，而其手执武器被完好地保存了下来，让我们得以断定西汉骑兵同样也是如此执矛骑行的。

在残存的周代礼仪审美影响下，汉人仍旧觉得青铜兵器比铁器更加美观、贵重，

▲ 东汉青铜骑兵执矛俑，出土自甘肃武威雷台汉墓　　▲ 汉代青铜矛的基本结构

▼ 狮子山西汉楚王陵出土的执长兵骑兵俑

因此尽管此时实战兵器绝大多数都已经是铁质打造了，但是在墓葬群的出土文物中却常常可以见到用于礼仪的青铜武器。在狮子山西汉楚王陵中，我们同样发现了许多残存的长矛，其中铁质和青铜器各自参半。

通过对文物的观察，我们发现汉代的青铜矛头在形制上跟秦代基本一致，刃翼短小宽厚，骹部短粗，有对称的孔用以固定。但是铁矛就大不一样了，其矛刃更加尖锐细长，矛脊比青铜的要加厚不少，骹部也大大延长，固定孔还有增多的趋势。在西汉至东汉的漫长岁月中，铁矛矛头越发尖锐狭长，东汉后期的许多铁矛矛头甚至长达60厘米。

铁矛有这样的发展趋势，原因很明显：

其一，此时的兵将防护水平大幅度提高，迫使兵器提供更高的穿甲能力。从秦代开始，大一统王朝能够给古典军队提供的甲胄装备率逐年上升，进入汉代后，铁制编缀甲也已经成为战场上的常见装备。越发坚固可靠的防护给旧式宽叶青铜矛带来了巨大的挑战，甚至连更为坚固的铁矛为了拥有更好的破甲能力，也不得不把矛头变得尖细，翼部变窄，矛脊加厚，甚至将骹部延长来提高固定水平。这些变化无一不是为了提升铁矛的穿刺能力，可见矛头的形状演变始终跟对手防护水平相辅相成，这一现象几乎伴随着枪矛类武器在战争史上出现在每一个时期。

其二，来源于汉代冶铁水平的突飞猛进。汉武帝时，全国设立49处铁官，专管铁器生产。官方的重视促使汉代的铁器生产从质到量都有了巨大的飞跃。从生铁铸冶到脱碳钢、炒钢等等新的生产工艺蜂拥出现，汉代的钢铁原料生产效率和质量得到了稳步提升。在武器的制造方面，也出现了百炼成钢的折叠锻打技术。使用该工艺产出的兵器杂质大为减少、组织致密均匀，极大地提高了武器性能。配合西汉时就已经成熟的局部淬火技术，可以使刃部变得更为锋利坚硬，而脊背则仍旧强韧耐折。这些工艺上的进步，足以支持铁质兵器做得更窄更狭长，拥有更好的穿刺能力。

汉代的矛在实用方面可以分为步、骑

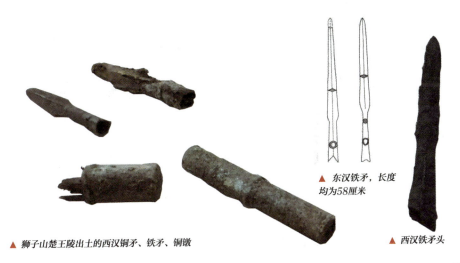

▲ 东汉铁矛，长度均为58厘米

▲ 狮子山楚王陵出土的西汉铜矛、铁矛、铜镦

▲ 西汉铁矛头

两种。

步兵用矛相当普遍，长矛兵甚至单独列为一个军种。《资治通鉴》记载，汉献帝建安四年（公元 199 年），孙策攻打黄祖，刘表派了五千长矛兵去援助黄祖。这说明，随着骑兵地位的显著提升，步兵长矛手因能够有效结阵抵抗骑兵冲击而越发受到重视。列阵的长矛兵即使是在与其他步兵的正面对抗中，依旧威力不俗，这样的泛用性使得长矛跃升为汉代步兵最重要的肉搏兵器之一。

随着骑兵成为汉代最重要的武装力量，骑兵矛也一同跃升为最重要的兵器。骑兵矛发展到东汉末期时，甚至有了一个新的专属名称——马矟。东汉著作《说文解字》中对"矟"字如此解释："矛也。亦作'稍'。"而《释名·释兵》中则记载："矛长丈八曰矟。马上所持，言其稍稍便杀也。"

通过典籍记载，可知此时非但将骑兵用矛专门命名为矟，还大致对其长度规格做了划分——骑兵所用的丈八长矛才够格称呼为矟。4 米多长的马矟，能让骑手在接近敌人之前就迅速刺杀对手，"稍稍便杀"非常形象地表现了马矟这种武器的超群威力。

马矟这种武器的惊人威力，再次反过来影响并促进了防卫武器的再一次强化。东汉末年时，用以装备骑兵战马的具装铠出现了。

魏晋南北朝

汉代以后的魏晋时期，中原地区的战术延续了东汉末年的趋势，却也发生了新的变化。从东晋开始，长矛逐渐走入了它那漫长的辉煌期。此时，因为中原汉族政权的崩坏，大量北方游牧民族入主中原，给战争形式带来翻天覆地的变化。

首先，这一时期出现了实用马镫。最早的马镫文物，出土于辽宁省朝阳市北票市北燕贵族冯素弗墓，估计年代为公元 3 世纪中叶或 4 世纪初。其形制为木芯包铜皮长直柄马镫，长 24.5 厘米，宽 16.8 厘米。马镫可以给骑手的双脚提供稳定有力的支撑，让骑手们能够更有力、更灵活地

施展兵器，尤其可以让骑手在高速冲击中不至于担心被击中敌人的力量反噬坠马。这极大地促进了骑兵的发展，同样也让马矟的威力大大提高，彻底淘汰了汉代流传的骑兵长戟。得益于这方面的支持，马矟技法得到了较大的发展。南梁简文帝萧纲甚至还为此编撰了一部《马矟谱》来详细记录马矟的实战技艺。可惜年代久远，正文已经全部失佚，只剩下寥寥数句序文："马矟为用，虽非远法，近代相传，稍已成艺……"它非常清晰地记述了马矟这种崭新的武器初生不久就发展出独有技法。

其次，甲骑具装越发普遍。随着骑兵完

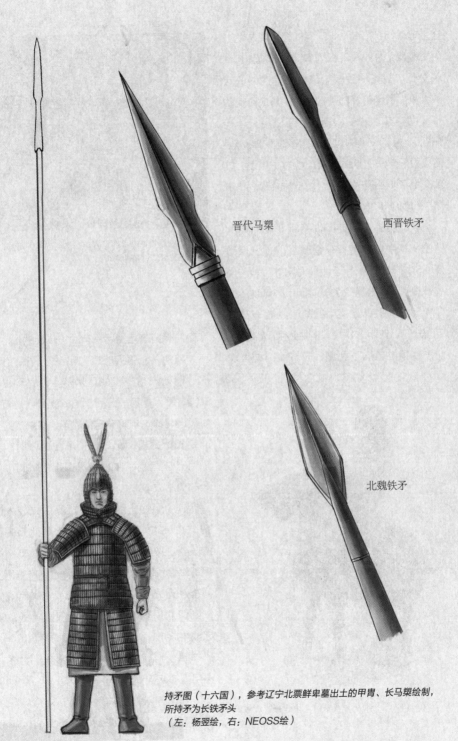

晋代马槊

西晋铁矛

北魏铁矛

持矛图（十六国），参考辽宁北票鲜卑墓出土的甲胄、长马槊绘制，
所持矛为长铁矛头
（左：杨翌绘，右：NEOSS绘）

全主导战场，东汉末年出现的马甲具装此时更为普及，这种人马皆披厚甲的重装骑兵彻底垄断了战场决胜权。厚重的马铠给骑兵的坐骑提供了良好的防护，迫使与之对抗的步兵抛弃其他长柄武器，转而使用长矛列阵抵御，这让长矛的地位得到了进一步提升。而且由于这一时期的马槊地位过于重要，以致产生了步兵用长矛常常被反过来称为"步槊"的现象。

敦煌莫高窟保存了许多南北朝时期的壁画，其中285窟有一幅著名的《五百强盗成佛图》。这幅作于西魏时期的佛教传说故事画，详尽地描绘了该时期甲骑具装的战斗场面。画中身穿盔甲的骑手乘着全身披甲的战马，双手分执马槊的中段和尾端，在冲击过程中斜向下扎刺，极其精准地表现

▲ 敦煌莫高窟壁画——《五百强盗成佛图》局部，展现了西魏甲骑具装冲杀景象

了南北朝重骑兵使用马槊冲击步兵的技法。

因为长矛强大的威力和良好的适用性，这一时期无论是步战还是骑斗，提及长柄武器，军人们第一时间想到的就是它。随处可见的马槊、步槊充斥着战场，垄断了这一时期长柄武器的出场。长矛在这一时期也衍生出一些变种，并有诸多武勇之士使用矛、槊的精彩故事流传下来。

其中最为出名的，莫过于后来成为南朝宋武帝的刘裕使用却月阵大败北魏骑兵的故事。义熙十二年（公元416年）刘裕指挥晋军北伐，魏军以重兵在黄河北岸围堵。刘裕派遣麾下丁旿带领七百军士和百辆战车到河北岸布阵。这批先头部队将战车部署成半圆形，阵脚两翼直接依托滚滚黄河，这样军士们就只需应对面前敌人的冲击，不用担心侧翼安危。

先锋部队稳住阵地以后，刘裕给阵中增援两千余人和百张劲弩。晋军将大盾立

▲ 身穿褐色鱼鳞甲的甲骑具装俑，山西省考古研究所藏

骑马扎刺图，参考敦煌壁画《五百强盗成佛图》绘制。以北朝为背景，表现甲骑突击，骑兵于马上将矛高举过头对步兵实施扎刺动作（杨翌绘）

在车辕上，在每辆车上部署战士二十七人，构成了简单的防御营寨。魏军眼看晋兵即将部署妥当，立刻进军试图围攻。晋军大将朱超石先用弱小的弓箭射击魏军，引诱魏军大举进攻。魏军果然中计，不仅原本在北岸的守军四面汹涌而至，北魏明元帝还额外又派遣长孙嵩带领麾下三万骑兵突击至营前肉搏。

见敌人中计，晋军百张强弩齐发，但是面对数万魏军，区区百张强弩根本无法有效压制。魏军骑兵已经冲到车阵前跟守军展开肉搏。密密麻麻的魏军拥挤在一起，眼看就要拿下晋军单薄的车阵。这时，朱超石命令麾下军士拿出早就准备好的千余杆长槊，把槊尾折断三四尺，用大槌将断槊对外面的魏军进行槌击。一支槊长约丈八，去掉四尺，还有一丈四，外面的魏军骑兵虽然人多甲重，却耐不住大槌、马槊的凿击，一杆马槊足以洞穿三四名魏军甲士。瞬时间，三千多魏军毙命于阵前，黄河河畔堆满了魏军的尸首，北魏的大军再也无法承受这样恐怖的伤亡，立刻溃散逃亡而去。因为这次著名战役中刘裕布置的车阵形如月牙，因此该阵又被称为"却月阵"。

以折断的马槊当钉子，用来钉杀甲坚势众的北魏骑兵，实在称得上是别出心裁。但是作为南北朝最热门的长柄武器，用长矛作战的另类故事，可远不止这一出。

长矛还有一个特殊的变种，叫作"双刃矛"。矛本身原本只在一头设刃，另外一头装用于驻地的镦。因为长矛最普通的用法，就是以双手分别握持矛柄的尾部和中段，一齐发力，矛刃即可以有效刺杀敌人。而如

果双头都设有矛刃，实际上会让使用者难以操作，甚至有杀伤己方的风险。但是在极端特殊的前提下，倘若能同时操作矛的两端分别攻击敌人，会额外提高作战效率，这时就产生了双刃矛。

关于这种奇特的武器，最早的文案记载见于《墨子·备蛾傅》："备蛾傅为县脾……为下磨车，转径尺六寸，令一人操二丈四方，刃其两端，居县脾中……"这是墨子提出来的一种战术，专门克制大军蚁附攻城：守城方只需要在城墙上吊下一个吊箱，让吊箱中的勇士操一柄双刃矛左右刺杀即可。

蚁附登城的敌人双手都用于攀墙，根本无力反抗，所以使用双刃矛左右击刺，省去了调转矛头的时间，可以获得更高的效率。那么还有没有别的情况下可以使用这种武器呢？

这就需要使用者极其武勇强悍了，能依仗自己的勇力和技巧将原本颇嫌累赘的双刃矛使出特殊的威力。《后汉书·公孙瓒传》记载："公孙瓒……尝从数十骑出行塞下，卒逢鲜卑数百骑……乃自持两刃矛，驰出冲贼，杀伤数十人……遂得免。"公孙瓒是东汉末年盘踞幽州的诸侯，他武勇超群，常年与北方游牧民族争斗，尤其善用骑兵，麾下有一支著名的骑军，叫"白马义从"。公孙瓒能够使用双刃矛正面冲击鲜卑贼寇，在阵中左右击刺，杀伤数十人，可见其勇力非凡。

有如此勇力者并非只有一人，《资治通鉴》九十八卷中就记载，五胡十六国时期冉魏的冉闵曾跟后赵汝阴王石琨展开大战，冉闵"操两刃矛，驰骑击之，所向摧陷，斩

首三千级，琨等大败而去……"冉闵也是需要在敌骑丛中左右击刺，才选用了如此蛮横的武器，当然也获得了非凡的战绩。

还有一人，在史书上的记载也颇为详细。南梁勇将羊侃，亦是武力冠绝之辈。《南史·羊侃传》记载："车驾幸乐游苑，侃预宴。时少府奏新造两刃矟成，长二丈四尺，围一尺三寸。帝因赐侃河南国紫骝令试之。侃执矟上马，左右击刺，特尽其妙。观者登树。帝曰：'此树必为侃中折矣。'俄而果折，因号此矟为折树矟。"羊侃舞弄长达两丈四尺、柄周一尺三寸的巨型双刃矟，在马上左右击刺，尽显双刃矛的独特魅力。导致路边围观者争相爬树，把树都累折了，因此传出一个新矟名——折树矟，堪称佳话。

魏晋南北朝时期应用马矟的故事不胜枚举，在这种重骑兵独步天下的军事格局下，马矟有其独特的战术特征。马矟因多用于重骑兵冲击，所以对矛柄的强度要求很高，因此多选用材质精良的积竹柲或特选优质木材。再加上对手同样人马皆披重铠，这也对马矟的矛头材质提出了一定要求：选用更好的钢材，矛刃做得更为狭长修直。随着工艺的提升，甚至还有出现多棱破甲锥矛的趋势。如此复杂考究的选材和制作，也只有身价不菲的重骑兵能够承受，步兵用矛只好选用更为廉价的木杆，矛头也为节约成本而变得短小精悍。毕竟步兵用矛常用来抵挡骑兵突击，折损率非常大，成本需要控制得较为低廉才好。

隋唐五代

甲骑具装一统天下的局面一直延续到隋末唐初。进入唐代以后，虽然经过南北朝的洗礼，骑手们的装甲水平继续飙升，可因为马铠过于笨重其装备率也在逐渐减少，显然唐代骑士们更加青睐于马不着甲时的轻盈。

导致这种现象的原因颇为复杂，一方面，唐代着甲率达到60%以上，重装步兵的发展让甲骑具装不能再简单地一冲尽破之；另一方面，随着骑兵数量逐渐扩大，对国家政权而言，训练有素的战马不再过分珍贵，因而较为轻盈的骑兵战术更受推崇。

但是枪矛类武器却没有随着甲骑具装比重的下降而变得落寞，相反，隋唐时代开启了枪矛类武器更为耀眼的辉煌篇章。

我们很难从唐代的墓葬中找到出土的兵器实物，这是因为唐代的法令禁绝，即便偶尔有几件例外，也多数是金、铜制作的观赏用品或者仪仗用具，故而对此时期的兵器研究只能以文史记载及对壁画、俑像的研究为

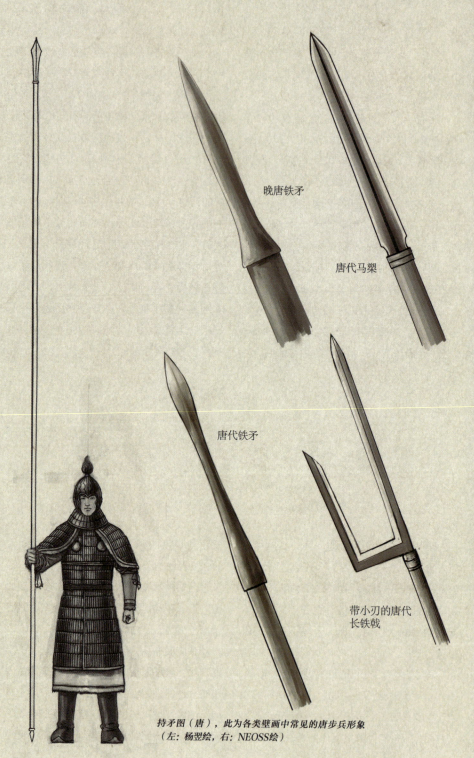

晚唐铁矛

唐代马槊

唐代铁矛

带小刃的唐代
长铁戟

持矛图（唐），此为各类壁画中常见的唐步兵形象
（左：杨翌绘，右：NEOSS绘）

▲ 晚唐铁矛，残长16.5厘米，几近圆锥体

▲ 晚唐贴金彩绘重甲骑兵俑，其右手所执兵器当为马槊

主。现在我们将两者结合起来按照大致年代进行论述。

先来看文史方面，在隋末唐初频繁的军事冲突中，涌现出无数用槊高手，家喻户晓的尉迟恭就是其中的佼佼者。

尉迟恭，字敬德，朔州善阳人，素以勇武闻名，尤其擅长马槊。他最初在刘武周帐下效力，后来被秦王李世民击败后收为麾下爱将。《旧唐书》记载尉迟敬德："因从猎于榆窠，遇王世充领步骑数万来战。世充骁将单雄信领骑直趋太宗，敬德跃马大呼，横刺雄信坠马。贼徒稍却，敬德翼太宗以出贼围。更率骑兵与世充交战，数合，其众大溃，擒伪将陈智略，获排槊兵六千人。"

单雄信在隋末也是横行一时的猛将能人，而且他很擅长用马槊，《资治通鉴》记载："雄信骁捷，善用马槊，名冠诸军，军中号曰'飞将'。"不过两相比较，尉迟敬德能够在千钧一发之际，跃马大呼，执槊横刺单雄信落马，足见其马槊功夫更胜一筹。随后尉迟敬德更是带领骑兵大败敌军，擒获"排槊兵六千人"。"排槊兵"，应当是指用槊的步兵，这也证明了在隋末唐初的战争中，长矛武器的步战应用同样非常广泛。

关于尉迟敬德，旧唐书中还有下文："敬德善解避槊，每单骑入贼阵，贼槊攒刺，终不能伤，又能夺取贼槊，还以刺之。是日，出入重围，往返无碍。"

尉迟敬德能够被千古传唱，不仅仅是马槊用得好，还因他有一门特殊的武艺——擅长避开敌人的马槊，甚至夺槊还刺。因为善避，所以即使每次单骑突入敌阵，被敌人围着攒刺，尉迟敬德也不会被伤及分毫，往往还能将敌人刺来的马槊夺下，反过来刺敌落马。尉迟敬德屡屡单骑突破重围的勇武，让他在隋末唐初的战争中，傲视多如繁星的精兵猛将，并在重重马槊围攻中杀进杀出，来去自如，其技艺之精妙绝伦，简直令人拍案叫绝。

达到这种水准，尉迟敬德的马槊功夫堪称举世无双，可偏偏有人不买他的账。李世民的弟弟齐王李元吉自幼喜兵好斗，也曾多次统率兵马、破敌建功，同样是使用马槊的个中高手。当李元吉听到别人对尉迟敬德的夸赞时，非常不以为然，打算亲自试试他的身手，于是命令尉迟敬德来跟自己斗槊。

毕竟刀枪无眼，为免在切磋中误伤对手，李元吉下令将槊刃除去，仅剩槊杆，可尉迟敬德却对这样的好意敬谢不敏，他说："纵使加刃，终不能伤。请勿除之，敬德槊谨当却刃。"果然在比试中，即使李元吉使出浑身解数都不能刺中尉迟敬德。

而一旁围观的李世民也很好奇自己麾下猛将的功夫究竟神妙到何种程度，于是发问："夺槊、避槊，何者难易？"尉迟敬德回答："夺槊难。"李世民一时兴起，干脆命尉迟敬德试试夺下李元吉的槊。李元吉一听兄长如此轻视自己，愤愤然跨上战马，不再避忌伤人，用尽本领想刺伤尉迟敬德。没想到尉迟敬德只用了一会儿工夫，就数次夺下元吉手中马槊，让李元吉不得不认输。因为此事，一向骁勇的李元吉虽然承认尉迟敬德武艺冠绝，却深以为耻，怀恨在心，为日后兄弟反目埋下了祸根。

后来李世民进军板渚，迎击夏王窦建德。李世民令麾下李世勣、程知节、秦叔宝率兵马设伏，他则跟尉迟敬德两人去窦建德营垒面前挑战。其后窦建德麾下数千骑兵扑杀过来，李世民以家传弓术渐射渐走，射杀数名敌军，而在他身后持槊护卫的尉迟敬德竟然连杀十数人，两人一路将追杀的骑兵引到埋伏圈里，尽数歼灭。

用槊近身格斗的尉迟敬德，杀敌数量却远远超过用弓箭远程攻击的秦王李世民，这等战果除了有非凡信心和武艺的尉迟敬德，恐怕没人能做到。这正应了战前李世民对尉迟敬德的夸赞："吾执弓矢，公执槊相随，虽百万众若我何！"也难怪李世民对尉迟敬德这员猛将青睐有加。

唐太宗李世民在早年的唐初战争中戎马倥偬，执政之后，他对自己年轻时率军征战的经历颇为怀恋和骄傲，这在后来制定的礼乐中就有体现："《大定乐》，出自《破阵乐》。舞者百四十人。被五彩文甲，持槊。歌和云'八纮同轨乐'……"当然，这也从侧面证明了当时的马槊已经成为最能代表战争的武器。

唐太宗麾下猛将如云，擅长用槊的定然不止尉迟敬德一人。关于这些精悍之士，史籍中多有记载。

程咬金，后改名"知节"，是唐代著名的开国猛将、凌烟阁二十四功臣之一。《旧唐书》记载他："少骁勇，善用马槊。"早年在瓦岗军麾下效力时，他就曾与外号"万人敌"的裴行俨一同对抗王世充。裴行俨中流矢坠马，程咬金"救之，杀数人，世充军披靡，乃抱行俨重骑而还。为世充骑所逐，刺槊洞过，知节回身捸折其槊，兼斩获追者，于是与行俨俱免"。程咬金被追兵用马槊戳得"洞过"，居然还能振作精神，转身折断马槊，斩杀追兵，随后又抱携同伴脱离战场，其耐力堪称非人。程咬金的这段惊人战例，间接地说明了马槊的威力。在隋末唐初，骑将的铠甲防护相当严密，追兵的马槊却能够洞穿而过，可见其时马槊的穿甲能力之强劲。

秦琼，字"叔宝"。《旧唐书》评价他：

读到这段历史，大家可能会很好奇：尉迟敬德的避槊、夺槊真的可能做到么？他又是如何做到的呢？

让我们从技法上来进行一番推敲。

从马槊的具体用法来看，其用途跟西方中世纪某些时期、地区的骑兵一次性刺枪用法较为不同。因为积竹秘良好的性能和适手程度，不但可以让骑手用单臂夹持用以冲刺（详见后文《阿王锡持矛荡寇图》），而且还适合双手握持用于马上格斗（详见《八王争舍利图》）。当重骑兵冲击停止后，无法撤出战斗的重骑兵只能仰仗马槊的优良品质，来跟敌人进行格斗。如果是用来对付步兵，使用方法大体如同《五百强盗成佛图》中的西魏骑兵一样，握持槊尾的后手高举过肩，握持槊中的手则执槊向下戳刺；而对付同样骑马执槊的对手，则需双手配合向斜侧面戳刺，常见的扎、革、拿、挑等等技法皆可在马上施展。

现在来谈谈避槊和夺槊，避槊比起夺槊而言要简单些。因为战斗时骑兵和斗将都有良好的铠甲保护，而马槊扎出时必须用足气力，否则不能够破甲伤敌。但是马槊作为枪矛武器，它的攻击是平直成线的，这在武术俗语中描述为："枪扎一条线。"当攻击者用尽全身气力配合扎出时，对手只需要仔细观察其发力动作，稍稍侧身避开马槊的矛尖，就能避免被戳中。何况骑将们往往有上佳的铠甲防护，哪怕槊尖只是稍稍偏离，刮蹭在腹部，也不足以破甲致伤。

而夺槊就难上许多，需要施术者更为精准地把握时机。当对手使尽全力一槊扎出，却被你侧身避开时，敌人招式刚刚用老，力道和马槊都不及收回。这时候，夺槊者需要立刻用当侧腋下夹住对手马槊的骹部或骸部以下，用另外一手抓执敌马槊的中段，配合腋下一同转动腰马，向外猛拔。因为攻击方刺出马槊时需要用后手发力，导致攻击落空后其手中握持部分合计约为三分之一长度，而夺槊者夹持在腋下和手中的长度反而超过了攻击者。根据简单的杠杆原理，夺槊者只需使用较小的力量就足以将对手的马槊拨转开来，而对手即使拼尽全力，也仍然有可能争抢不过。再加上双方都骑在马上，倘若攻击者力有不逮又不想被拔拽坠马，只有乖乖撒手弃槊这一个选择了。

夺槊的要诀就是抓住对方攻击落空的那一刹那，这个微妙的时机关乎于整个技法的成败。关于这种长矛攻击落空后非常尴尬的现象，明代武学者、军事家戚继光曾有总结："长枪架手易老……收退不及，便为长所误，既与赤手同矣。"这也就是尉迟敬德能够避槊、夺槊的原理和基本技法。但是想要在敌群之中毫发无损、百战百胜，还需要非凡的天赋和辛苦磨炼才能成就。

马上夺槊图，以尉迟敬德夺槊事迹为蓝本绘制（杨翌绘）

"叔宝善用马槊，拔贼垒则以寡敌众，可谓勇矣。"他非但在民间被传唱为虎将能臣，同样也被列入凌烟阁二十四功臣。《旧唐书》中记载："叔宝每从太宗征伐，敌中有骁将锐卒，炫耀人马，出入来去者，太宗颇怒之，辄命叔宝往取。叔宝应命，跃马负枪而进，必刺之万众之中，人马辟易，太宗以是益重之，叔宝亦以此颇自矜尚。"

隋唐五代期间，因受北朝影响严重，两军对阵时常常有骁勇将士在阵前讨战以决定胜负的行为。尉迟敬德这样既擅用马槊又能避槊、夺槊的猛将自然如鱼得水，经常可以单骑入敌阵擒获贼将，令己方士气大振。此类斗将多善用马槊，这也让马槊的地位再次水涨船高。

当敌人阵营中有这样骁勇的将士主动出来耀武扬威时，秦叔宝就成了唐太宗克制他们的撒手锏。叔宝"跃马负枪而进"，必定能在万军之中将敌将刺落下马。这等纵马横槊，出击必杀的英姿，令人神往。不过这条记载也从侧面说明了一个问题：在唐代，已经有把马槊称为马枪的习惯了。这牵涉到了枪矛类武器的一个谜团——矛和枪究竟有什么区别？

有些人认为矛类刃长而枪头较短小，有些人认为矛杆偏硬而枪杆渐软，还有人认为矛类武器为骑兵所用，枪则为步卒装备。这些都有一定根据，但也都有以偏概全之嫌。

实际上，在中华文明的历史中，枪和矛很难彻底区分，只能大体辨别在不同时期其不同的称呼习惯。譬如在汉代及汉以前，枪特指削尖竹、木构成的军事器械，而矛则需有其他材料构成的刃。但是发展到东汉末期乃至魏晋南北朝时期，因为马槊（丈八骑矛）的影响面太广，导致步兵用矛也跟着叫步槊，使得矛这个称呼越来越少被用到。再加上此时的趋势是：马槊多做工精良、造价昂贵，步兵用矛却偏向于缩短矛头、使用单一材料的矛杆来降低成本。这导致积累到唐代，许多步兵用矛在形制上已经跟马槊拉开了较大差距，更接近古代削木而成的枪，这一点使得许多人重新将步兵用矛定义为枪。但其后因为唐代枪类武器的广泛装备，反过来又影响了马槊的名称，使其同样被称呼为马枪。

在唐代，枪矛两种称呼曾有并用并行、难以区别的一个阶段。其后，逐渐用枪代替了矛来称呼此类实战兵器，这一点也可以从后世的著作中管窥全豹。

南北朝时期马槊在长柄武器中称雄，在

枪矛的称呼演变

	汉及汉之前	汉末至魏晋南北朝	隋唐及以后
枪	竹木削尖为军械。《通俗文》："剡木伤盗曰枪。"	未有变化	步矛称枪，骑矛称马枪。步矛渐廉，刃渐短小，因而被称为枪。而随着"枪"称谓的普及，后渐渐将马槊称马枪
矛	长柄有刃之刺兵。《释名》"矛，冒也，刃下冒矜也。下头曰鐏，鐏，入地也。"	丈八骑矛称槊。槊越发普及，致使步矛被称为步槊，矛的称呼逐渐减少使用	马槊称呼依旧，矛字少用。槊渐精，刃渐长大

唐代，枪矛类武器的地位更为显要普及。马矟的应用技巧，是唐代武官技能选拔的重要标准，《旧唐书》卷四十七中记载武官铨选："凡试能有五，五谓长垛、马步射、马枪、步射、应对。互有优长，即可取之。"马矟功夫成为五艺之一，可见对其的重视程度。

唐代宗时，河东节度使都虞侯李筌在编撰的著名军事著作《神机制敌太白阴经》卷六中，曾详细记录了唐军编制和器材供给的比率：其中一火编制五十人，装配"甲三十领六分，战袍二十领四分，枪五十根十分，牌十面二分……"。长枪居然平均人手一支，唐军装备长枪类武器的普遍程度可见一斑。

此时唐军正式列装的，不仅有步、骑战用的长枪，还有用于攻城、水战或其他用途的特殊枪矛。

守城器械中有"钩竿有枪，两边有曲钩，可以钩物"，还可以用于对抗骑兵的拒马枪，它"以木径二尺，长短随事，十字凿孔，纵横安括，长一丈，锐其端，可以塞城门要道，人马不得奔前"。

在紧急情况下没有船筏可以渡水时，装备充足的长枪可以充当起工程器械。"枪（木伐）枪十根为一束，力胜一人，四千一百六十六根四分枪为一（木伐），皆去锋刃，束为鱼麟，以横栝而缚之，可渡四百一十六人。半为三（木伐）计用枪一万二千五百根，率渡一千二百五十人，十渡则一军毕济。"将枪去刃之后的木杆扎束成简易木筏，足以让大军在十次之内就全员渡过浅滩，这种随机应变的措施，也侧面印证了唐军实际装备长枪数量的庞大。

关于枪的种类，《唐六典》记载："枪之制有四：一曰漆枪，二曰木枪，三曰白干枪，四曰朴头枪……"其后注释中记述："漆枪短，骑兵用之，木枪长，步兵用之。白干枪，羽林所执；朴头枪，金吾所执也。"

白干枪、朴头枪都是京城内禁卫部队用的仪仗类武器，无须赘述。漆枪应指积竹成柲而后以丝麻缠绕、漆涂表面的马矟。马矟长度为周尺丈八，合今天的长度约为四米出头，已经超过两等身。而木枪为步卒所用，是用竹、木杆为柄的较廉价的步用枪矛，其在记载中却长过马矟。这是一个非常重要的信息，证明此时步卒用的长矛已经普遍超越骑用马矟，也从侧面印证：唐代的步兵长矛战术有偏向密集列阵的重步兵风格，比之先秦、西汉已有了较大的变化，也成为唐代重步兵的一个战术特点。

先前提到尉迟敬德曾经俘虏敌方"排矟兵六千"，"排矟兵"应当是将步矟，也就是长枪连排使用的兵种，这正是对重步兵密集枪阵的描述。对比我们在秦始皇陵兵马俑的发掘，可以大体推测先秦和秦代步兵作战喜用短、长、中三类肉搏兵器混编弓弩手。而根据东汉末年刘表派遣"五千长矛兵"去救援黄祖一事可以推知，当时已经有将长矛兵单独布置使用的习惯。一种是长短搭配，一种是单一武器纯粹装备，这两种配置孰优孰劣，还曾经在后世引发过争议。早在宋代，人们就对多兵种配置的"花装"和单兵种部署的"纯队"的优劣展开过长久而激烈的争论。

这种争论在今人看来是非常无聊的。步兵的器械如何编制如何配备，理所应当要因时、因地制宜，并不应该顺从将帅的喜好而一意孤行。因此，我们也可以反过来推测，导致这种编制变化的原因，必然是地利和敌人的种种因素已经发生了变化。

汉代正是骑兵战术开始走入高峰期的分界线，从汉末到南北朝，甲骑具装日渐横行，步兵们在面对铺天盖地汹涌而来的重甲骑兵时，唯一能够依仗的，就只有手中的长枪。也正是为了反制狼奔豕突的甲骑具装，才使得步兵手中的枪矛日渐廉价又日渐加长。

在文史记载中，唐军密集使用长枪对抗对手的战例比比皆是，我们挑选其中一些比较有代表性的来分析。《旧唐书》八十七卷中记载，初唐名将苏定方曾经奉命征讨西突厥："贺鲁部胡禄屋阙啜、慑舍提暾啜、鼠尼施处半啜、处木昆屈律啜、五努失毕兵马，众且十万，来拒官军，定方率回纥及汉兵万余人击之。贼轻定方兵少，四面围之，定方令步卒据原，攒槊外向，亲领汉兵阵于北原。贼先击步军，三冲不入，定方乘势击之，贼遂大溃，追奔三十里，杀人马数万……"

苏定方率领唐军和回纥兵马万余人被西突厥十万众团团围住，双方兵力悬殊，唐军被迫采取守势。苏定方命令步卒占据高地，"攒槊外向"，自己率领汉族骑兵在北面的高地列阵，互相呼应。"攒槊外向"，就是步卒用长枪列成密集圆阵或方阵，用密集并列的长枪抵抗外来突击。此时，步兵就颇为贴合"排槊兵"这一称呼。这样密集的长枪阵令以骑兵为主的突厥军非常尴尬，以十万众突击"三"次，没有一次成功破阵。这个"三"应该是古人惯用表示多次的约数，而不是精准的表示冲击的次数。随后士气大减的突厥

军被苏定方趁势反击，斩杀人马数万。

对付西突厥这样以骑兵为主的敌人，用长枪列阵效果显著，即使以少敌多也能大获全胜。苏定方从隋末战争开始就长期指挥作战，在此战之前还曾经多次打败东、西突厥和高句丽等敌寇，可见唐军对类似的战法、战术已有相当丰厚的成功经验，并非首次使用。

那么对付以步兵为主的敌人，这种密集枪阵能否如此有效呢？恰巧唐初战争中有一个相当特殊的例子可以说明这个问题。

薛延陀，唐初北方的一个游牧部族，习俗跟突厥相似，该部落趁突厥衰弱时大破颉利可汗，实力暴涨，开始对大唐有了不臣之心，其领袖之子大度设率部二十万袭击了依附大唐的突厥部落。唐太宗命名英国公李世勣率领薛万彻和步骑兵数万人讨伐薛延陀，紧追其部族主力累月不舍，双方在诺真水畔的旷野之中展开大战。

《旧唐书》卷二百一十二记载："先是，延陀击沙钵罗及阿史那社尔等，以步战而胜。及其将来寇也，先讲武于国中，教习步战；每五人，以一人经习战阵者使执马，而四人前战；克胜即授马以追奔，失应接罪至于死，没其家口，以赏战人，至是遂行其法。突厥兵先合辄退，延陀乘胜而逐之。绩兵拒击，而延陀万矢俱发，伤我战马。乃令去马步阵，率长槊数百为队，齐奋以冲之，其众溃散。副总管薛万彻率数千骑收其执马者。其众失马，莫知所从，因大纵，斩首三千余级，获马万五千匹，甲仗辎重不可胜计。大度设跳身而遁，万彻将数百骑追之，弗及。其余众大奔走，相腾践而死者甚众，伏尸被野。夷

男因乞与突厥和，并遣使谢罪。"

薛延陀这个部落很有意思，虽然是游牧民族，却多次以步战征服周边部落，于是在大举入侵前，其国内先行练兵，教习步战之法。他们以五人为一单位，让一个有经验的头目保管五人的战马，其余四人列阵突前，展开步战，一旦获胜，就立刻骑马追击。如果战马接应不及时，就要将管马人的家人治罪为奴，赏赐给前方作战的步卒。

这种战法非常有趣，将部队分散成五人为单位的有机整体。以步战克制周边游牧民族常用的骑兵冲击打法，在获得优势后又能快速上马追击。既保持了步兵作战容易结阵、步射较远、精度较佳的优势，又兼骑兵作战机动迅捷、方便追击敌寇的优点，配合严明的管理法度，在当时已经堪称完美。薛延陀正是靠这种战法逐次征服周边部落，积攒出强大的实力。

此次讨伐战中，配合唐军作战的突厥部落兵先期接敌，果然被薛延陀的特殊战法打得大败而逃。前来截击的唐军同样以骑兵为主，大度设人马众多，又是步战，一齐发箭，将唐军大部分战马射伤，导致唐军骑兵多数失去冲击力。这正是因为唐军骑兵已经放弃了甲骑具装厚重的马铠防护所致。

此时的情况异常危急。以寡击众，唐军的附庸部队先战而败，主力又多数失马，对许多将领来说，或许已经是必败之局。但唐军主帅李世勣是隋末以来少有的名将，他当机立断，下令战马受伤的骑士们下马作战，手执长槊，以数百人为队，一同突击薛延陀众部。

这厢是新编练步战就威压周边的游牧民

族，那一边却是耍了上千年步战把戏，被迫操起老本行的汉人，两边用步兵战术互相比拼，战果不难想象。唐军这一招用马槊列步阵的集群冲锋将薛延陀打得大败溃逃，四散的薛延陀步卒正要寻找自己的战马逃跑时才发现，唐军副总管薛万彻早已经率领剩余的骑兵把薛延陀的管马人杀得七零八落。这下薛延陀的败兵是打也打不过，跑也跑不赢，只能伏尸遍野了。

双方都是以骑兵为主，最终却用步战决胜，这种偶然性使得这次战斗的记载弥足珍贵。借由这个战例，我们可以发现，初唐的军队不同于只重视骑战的北朝，反而非常重视并且擅长利用步战优势压制敌手，长枪也因此成为唐军在步战中克敌制胜的神兵利器。

在唐代壁画中，我们还能发现重装步兵使用长枪的痕迹。在昭陵陪葬墓群长乐公主墓中的壁画上，就可以看到全身披挂铁甲的士兵执旗枪仪卫。在枪矛上挂饰旗帜用作仪卫已经是此时的惯例，《旧唐书》一百一十一卷中记载唐玄宗第十三子颍王璬奉命至藩镇出使，因仓促没有准备节仗，属下就建议："王，帝子也，且为节度大使。今之藩而不持节，单骑径进，人何所赡？请建大槊，蒙之油囊，为旌节状，先驱道路，足以威众。"槊就是马枪，这段话的意思是建议颍王用粗长的马枪制作旌节，也就是枪上挂旗，代为仪仗。长乐公主墓中的壁画已经有些许剥落，旗枪的刃部或许不够明显，而在另一幅莫高窟156窟中的《张议潮统军出行图》中，旗枪的枪头就更为清晰明确。

唐代从隋末建国以后到全盛开元年间，

步兵持矛突击图。图中下马的唐骑兵正在突击薛延陀士卒（杨翠绘）

▲ 《张议潮统军出行图》局部，展现了带甲骑士执旗枪仪卫的形象

一直征战不断，而后又因为安史之乱及藩镇后遗症从此与和平绝缘。这样的纷乱给军事技术和器械的发展、使用带来了巨大的空间，在盛唐到其后的斗争中，也涌现了许多使用枪矛类的英雄人物和经典战役。

哥舒翰是盛唐名将之一，在他的成名道路上，有着枪矛武器浓重的笔墨。在苦拔海抵御吐蕃入侵时，哥舒翰有过使用特型枪矛的经历。"后吐蕃寇边，翰拒之于苦拔海，其众三行，从山差池而下，翰持半段枪当其锋击之，三行皆败，无不摧靡，由是知名。"半段枪，应当是长度不完全的枪。在寥寥数语的记载中，我们已经难以推测这究竟是应急使用的断枪，还是哥舒翰的特制兵器。不过他能够逆锋破敌，足见勇悍非常。

哥舒翰不单在用枪跟敌人正面冲突时勇不可当，他在追杀敌寇时也有特殊的技巧。《旧唐书》记载："翰善使枪，追贼及之，以枪搭其肩而喝之，贼惊顾，翰从而刺其喉，皆剔高三五尺而堕，无不死者。"追击甲胄

齐全的敌人时，哥舒翰并不依仗蛮力，而是将枪尖搭在敌人肩上，大声呼喝，趁敌人回头的瞬间用枪穿喉，而后挑落下马。这样的杀人技法，在精准、勇力、时机上把握得炉火纯青，敌人自然"无不死者"。

在这位名将军事生涯的最后关头，也同样有着枪矛武器的身影。他率领大军驻守潼关，却败于叛军少量兵马。"王师自相排挤，坠于河。其后者见前军陷败，悉溃，填委于河，死者数万人，号叫之声振天地，缚器械，以枪为楫，投北岸，十不存一二。"溃败的官军在仓促之下，果然如同兵书记载一般用器械捆扎渡河，同时以枪做船楫，抢渡过河。但是因为准备仓促，环境复杂，能得以扎筏渡河者十不存一二。

虽然一代名将哥舒翰在平叛中晚节不保，但在之后平定安史之乱的战斗中，同样涌现出了不少新鲜血液，他们的成名同样跟枪矛武器脱不开干系。其中最为有名的就是白孝德。

白孝德是个安西胡人，史书记载他"骁悍有胆力"。唐代并不排斥异族人在中原谋生、从仕，因此有很多骁勇善战的胡人在军中效力。白孝德作为其中一员，在大唐名将李光弼麾下作为裨将效力。当时正是安史之乱期间，史思明大军进逼河阳。史思明帐下骁将刘龙仙作为先锋，率领五千铁骑在城下对坚守的唐军挑战。

刘龙仙自恃勇武敏捷，又有五千铁骑在麾下，异常傲慢。他把右脚翘在马颈的鬃毛上，到阵前辱骂李光弼，试图激李光弼出城决战。城头的李光弼看见这一幕，想想挫挫对手的锐气，环顾诸将，问道："谁能拿下

此人？"当时已经位至御史大夫、朔方行营节度、大宁郡王的仆固怀恩主动请战，却被李光弼拒绝了："此非大将所为。"

没错，李光弼需要能够挫伤敌人锐气的勇将，但如果仆固怀恩这样的大将跟刘龙仙过招，万一失利，则会对己方士气产生极大的打击；即使胜了，也难以发挥激励将士的作用。

那么除了仆固怀恩，还有谁能击杀这个勇悍敏锐的刘龙仙？

此时，李光弼麾下其他将帅纷纷向他推荐一人："白孝德，这人一定可以。"

李光弼把白孝德招到面前，指着刘龙仙，问道："能不能拿下这个逆贼？"白孝德毫不犹豫地点头："没问题，交给在下。"李光弼又问："要多少兵马出战？"令人吃惊的是，白孝德摇了摇头："不需一兵一卒，只要我一人前往就足够了。"这样的豪迈气魄让李光弼甚为感动，不过为了稳妥，还是命白孝德带些兵马相伴。白孝德见拗不过，便提了个小小要求："让我选五十个骑兵在城门处接应，再让大军鼓噪为我助势，其他就不需要了。"李光弼为自己麾下竟然有如此壮士而感到激动，抚着白孝德的背，发令讨贼。

白孝德并不迟疑，"挟二矛，策马截流而渡"。才渡河到一半，城头观战的仆固怀恩就开始庆贺李光弼即将旗开得胜，李光弼很纳闷："他人都没到，你怎么知道他必胜？"仆固怀恩回答道："我看白孝德揽着缰绳挟着矛渡河，却没有丝毫慌乱，可见冷静至极，就知道他一定会取胜。"

正在叫骂的敌将刘龙仙看见对方单枪匹马渡河而来，根本不放在心上，连翘起的右

腿都不打算收回来。等白孝德靠得近些了，刘龙仙才有所动作，没想到白孝德却对刘龙仙摆摆手，一边靠近，一边大声呼喊："侍中叫我来带句话，没别的意思。"刘龙仙搞不清白孝德到底是来干嘛的，见他单枪匹马，倒也不忌惮，既没有拉弓射他，也没有叫手下来截断他的后路。

刘龙仙自己骑着马，一路走到白孝德身前十步远，继续漫骂。白孝德停住马，稍事休憩，而后瞪眼对着刘龙仙大吼："反贼，认识我不！"

刘龙仙一愣："你谁啊？"

白孝德为了恢复战马的体力，兼而分散敌人的注意力，继续跟刘龙仙瞎扯："我你都不认识？朝廷大将，白孝德！"

"什么猪狗玩意儿？"刘龙仙气得破口大骂。

白孝德见已成功扰乱对方，遂大声怒吼，持矛跃马，直冲向刘龙仙，城上的唐军看准机会大声鼓噪，在城门处等候的五十名骑士也突击向前，接应白孝德。

十步的距离，战马只几步就冲到，刘龙仙还忙着唾骂，根本来不及张弓射箭，仓促之下只能骑马在河岸边绕圈逃窜，却被白孝德轻松追上，斩下首级，抱着就冲回营去。白孝德这一手，把贼寇吓得"大骇"，同时也成就了一段勇将单骑讨贼的千古佳话。

五代十国的军事斗争风格基本延续晚唐时期的特征并有所发展，而诸如白孝德这样的悍勇斗将同样层出不穷，其中不乏善用枪槊者，如著名的后梁勇将王彦章。王彦章有一个响亮的名号——"王铁枪"，这是因为他"以骁勇闻……常持铁枪冲坚陷阵"。

此前记载的枪槊杆秘多是用竹、木或者积竹制成，而《五代史》对王彦章的记载中，首次出现了全铁打造的实战用枪矛。这位王铁枪武功高强，声名显赫，《五代史》中有他孤舟退兵的记载。当时王彦章率军与晋王李克用争斗，李克用率领麾下迫近潘张寨，后梁大军屯驻在河对岸，仓促间不及增援。王彦章很是激动，自己提着铁枪登上小船，大声斥令船夫解开缆绳，开船渡河。后梁招讨使贺瑰见状连忙阻拦，王彦章哪里肯听，执意孤舟先渡。身经百战的晋王李克用此时听闻王铁枪过河来战，居然毫不犹豫地撤军退走，可见对其忌惮之深。

后来王彦章在中都战败被俘，李克用还曾经多次试图劝降他，也足以侧面证明其对王彦章的器重。但是王彦章所用的这种纯铁枪会有多重？是否比积竹秘更为好用呢？

王彦章的铁枪有多重，史书没有详细的记载，不过后梁善用铁枪的猛将并非他一个，还有一人叫王敬荛，《五代史》记载他："魁杰沈勇，多力善战，所用枪矢，皆以纯铁锻就，枪重三十余斤，摧锋突阵，率以此胜。"

同朝为将，又同样使用纯铁枪为武器，王敬荛的铁枪重达三十余斤，王彦章的应该也相差不多。唐朝时期的一斤约合今天的597克，所以王敬荛的铁枪大约为今天的四十斤左右，已是相当沉笨。关于全铁枪的实战记载，在其后的年代陆续有出现，但始终未能成为主流，可见其重量大为偏离实战需求，绝非一般战士适合使用的兵器。

宋元交替

北宋结束了五代十国的混战，重新统一了中原地区。猛火油、霹雳火毬等诸多实用火器已经频繁应用于战争，但是原始火器尚未体现出火药武器的压倒性优势，冷兵器仍旧占据了兵器的统治地位。宋代的冷兵器继承了隋唐的风格，又颇受北方少数民族的影响，为了对抗辽、金等民族的骑兵威胁，长枪在宋代兵器中仍旧举足轻重。

颇为遗憾的是，宋代冷兵器出土实物依然稀少，而在遗憾之中值得庆幸的是，北宋流传下一部非常详尽、具体的官修兵书《武经总要》。这部军事著作对当时的大多数实用兵器进行了详细的描述，甚至有图画作辅。我们对宋代枪矛的研究，都要基于此书展开。

书中所载的攻防器械有拒马枪、拐突枪、抓枪、拐刃枪这几种名目。

拒马枪的结构非常简单，以两排长枪

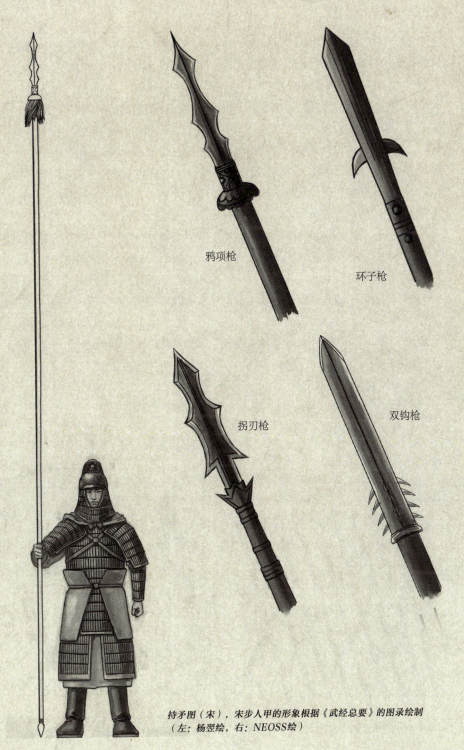

鸦项枪

环子枪

拐刃枪

双钩枪

持矛图（宋），宋步人甲的形象根据《武经总要》的图录绘制
（左：杨翌绘，右：NEOSS绘）

互成直角穿过中间有孔的固定木桩，就可以抵挡骑兵的突袭。这种结构的器械可以降低士卒抵挡骑兵冲击时造成的伤亡。

拐突枪、抓枪、拐刃枪三种器械有些大同小异，枪杆长度多在两丈四五左右，枪头长约二尺。不过这三种武器枪头的形制都比较独特，枪刃或有倒钩，或有突棱，或有铁刺。拐突枪和拐刃枪的枪杆末端不再是常见的镦，取而代之的是一根短小的木质握把，被称为"拐"。这些奇怪的构造，都是为了便利守城士兵用来袭击敌方攀城士兵，破坏攻城器械所创造的。

在野战枪矛中，有捣马突枪、素木枪、鸦项枪、双钩枪、单钩枪、环子枪、槌枪、太宁笔枪、锥枪、梭枪等等。而捣马突枪在书中跟单手剑一同出现，枪刃宽阔如剑，长度或许不大，可以单手操用。

单钩枪、双钩枪这类骑兵用枪在形制上有了新的特点，它们不但在枪头侧翼加了倒钩，而且还在枪杆中段附加了绳环。倒钩，是用来防止被人挟持夺枪的构造，倘若在宋代战场上还有人敢施展尉迟敬德的夺槊技法，那么被挟枪者只需要大力向后抽枪，带倒钩的枪刃就足以帮助其摆脱困境。显然晚唐五代已经有太多模仿尉迟敬德的军人，迫使兵器制造者们研发出这种防止被夺的构造。而枪柄上新出现的绳环，则是为了解决骑兵行军时携带不便的问题。过去的骑手们无论是否有警况，都要用右手将枪矛竖执或者横在马背上，非常容易疲劳。给枪柄中段加上绳环以后，骑手们在非战斗状态时就可以将枪环套在肩上，这种简单的结构可以有效节省骑兵体力。这两处变化充分证明宋代兵器在细节上已经非常完善，而且比前代更为注重使用者的经验反馈。

素木枪和鸦项枪为宋代步兵用枪。这两

▲ 拒马枪插图，摘自《武经总要》

▲ 从左至右依次为拐刃枪、抓枪、拐突枪，摘自《武经总要》

种枪跟前代作品没有较大区别。鸦项枪之所以得名，则是因为在骹部用了一圈白锡，颜色上像是乌鸦脖颈的白圈。

槌枪的枪头没有常见的铁刃，取而代之的是一个球形的木制枪头，是校场教练、阅兵使用的练习用具。而所谓太宁笔枪，则是在普通长枪刃下数寸处加装带刺的小铁盘，也是起到防止被敌人夺枪的功用。

锥枪枪刃特殊，被打造成四棱锥体状，非常坚固锐利，形同破甲锥。在宋代，无论是中原政权还是少数民族政权，铁甲都已经非常普及，甲骑具装甚至有复兴之势。锥枪

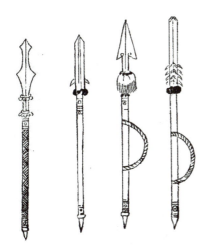

▲ 从左至右依次为捣马突枪、环子枪、单钩枪、双钩枪，摘自《武经总要》

▲ 太宁笔枪（左）和槌枪（右），摘自《武经总要》

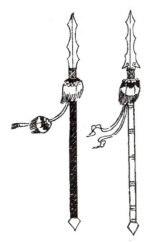

▲ 鸦项枪（左）和素木枪（右），摘自《武经总要》

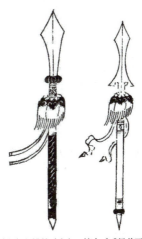

▲ 梭枪（左）和锥枪（右），摘自《武经总要》

的出现，体现了当时军人为了极限化长枪破甲能力而做出的努力。梭枪就是标枪，长只有数尺，是南方少数民族惯用的武器。使用者往往单手执梭枪，另一手执盾，将梭枪投出数十步远，被刺中者几乎立时毙命。因其独特的战斗方式和强大的威力，也被北宋官方注意并且收录书中。

宋代长枪的衍生品不仅有此前常见的旗枪，还有将长枪与推车结合起来的枪车。旗枪一方面可以用作旗帜，发布号令，在紧急关头还可以用来格斗。而枪车则用途广泛，野外行军时可以用来布置临时营垒，防止骑兵冲突，而在巷战之中则可用来带头冲突，击溃密集的步兵。

除了《武经总要》中的记述，在宋代绘画作品中，也可以看到此时的枪矛武器装备相当普及，比率上不亚于唐代。北宋的《大驾卤簿图书》，是描绘皇家仪仗队接受检阅场景的巨幅画作，其中官兵 5481 人，兵仗 1548 件，枪矛所占比例不小。在另一幅南宋作品《中兴瑞应图》中也随处可见执枪警戒、仪卫的甲士、骑兵。

在记录宋代的史籍中，枪矛同样处处可见，甚至连前代只为个别勇将所用的铁枪，也有了更为常见的趋势。《宋史》卷一百九十七为兵志器甲篇，其中记述枪、槊武器众多："三年四月，神骑副兵马使焦偓献盘铁槊，重十五斤，令偓试之，马上往复如飞，命迁本军使。"这里的盘铁槊重量只有王铁枪所用的一半，可能是用铁丝缠柄的马槊，算是特型枪矛。

"仁宗时，天下久不用兵。天圣四年，诏减诸路岁造兵器之半。是岁，诏作坊造铁

▲ 枪旗，摘自《武经总要》

▲ 枪车，摘自《武经总要》

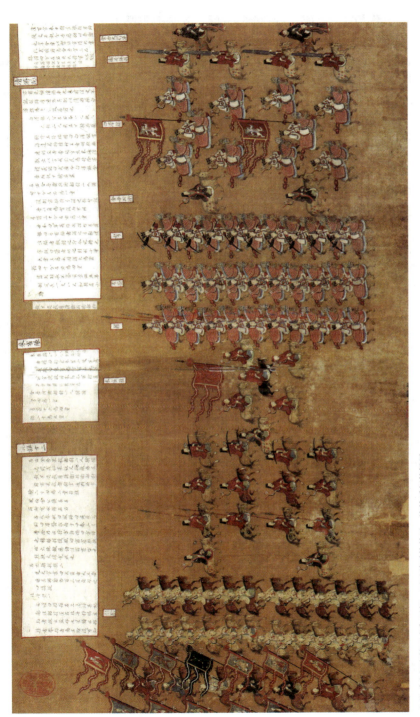

宋代《大驾卤簿图书》局部，可见骑兵执枪矛、旗枪受阅的场景

枪一万五千，给秦、渭、环、庆、延州、镇戎军。"一万五千柄铁枪供应诸路军兵，这装备数量可谓惊人。或许秦、渭、环、庆、延州这几个边州常与西夏争斗，武艺高强者众多，才能用得了一万五千条铁枪吧。

"四年，诏作坊制栓子枪、觚枪各五万。""五年，荆南兵马钤辖王遂上临阵拐枪。"栓子枪、觚枪、临阵拐枪这些枪械名称在《武经总要》中都没有详细的说明记载，形制究竟如何，难以推测。但是从栓子枪等的数量上可见装备率不低，后一条则说明当时各地军将经常会献上自己发明创造的特色枪矛，无怪乎宋代冷兵器会有那么多贴近实用的改进。

"开庆元年，寿春府造筒木弩，与常弩明牙发不同，箭置筒内甚稳，尤便夜中施发。又造突火枪，以钜竹为筒，内安子窠，如烧放，焰绝然后子窠发出，如炮声，远闻百五十余步。""开庆"，是南宋理宗的第七个年号。南宋时所造的这种突火枪，就是在竹筒中安放火药、弹丸，点燃引火药后，弹丸从竹筒中喷射伤敌，声响巨大，能传出数百米远。根据这段记述，这种武器的运作原理已与真正的火铳、火炮无异，称之为枪，可能是因为其细长如枪，又或者是将竹筒捆在枪上所致。这也是后世将步兵所用的火铳称为步枪的渊源之一。

元代火器更为成熟，出现了金属身管的火铳、火炮等武器，但在冷兵器方面跟宋代几无二异，不烦赘述。

明清暮色

明清时期是火器大发展时期。火器日渐精良，无论是射程还是杀伤都拥有绝对优势，尤其是明代中晚期最为显著，开始出现冷兵器辅助火器的现象。

但是在明代中前期，冷兵器依旧处于统治地位。此时因为社会经济较为发达，加上积累了上千年的实战经验，简单的器械用法开始呈现出五花八门的变化，使武艺出现了流派分化的现象。

明代军事典籍《武备志》，不仅保存了宋代《武经总要》里的枪式，更详细记录了明代数种枪矛的特点和形制。书中记录了此时枪矛制作的许多细则，比如：

枪杆以椆木为上品，"合木轻而稍软次之"，而且提出在处理木材时最好劈开，而不是锯开，因为锯开的木料纹路倾斜，容易折断。削竹胶合而成的柄腰太软，北方竹子太干燥，都不适合做枪杆，而木杆和南方的

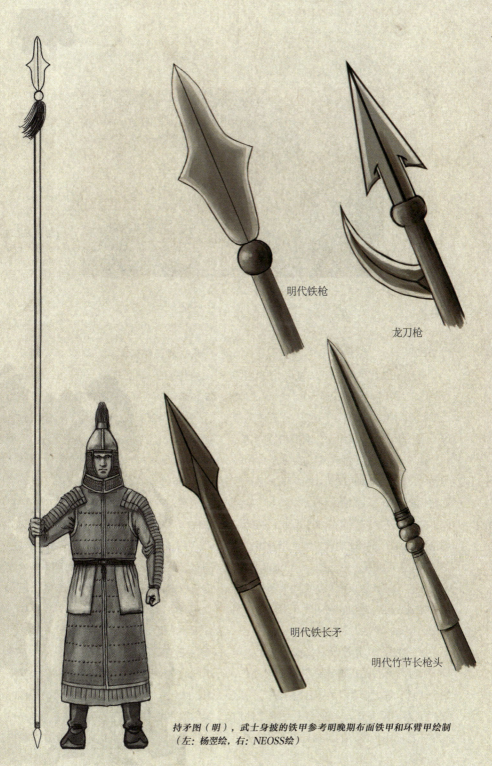

明代铁枪

龙刀枪

明代铁长矛

明代竹节长枪头

持矛图（明），武士身披的铁甲参考明晚期布面铁甲和环臂甲绘制
（左：杨翌绘，右：NEOSS绘）

明代枪式之一，摘自《武备志》

▲ 明代画家仇英所绘《抗倭图卷》中，可见大批执长枪的明军的英姿

竹子却很合用。

书中还提出，制枪的工匠一定要通晓长枪的实用精神，才能制好枪。枪杆在制作上要前细后粗，尾部粗可盈把，而杆中前部也不能过于细软，避免无法有效传导力量。

在临阵使用方面，名将戚继光有比较丰富的经验。戚继光在浙江抗倭时，抛弃当地腐朽的卫所军，重新招募悍勇青年，亲自训练教习，并且根据南方水乡泽国独特的地理特征研发出了特殊的鸳鸯阵，用长枪、镋钯、狼筅和刀牌手混合编制——"筅以救牌，长枪救筅，短兵救长枪"。长短兵器相互协助，构成有机组合，成为明代军事理论应用的一时佳话。

戚继光的军事著作《纪效新书》中详细记载了枪械技法的源流："夫长枪之法，始于杨氏，谓之曰梨花，天下咸尚之。"戚继光本人治军多年，也在书中写下了他对武学技艺应用于军阵的真知灼见："施之于

行阵，则又有不同者，何也？法欲简，立欲疏。非简无以解乱分纠，非疏无以腾挪进退，左右必佐以短兵，长短相卫，使彼我有相倚之势，得以舒其气，展其能，而不至于奔溃。兵法曰：气盈则战，气夺则避是已。"戚继光还为长柄武器在实战中常被短柄武器近身缠斗的问题提出了解决方案："夫长器必短用，何则？长枪架手易老，若不知短用之法，一发不中，或中不在吃紧处，被他短兵一入，收退不及，便为长所误，即与赤手同矣，须是兼身步齐进。其单手一枪，此谓之孤注，此杨家枪之弊也，学者为所误甚多。其短用法，须手步俱要合一，一发不中，缓则用步法退出，急则用手法缩出枪捍。彼器不得交在我枪身内，彼自不敢轻进；我手中枪就退至一尺余，尚可戳人，与短兵功用同矣，此用长以短之秘也。"此外，戚继光在随后的篇幅中记录了六合枪法的具体招式。

而到了明代中晚期，则越发依赖火器

直射。这样的战术让投射步兵需要得到稳固的阵线依托，明军则更需要以长枪、战车、大牌来构建防护，避免被骑兵冲突击溃。在明代，使用长枪的技法开始分化，演变出各种流派，其中不乏花样繁复，只适合乡间械斗的种类。戚继光在其著作中就曾多次指出，所谓"花枪、花刀"之类技法于阵上无用。当然，民间武术家们也有重视军旅格斗技巧的流派，前文提到的石敬岩及其弟子吴殳就是这一类人的代表。

吴殳的武艺多承自其师，于武学上多有造诣。后来因为明朝灭亡，又不甘心为清朝所用，所以孤老一生。他的著作《手臂录》中详细记载了当时流传的各派枪法，并且配有详细的步法、身法图说，是研究明代武术不可多得的重要资料。

进入清朝以后，因为清朝统治者忙于削弱关内汉民族的反抗，而对军事、武学著作和研究进行了残酷的镇压，导致国内军事技术长期止步不前，甚至大为倒退。直到第一次鸦片战争之前，清朝统治者都没有遭遇到任何强有力的先进文明对手，故而其枪矛技术亦停留在中古时期水平，有助于我们借此对中古资料进行一些查漏补缺。

清代的八旗、绿营兵仍有长枪兵卒编制，在清代的军事典籍中亦有较多枪矛记录，但是其整体长度比宋明时代有大幅度降低，多在两米到三米三之间，少数步兵用枪仍有四米半至五米长度。不过，清代的一些图画对研究该时期枪矛武器和用法倒是有着相当的帮助。

郎世宁本是意大利人，后漂洋过海来到中国传教，却意外成为宫廷画家，从事绘画

▲《手臂录》中的枪法，此为美人认针势

五十余年。其绘图画因有明显的油画风格而重于写实，故非常具有考证意义。郎世宁所绘《阿玉锡持矛荡寇图》中的主人公为乾隆年间武将阿玉锡，乃是蒙古准格尔部族，曾率数十骑兵直捣敌军大营，立下旷世奇功，故而被乾隆帝列入平准五十功臣中，并命画师绘成此图。图中阿玉锡执矛冲锋，传神地表现了冷兵器骑兵作战时使用骑矛的细节。

阿玉锡将骑矛挟持腋下，平举前伸，应是借用战马的冲击力来刺敌。之所以挟持中段而非尾端，原因是其左手还需把握缰绳，只能以右臂挟持，为保证平衡，只得挟持中段。对比《八王争舍利图》和西魏的《五百强盗成佛图》，我们可以发现，如果能空出双于，对敌冲锋的骑士还是可以一手执矛中段，另 手握持其尾部。

另外，此时的骑矛比宋代又多了一个绳环。该绳环比中段挎肩环要小许多，处于矛镦部位，应是将矛挂肩携带时，用来套在脚踝处，起到避免矛体晃荡的作用。曾经有些学者认为骑士冲击时会将挎肩环套入臂膀，以增加固定。但是这种观点显然被图中所绘实际情况推翻，并且如果骑手真将此环套入臂膀，恐怕冲击到敌人时，反而会被

▲ 清代传教士郎世宁所绘的《阿玉锡持矛荡寇图》

▲ 作于乾隆年间的《平定准部回部得胜图》局部

作用力推至失衡落马。

在郎世宁的另外一幅军事绘画作品《平定准部回部得胜图》中，我们可以看到许多执枪矛作战的骑兵。其中许多骑手所用枪矛下挂有红缨，应当就是一直被沿用到国内革命战争期间的红缨枪。这种枪下挂缨的习惯由来已久，鲜艳的枪缨非但好看，而且还能阻挡敌人的鲜血顺着枪头蔓延到枪杆上，导致使用者双手打滑，操控不利。

鸦片战争的隆隆炮响彻底打碎了清朝统治者继续沉溺于天朝上国的迷梦，装备近现代火器的殖民军队以摧枯拉朽之势打垮了思维仍旧停留在大刀长矛时代的清政府。外来的侵略迫使中国军事迅速西化，武器装备也全面恢复到以先进火器为主的潮流上。

由此，枪矛武器纵横数千年中华军事斗争史，历经汉唐的荣耀，宋明的辉煌，最终在此时失去了战争舞台上的主角地位。然而，枪矛被时代所抛弃，是一个逐渐衰亡的过程。在这一过程中，仍旧有许许多多的枪矛武器发挥着它们的作用。

不仅仅是晚清的军队还保有这种古老的装备，甚至连辛亥革命以后，中国依然有成

▲《哨鹿图》局部，郎世宁绘。图中骑士所用长枪较短，通体浑圆，做工精良，可能为禁卫部队所用

建制使用枪矛武器的记录。比如民国十一年（1922 年），直系军阀曹锟在保定训练了一支特殊的骑兵部队，这支骑兵全部由流亡俄国军官统一按照哥萨克骑兵规格训练，并且全部装备铁杆骑矛，被称为"铁杆矛营"。这支骑兵还曾经在曹锟入京时，耀武扬威地举行了列队入城仪式，整齐的骑兵们如同古代武士一样，右手竖执长矛，将矛杆插靠在

马镫旁，其威风凛凛状非常引人注目，也算得上是骑兵枪矛在中国的回光返照。

不仅如此，落后的军工水平导致国内军事装备参差不齐，有许多枪矛诸如众所周知的红缨枪、梭镖等原始武器甚至一直作为战斗装备延续到国内革命战争、抗日战争时期。在抗日战争中诞生的许多爱国歌曲中，我们都能听到歌颂爱国者使用大刀、长矛反抗侵略者的歌词，这实在是一个古老文明的无奈悲歌。

除开这些，枪矛武器的灵魂依旧在近现代战争中延续。在许多特殊情况下，白刃突击仍旧是一种非常优秀的杀敌手段。刺杀类兵器在近现代军事中有着良好的杀伤效果，所以冷兵器枪矛留下的空白，迅速被步枪刺刀替代。

20世纪初期的步枪经常长逾1米，如我国常见的俄制M1891莫辛纳甘步枪，其身长达1308毫米，配合刺刀全长1738毫米，接近2米，勉强可以替代枪矛的用途。而日制的三八式步枪则有1275毫米长度，相差无几。刺刀的应用也让枪矛的技法残存了下来，中

▲ 装备长枪的晚清军队照片

国的刺刀技法最初主要学习日本，日本的刺刀术被称为铳剑术，正是脱胎于他们的古代枪术，因此在技巧上颇有枪法神韵，与西式刺刀术大相径庭。

枪矛类武器从诞生到逐渐消亡，是人类军事文明水平不断进步的必然趋势，但是枪矛武器的生命周期远远超过大多数跟它同时期诞生的原始兵器，如大斧、戈、戟等等。作为刺兵之首，它富有独特魅力的传奇一生，几乎可以称为中华古典军事文明史的缩影。时至今日，提起枪矛，仍能令许多军事爱好者热血沸腾。

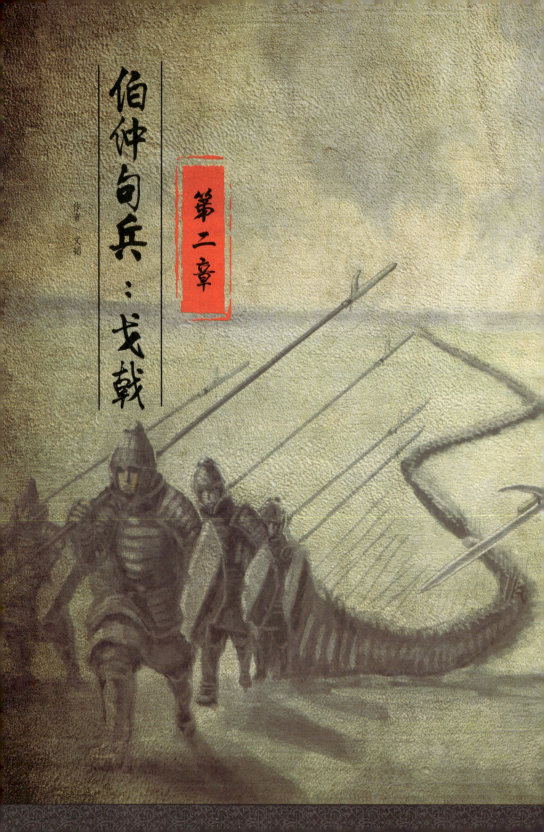

伯仲句兵：戈戟

作者／文韬

第二章

戈与戟的基本形制

在我国漫长的战争史中，曾有两种特别重要的冷兵器，它们便是戈与戟。戈与戟都是华夏先民创造的独特兵器，它们在战争中长期占据主流地位，同时也常常扮演礼仪之器这一重要角色。

一位唐代诗人曾经作下这样的诗句："七雄戈戟乱如麻，四海无人得坐家。"诗句中所述戈戟，俨然已不单指武器，而化身成了战争的象征。戈与戟伴随着华夏走过了数千年跌宕起伏的历史进程，深深地铭刻在传统文化之中。因此，考察戈和戟的源流与发展，不失为是我们了解中华文明的一个窗口。

一件完整的戈总是由戈头和戈柲两部分组成。

戈头就是产生杀伤力的金属部分。它的前半部是修长的"援"，其前缘汇聚为"锋"，上下则开有"上刃"和"下刃"。戈头的后半部则是"内"。内通常为方形，而且其上通常有被称为"穿"的穿孔。"援"是戈头上司职杀伤的部分，而内则是用于戈头的安装和固定。不过值得一提的是，战国以后的戈头往往也在戈内上开刃，形成所谓的"刃内"。这样的刃内也具有和戈援类似的杀伤功能。

这便是戈头的基本结构。二里头遗址出土的玉戈和铜戈，即已具有以上全部特征。

另外在上述结构之外，还有从下刃延伸来的"胡"和内上凸起的"阑"这两种结构。在两者之间往往也有数量不等的"穿"。它们都是起固定作用的部件，是随着戈头形制的演进逐渐发展出来的。

另外在商代和西周早期还有一种銎内戈，它和之前描述的标准的戈有所不同。所谓"銎内"，即是"内上有銎"的意思。具

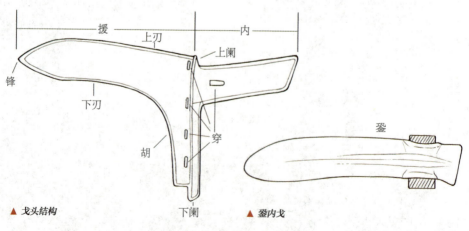

▲ 戈头结构　　▲ 銎内戈

体来说，就是在靠近戈援基部的戈内上铸出套筒状的銎，用以插入木柲。此种安装方法一定程度上可以避免戈头松动和戈援后陷，但在使用戈进行钩击时，戈头还是容易从柄上脱落，因而在商代之后渐渐式微。西周早期曾有一段时间出现短胡一穿式的銎内戈，就是用绳索或革带进行辅助固定，但是仍然不能从根本上解决问题。加上銎内戈制造起来较之通常的戈更为麻烦，所以很快就消失了。

相较于戈，戟的形制显得更加复杂。考古发现的戟大多数可以分为联装式铜戟和整体式铁戟两类。

联装式铜戟也被称为"联装戟"。顾名思义，它是由戟刺和戈头两个部分联装于戟柲而成。戟刺的形制类似矛头或箭镞。不过联装戟的戟刺通常比真正的矛头略小，比箭镞更大一些。而所用的戈则和同时代的戈类似，数量从一个到三个不等，从上至下逐次安装。

整体式铁戟中最常见的类型是"卜字戟"，因其造型类似汉字中的"卜"字而得名。这种形制主要存在于铁戟中，所以通常也被称为"卜字铁戟"。与联装戟不同，卜字戟的戟头结构简洁，只留下锻造为一体的戟刺和胡，以及垂直于戟刺横向伸出的横枝。戟刺用于刺杀，而戟枝则代替了铜戟中戈的成分。学术界通常认为，戟刺是从铜戟中的戈援演变而来，不过从装柲的方式来看，笔者倒觉得它可能源于铜戟中戈内的部分。

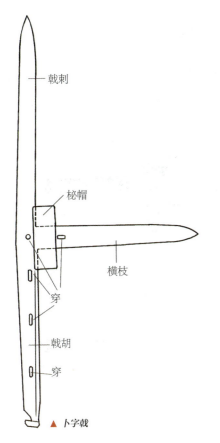

▲ 卜字戟

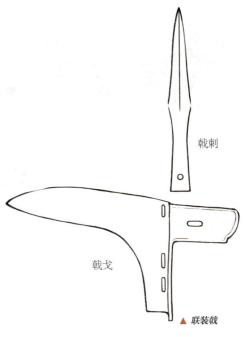

▲ 联装戟

戈和戟的装柄以及附件

戈戟的柄在古时被称为"柲"。按照不同用途有长、中、短之分。早期的戈柲比较短，属于卫体短兵的范畴，经常与"干"，也就是盾牌一起使用，这也就是我们常说的"干戈"了。

随着战争艺术的发展，特别是车战兴起之后，柲的长度也随之加长。考古资料显示，西周以后的戈柲通长在1.5米左右，而戟的通长则在2米以上。不过这并不绝对，东周时期的墓葬中曾经出土过戈柲近3米的长柄戈，可见不能一概而论。

戈柲和戟柲一般为木质，不过也有少部分采用"积竹柲"，即以木棒为芯，外裹竹篾，再缠丝涂漆。积竹柄的强度比木柄更好，不过由于其结构与戈戟装柲的方式相冲突，所以相对来说比较少用。

木柲的底端装有"鐏"。鐏是一种套筒状金属饰物，早期也有木质的。当然，因为保存条件所限，存世的戈戟之鐏还是以金属质地为多。戈戟之鐏的造型多样，这里不多加赘述。

戈装柄的方式是先将柲的上端劈开或者挖出合适尺寸的槽洞，然后将戈插入柲的裂缝或槽洞中，最后用绳索或革带将戈头和戈柲牢牢的扎紧。

特别说明的是，与矛柄不同，周代之后的戈柲截面并非是正圆形，而往往特意做成椭圆形、卵形，抑或是切尖水滴形，且截面的长轴指向与戈头的指向平行。虽然出土的保存完整的戈柲不多，但是大量出土的戈鐏和少量柲帽的截面造型可以充分证明这一点。

与戈一样，戟头也要装上戟柲和戟鐏才能构成一柄完整的戟。戟的装柄方式可以说和戈一脉相承，只在细节上有所差异。

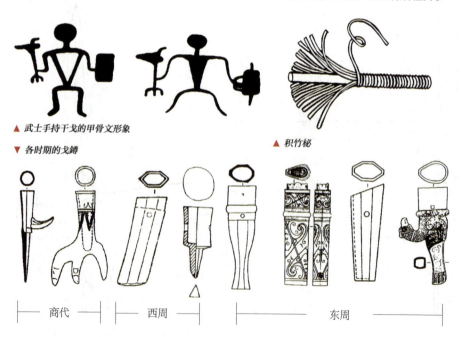

▲ 武士手持干戈的甲骨文形象

▲ 积竹柲

▼ 各时期的戈鐏

| 商代 | 西周 | 东周 |

对于联装戟来说，与戈相比多出的戟刺被安装在戟秘的顶端，可以看作是一种特殊的矛形秘帽。而对于整体式铁戟来说，则以戟枝代替了戈内的作用。另外，在部分卜字戟的戟枝基部附有青铜质秘帽用以加固。由于铜是较为贵重的金属，因此这类卜字戟可能属于同类中相对高档的类型。

早期戟秘和戈秘一样，截面通常并非圆形。不过东周之后，也存在一定数量的圆形

截面的戟秘，这是由戟的形制和使用方式的改变所带来的变化。

与刀剑一样，戈戟也配鞘以利于保养。鞘的内胎一般是皮、丝或者布，外层往往髹漆。不过西周时期也有象牙制成的戈鞘，当然这属于相当高档的形制。

戈与戟的材质和制造

石戈和玉戈与同时期出现的石质器物一样，都是采用精细的磨制工艺制成。其中石戈在铜戈出现以后很快就消失了，而玉戈则作为礼器长时间与金属戈戟并存，及至两汉之后才逐渐湮没于历史。

石戈、玉戈之后出现的铜质戈戟为青铜铸造。众所周知，我国的青铜通常是铜与锡的合金，而合金中锡所占的比例，会影响到青铜器物的机械性能。成书于战国时代的《考工记》，是我国古代最早的一部手工业技术文献。《考工记》中述及的"金有六齐"，

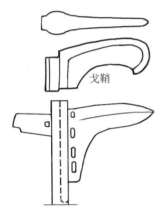

▲ 装秘的戈头与戈鞘

◀ 内蒙古凤凰山1号东汉墓壁画中被戟鞘包覆的卜字戟

▲ 肩扛长戟的武士，戟头被戟鞘包覆

说的便是铸造不同器物所需的各种铜锡比例。而"金有六齐"中的"四分其金而锡居一，谓之戈戟之齐"，描述的就是制造青铜戈戟所需的合金比例。

随着中华文明进入铁器时代，铁戈和铁戟也逐渐出现在历史中。现存的铁戈多为铸造，其形制往往和同时期的铜戈类似，只是将材料换为铸铁。也许因为早期的铸铁性能不佳，而质地光泽上也不如青铜华美，因此

铁戈甚为少见。

至于铁戟，一般的铁戟通常是指卜字戟。卜字铁戟由熟铁或钢反复锻打而成，它结构简洁，省去了铜戟的多种部件和复杂的曲线，也是制造工艺使然。卜字铁戟所用材料最早是靠炼法制成的熟铁，其后也使用可锻铸铁以及采用炒钢法制成的钢。当然，采用铸造法制造的联装戟或者浑铸戟并非没有存在的可能，但是为材料所限，只怕是比铁戈更为稀少。

戈与戟的产生、发展及形制变化过程

史前：句兵的起源

现存最早的青铜戈出土于二里头遗址，考古工作者在那里发现了两件无胡青铜戈头，其中曲内、直内各一件。这是中国目前发现最早的青铜戈头。曲内戈头长 32.5 厘米，其中援长 20.8 厘米，援宽 3.8 ~ 4.8 厘米，内宽 3.9 ~ 5 厘米，无阑，援中起脊，援上下皆有刃，上下刃前聚成锋，内无刃，穿、援间有安秘的痕迹。直内戈头形制略小于曲内戈头，直内，方穿。

从制作工艺上看，当时戈头的制作手法已经成熟，并且开始根据实战的需要对戈头进行改进。这两件戈头的时代大约在夏末商初，从其较为成熟的形制来看，青铜戈已经存在较长的一段时间，因此可以肯定，早在夏代就存在了应用于实战的青铜戈。另外，在二里头遗址中还发现了一件玉制戈。玉质脆硬，显然无法应用于野战，因此这件玉戈头应为礼器。

商代：戈的多样化

作为二里头铜戈的延续，商代铜戈与铜钺并列，在礼器中了占据了重要的地位。不仅如此，大量商代铜戈的出土，说明铜戈正在逐渐替代铜钺，成为一种主要的实战兵器，

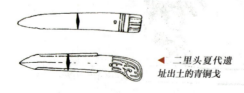

▲ 二里头夏代遗址出土的青铜戈

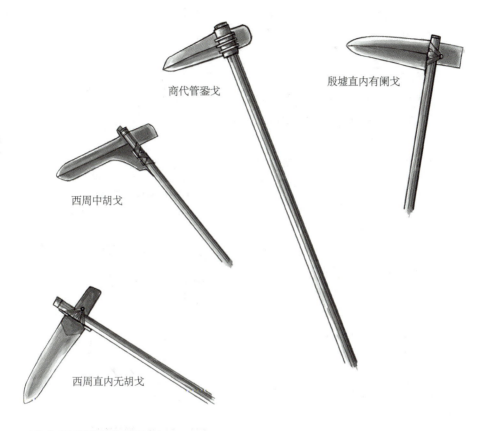

商代管銎戈

殷墟直内有阑戈

西周中胡戈

西周直内无胡戈

▲ **商代到西周时期的戈（NEOSS绘）**

可见铜戈在商代有了长足的发展。

　　和夏代的铜戈相比，商代的铜戈着重加强了戈头与柲的结合程度，为此商人采用了多种方法对铜戈的形制进行改进。

　　其一是在戈头上加阑。如1955年于郑州出土的有阑直内二穿戈。据考证，此戈应是自二里头文化时期的直内戈头发展而来，最明显的变化是戈头上多了上下二阑，这能加强戈头与柲的结合程度。1971年于陕西淳化县出土的短阑直内戈头，其阑比援窄，比内宽。自商开始，戈头上设阑成了加强戈头与柲结合程度的一种常用方式。

　　其二是令援宽于内，此种方法也有助于加强戈头与柲的结合程度，但效果不明显。殷墟妇好墓便出土有此式戈头。

　　其三是在戈内上增加銎管，于是便产生了所谓的"銎内戈"和"管銎戈"。这种方式在加强戈头与柲的结合程度方面可谓是一种大胆的尝试。銎内戈流行于商代晚期，而把内上的銎进一步加长，就形成了"管銎"，即"管状的銎"。河南安阳就出土过不少銎内戈以及个别的管銎戈。这类戈头的制作工艺比其他形式的戈头要复杂，且消耗的青铜更多，但戈头和柲结合的牢固程度却依然有限，使用时容易掉头和打转，因此商代之后就不多见了。

其四是在援下加胡，这便是所谓的"有胡戈"。这种戈头出现在商代晚期，有短胡一穿，中长胡二穿，甚至长胡三穿和四穿等形制。陕西省城固县苏村遗址曾出土14件这种长胡四穿戈，标本76：144：1，援脊三棱，直内，内上无穿，援长15.5厘米、宽6.5厘米，胡长10厘米、宽2.8厘米，内长5.7厘米、宽3.9厘米。

其五是增设柲帽。柲帽虽然不是戈头上的结构，但是它装在戈柲的上部，对戈柲起着收束作用，还能增进戈头装柲的牢固度。不过这种戈在商代只是昙花一现，目前仅在安阳梯家口村商代后期墓葬里发现过一件。

其六是增设勾翼。勾翼通常从戈援和戈内的交界处伸出，向戈内的方向。这种结构也有固柲的作用。另外，勾翼往往做成兽首形或附有花纹，是一种美观而富有特色的构造。

其七是上述多种方式并用，比如銎内有胡戈、带柲帽的有胡戈、带勾翼的有胡戈等等，这在商代末期的遗址、墓葬中都有发现。

在这七种方式中，为戈头加上戈胡，显然对加强戈头与戈柲的结合最为有效，而且胡越长，穿越多，戈头在柲上绑得就越牢固。和增加銎管相比，戈胡的制作更加简单

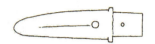

▲ 郑州商城出土的直内二穿有阑戈

▲ 殷墟妇好墓出土的直内有阑戈

▲ 河南安阳郭家庄商墓出土的銎内戈

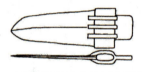

▲ 河南安阳刘家庄商墓出土的管銎戈

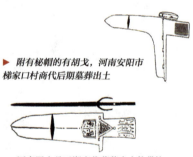

▶ 附有柲帽的有胡戈，河南安阳市梯家口村商代后期墓葬出土

▲ 河南罗山县天湖商代墓葬出土的带钩翼的铜戈

且节省铜料，另外随着戈胡的不断加长，古人开始尝试在戈胡上开刃，为戈头增强割杀力的同时又增加了一种新的砍斫功能。因此，长胡多穿成为商代以后戈的主要发展方向。另外，阑和柲帽在之后的时代也成了戈头上的重要构造，而銎管和勾翼则仅

仅延续到西周前期便在中原消失了。不过中原地区周边的少数民族，却将这种构造延续了相当长的时间。

除了上述各种形制之外，商代还存在一些特殊的戈，比如曲内戈和三角援戈，以及一些很难归类的特殊形制。

曲内戈是一种古老的形制，在夏代末期的二里头遗址中就有发现。商代的曲内戈延续了二里头铜戈的风格，在其曲内的后端往往铸附有复杂而美观的纹饰。三角援戈的形制大体上来说是一种直内戈，但是其援短宽，不似通常的戈援。此外还有一些造型更加奇特的戈头，它们的出现大概只能归功于商代工匠丰富的想象力了。不过，这些戈头往往铸造精美，而且普遍器形轻小，应该属于仪仗兵器或者礼器，因此造型奇特也就不足为怪了。

综上所述，铜戈头的形制在商代获得了极大发展，当然这种改进远远称不上完善。在改进戈头的种种方式中，一种对铜戈的特别改进也在商代末期应运而生。

20世纪70年代，考古工作者在河北藁城县台西村发掘了一个商代晚期的遗址。在其中17号墓里，人们发现了戈、矛、刀、镞等多种铜兵器。在清理这些兵器的过程中，人们惊讶地发现了一件形制特殊的兵器。

这件形制特殊的兵器是一种矛与戈的联装体。其中的矛中脊起棱与骹相通，戈头则是直内戈的制形。矛安装在85厘米长的木柲顶端，其下装戈，两者之间成直角。戈和矛上皆有圆穿用以固柲。从长度上看，它跟同时代的普通戈长度类似，应该是一件卫身的短兵。

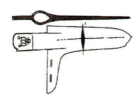

▲ 河南安阳郭家庄商墓出土的銎内有胡戈

▲ 河北藁城县商墓出土的曲内戈

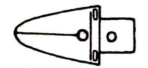

▲ 河南安阳武官村大墓出土的三角援戈

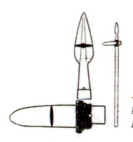

◀ 藁城县台西村商代末期墓葬出土的戈矛联装武器

无论矛还是戈，单说起来都是常见的器形，但是这种戈矛联装的形制在我国却是第一次出现（已知文物中）。显然，这种联装的形式也是为了增进戈的杀伤效果而进行的一种尝试，它没有拘泥于戈头形制的改进，而是大胆地采用了为戈联装一个矛头的方式。这种方式酷似东周之后才出现的联装戟，对于后世有着深远的影响。

然而，无论是商代还是其后的西周，都不见"戟"这个字，所以我们也不好说"戟"

这种兵器在商代就已出现。并且，在商末到春秋时期这一段漫长的时间里，这种形制再也不曾见到。不过，从这件连装戈可以看出，在戈头之外联装其他部件以增进杀伤效能的方式，在商代后期就已经出现了。由此，这件戈矛联装的特殊兵器，我们可以称之为戟的雏形，或者更准确点，说它是后世联装铜戟的滥觞亦不为过。

西周：戈的发展和繁盛

自车战兴起后，戈成了战争中的首选兵器。在西周，商代某些戈的种类已很少出现，如銎内戈，而流行于商代的曲内戈也逐渐消失。这说明，经过商一代的发展，戈的形制已经过了摸索期，开始向定型发展。西周时期的戈主要有无胡戈、有胡戈以及具有"戈上刃"的上刃戈三大类。

无胡戈

典型的无胡戈大体可以分为两类：

其一是长援无胡戈，代表器物是出土于西安市长安区张家坡的一件戈。此戈直内，有阑，内上有一穿，援部宽厚，无胡。这类

▲ 西周直内无胡戈

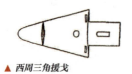

▲ 西周三角援戈

戈大体上可以算是商代无胡戈的延续。

其二是三角援戈，又名"戣"。《尚书·顾命》中有云："一人冕，执戣，立于东垂。"指的就是这种戈。

陕西宝鸡竹园 M3 曾出土有一件三角援戈，它援部宽短，无胡，长方形内上有穿，通长 10.5 厘米，为西周早期兵器。这种戈在商朝中期就已经有了。据专家推测，三角援戈可能起源于汉中，之后则流行于川西，成为蜀式戈的一个重要种类。

从其形状上看，这种戈具有短宽的等腰三角形援，杀伤力似乎低于其他种类的戈，同时这种形制也不利于钩杀，所以很快就在华夏民族的生活区域内消失了。

有胡戈

相对于无胡戈，西周时期的有胡戈数量逐渐增多，大致可以为分为短胡、中胡和长胡三种。

短胡戈，西安市长安区张家坡西周墓就出土过一件，它直援短胡，援中起脊，直内，一穿。

中胡戈，洛阳北窑西周墓曾出土一件。此戈援上起脊，锋圆尖，有上下阑，胡上二穿。

长胡戈，主要出土于西周晚期遗址。它有两种：一种三穿，一种四穿。总体上说，胡部太长，会增加原料的耗费和制作的复杂度。所以，长胡戈在当时并不是一种非常流行的形制。

除了短胡、中胡和长胡，西周时期还有一些特殊形制的有胡戈。其中一种是有勾翼的戈，陕西宝鸡竹园西周墓曾出土一件，它援身微弯，短胡，侧阑有蛇首形勾翼，属西

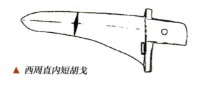

▲ 西周直内短胡戈

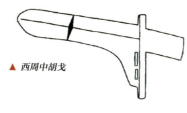

▲ 西周中胡戈

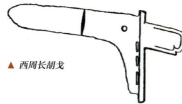

▲ 西周长胡戈

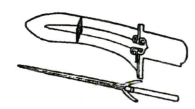

▲ 陕西宝鸡竹园西周墓出土的带钩翼的短胡戈

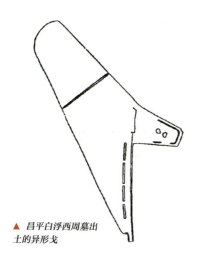

▲ 昌平白浮西周墓出土的异形戈

周早期兵器。此类戈的性质应该是商末同类戈的延续。

还有一种援部造型完全异化的戈。比如昌平白浮西周墓出土的一件戈。此戈的援部和胡完全融于一体，且极度上扬。

上刃戈

除了通常的形制之外，西周时期还出现了一种带有"上刃"的戈头。《尚书·顾命》有云："四人綦弁，执戈上刃，夹两阶戺。"说的可能就是这种戈。因此我们姑且把这种戈称为"上刃戈"。

这种上刃戈的特点是戈头上铸造出了向上伸出的扁体上刃，而其下的戈体则是长胡直内戈的形状。按照上刃的不同形制，这类戈头大致可以分为两类。

第一类是上刃竖直类似矛形，与戈胡连为一线而与援和内垂直，整体作十字状。

第二类是上刃的上端向内的方向卷曲，类似同时期卷首刀的形状，其他形制同上。

上刃戈出土数量颇多，至今有上百件，可见在当时颇为流行。而上刃戈的两种形制

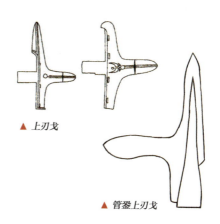

▲ 上刃戈

▲ 管銎上刃戈

经常在同一遗址中并出，并没有明显的地域差异。其典型样式可以参考洛阳北窑的两种出土品。另外在北京琉璃河西周燕国墓出土的第二类上刃戈上有"匽侯舞戈"的铭文，可见这种形制的器物在当时仍被称为戈。

除了以上两种形制，还有一类采用銎管装秘的上刃戈。比如浚县辛村2号西周墓的出土品，其形如矛头，上有直锋，中部有援，援下有长胡装结构。不过此类上刃戈的出土数量极少，称不上是典型的式样。

上刃戈将直锋和戈的横刃融为一体，可以说基本兼具矛和戈的功能。根据出土文物来看，尽管目前此类戈发现数量不少，但从出土环境以及器形材质来看，大多数质轻体薄，仅有少数质地厚重者可用于实战。其配属对象均为贵族阶层，因此这种戈应该是属于仪仗器或是礼器，而不可能被大规模推广。另外由于这种戈器型复杂，必然会导致制造起来费时费料，而且在结构强度上可能也存在一定的问题。所以这类戈从商末周初延续到西周中期，就消失不见了。

从西周时期戈的种类来看，西周戈在形制上的创造不多，但却在剔除商代不实用的形制后得到稳步发展。而且末期长胡多穿戈的出现，更是奠定了西周之后戈的发展方向。

另外，西周时期的戈特别是有胡戈，还有一个重要的特点，就是其戈援大都明显上扬，虽说这一特征在商代后期的有胡戈上已经有所体现，但是在西周戈的形制上表现得更加明显。这一形制上的变化体现了戈的使用方式处于持续变化之中。除此之外，上刃戈在戈援上方加刃的做法，也可视作东周以后出现的浑铸铜戟雏形。

戈的完善和衰落，戟的出现与兴盛

东周早期的铜戈以中胡二穿和长胡三穿为主。这应该是一种继承自西周晚期，并经过战争实践的形制，也是戈作为一种兵器开始成熟的标志。然而在东周时期，随着诸侯国之间的战争加剧，人们对兵器的性能提出了更高的要求。同时，随着冶金和金属加工技术的发展，一些兵器的杀伤效能发生了巨大的进步，比如说青铜剑的长度、强度不断增加，撼动了戈从商代以来作为卫体短兵的重要地位。另外，随着士卒披甲率的提高，戈原有杀伤方式的效能不断降低，在实战兵器中的地位已经不如西周时期。正因为如此，时人对戈的改进已经不能停留在只针对戈头形制上了，当然戈头的形制在东周时期仍然是有所发展的。这种改进可以归纳为四点。

其一是继续加长戈胡，甚至让它超过戈援的长度。加长的胡能增进戈头装秘的牢固程度，同时，更长的胡也就意味着胡上的锋刃更长，这也让砍斫杀伤力增强。

其二是在戈内上开刃，形成前文介绍过的"刃内"。随着内变得越来越长，三边开刃，可以让内从单纯用于固秘的结构变为具有杀伤力的战斗部分。士卒在来不及调换戈头方

▲ 江陵雨台山楚墓出土的长胡刃内戈

三戈戟　　　　战国铜戈

异形浑铸戟

青铜浑铸戟

▲ *西周至战国时代的戈戟*（NEOSS绘）

向的时候，可以直接用戈内进行攻击，增进了武器的使用效率。

　　具有上述两种构造的戈，在江陵雨台山楚墓内就出土过。此戈的戈胡和戈内都很长，其中戈内的后缘还在三边开刃，形成刃内。这样的长胡刃内戈，便是戈头形制最终定型的形态，一直延续到其最终退出历史舞台。

　　第三种改进则是在胡上设置钩距。巴东西瀼口楚墓曾出土数件这种式样的戈。所谓

"距"，就是雄鸡的后爪，《汉书》上有云："鸣不将，无距。"师古曰："将谓率领其群也，距，鸡附足骨，斗时所用刺之。"

　　第四种是在戈胡上增加叉刺，比如长岛王沟村战国墓出土的铜戈便具有这种造型。增加了叉刺的戈胡呈锯齿状，加强了胡上锋刃的切割效能。

　　在上述四种改进方式出现的同时，另一种不同的改进方式也随之出现。这种方式并

非单纯地改进戈头的形制，而是在戈头上方联装了一个矛刺。于是，一种新的兵器就此出现，它就是"戟"，也可以称之为"联装戟"。

联装戟是戟最基本的形式，它不仅大量见于文献记载，而且传世著录或考古出土品上自铭为戟者亦屡见不鲜，可见戟已成为当时常用的实战兵器。比如淅川下寺8号春秋楚墓出土的两件中胡二穿戈，其胡部分别有铭文"以邓之用戟"和"以邓之戟"，出土时其上方位置都有相应的矛刺。而同一遗址的2号春秋楚墓中，也出土了中胡二穿戈4件，胡部分别有铭："王子午之行戟"和"王孙诰之行戟"。另外该墓还出土有无铭文同类戈2件。此墓中恰巧有同形制的矛刺6件，其出土位置在相应戈头的上方。

当然，在战争不断趋向白热化的东周时代，即便是一种新生的武器，联装戟也处在一个不断发展变化的过程中。除了具备同时期戈头形制的特征外，工匠们也在继续吸收其他兵器的特有效能，以完善戟的改进。

就目前的考古发现来看，戟的改进方式有以下几种：

其一是在戟戈的戈内上增加钩距，比如天星观1号春秋楚墓出土的长胡戟戈，其援部修长，而内部后缘则制成钩距的形状。

其二是增加联装的戈头数量，由此便产生了所谓的"多戈戟"。比如著名的随州曾侯乙墓就出土过类似的戟，在更迟的楚国墓葬中也多有发现。这种戟的联装形式表现为一矛多戈或者无矛多戈，第二戈和第三戈特别设计为无内型。

其三是增设分离式的钩距和矛刺附件。这些附件可另行与戈戟甚至是其他车战长兵

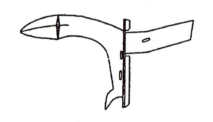

▲ 巴东西瀼口楚墓出土的胡上带距的戈

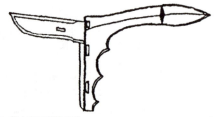

▲ 胡上有矛刺的戈头

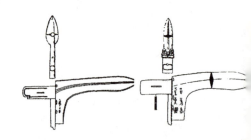

▲ "以邓之用戟"和"以邓之戟"

▲ 天星观1号春秋楚墓出土的长胡戟戈

组合，以增强杀伤效能。与设置在戈头上的同类构造相比，这些附件虽然安装起来比较麻烦，牢固度也较差，但好处是不会增加戈头的铸造难度和复杂度。另外，一旦附件损坏，更换起来也比较容易，因此可算是一种更贴合实战的改进方式。

在联装戟大行其道的同时，还存在另一种形制的铜戟，那就是浑铸戟。所谓"浑铸"，就是把联装戟的各个部件铸造为一体，其雏形大约是西周早期到中期流行过的上刃戈。

与联装戟大量出现于文献记载和考古发掘不同，东周的浑铸戟不见于文献，考古发现也很少，现存比较典型的有广东省博物馆馆藏的一件。其戟戈部分类似上述的长胡戟戈，不同的是其戈胡上附有孑刺。而戟刺则为修长的扁体剑形，与同时代的铜铍颇为类似。

另外，在九连墩1号楚墓中还出土过一件造型奇特的浑铸戟，其戟头浑铸有一刺双戈。此双戈并不像多戈戟那样上下排列，而是背向如飞翼状排列，戈援下均有长胡。双戈的上方铸有一根较短的扁体剑形戟刺。

以上所列的各类戟，最早见于东周中前期的墓葬，其中联装戟延续至秦代，而浑铸戟仅在东周末期昙花一现。目前东周早期的铜戟实物尚未发现，但《左传》隐公十一年（公元前712年）条目中有如下记载："颍考叔挟辀以走。子都拔棘以逐之。"另有《诗经·小雅·斯干》中郑笺注云："棘，戟也。"可见，戟这种兵器在春秋早期应该已经存在。至于其形制，则无法考证，不过大致上应该属于联装戟一类。

在东周时期，戈戟被合称为"句兵"，"句"即"勾"。但戈戟的杀伤方式却不仅仅是简

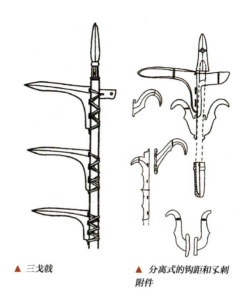

▲ 三戈戟　　　　▲ 分离式的钩距和孑刺附件

▲ 广东省博物馆馆藏的浑铸戟

▲ 九连墩1号楚墓出土的浑铸戟

单的勾杀。根据其形制和史书记载，戈戟有如下的攻击方式：

其一是啄击，《左传·襄公十八年》："中行献子将伐齐，梦与厉公讼，弗胜，公以戈击之。"此外《说文》中有云："伐，击也，从人持戈。"击的含义比较模糊，不过很可能是用戈的前锋啄击对方之义。

其二是钩斫，《左传·襄公二十三年》载："以戟钩之，断肘而死。"《晏子春秋·内篇杂上》："有敢不盟者，戟拘其颈，剑承其心。"又"曲刃钩之，直兵推之"。"钩"和"拘"同义，均指利用戈戟的援下刃进行钩割。另外《左传·文公二年》记载："晋襄公缚秦囚，使莱驹以戈斩之。囚呼。莱驹失戈。狼瞫取戈以斩囚。"《韩非子·奸劫弑臣第十四》："（庄）公乃走踰于北墙，贾举射公，中其股，公坠，崔子之徒以戈斫公而死之，而立其弟景公。"此"斩"和"斫"，均含有利用援下刃和胡刃劈砍的意思。结合戈头的形制来看，这两者是运用戈头下方的连续锋刃来制造杀伤，往往能形成连续动作，即先啄击，再劈砍，包含回带以钩割的动作。这就是所谓的"钩斫"。

其三是推击，如《左传·文公十一年》记载："败狄于咸，获长狄侨如。富父终甥摏其喉以戈，杀之。埋其首于子驹之门。"杜预注："摏犹冲也。"长狄身高，故推杀之。《淮南子·人间训》载："门者出之，顾反取其出之者，以戈推之，攘袪薄腋。""薄"和"推"均表示利用戈援的上刃杀伤对方。

此外，戟刺的前刺功能和东周铜戈上刃内的杀伤功能，在先秦文献中并没有反映出来，但是它们显然也是存在的。

秦汉：铜质戈戟的衰落和铁戟的兴起

秦始皇统一六国，也统一了天下混乱的兵器。虽说钢铁兵器在东周末年已经初露端倪，然而秦帝国庞大的武库却依然是铜兵的天下。这恐怕与帝国的军队，这一台庞大而精密的战争机器所带来的巨大惯性脱不开干系。因此，秦代的戈和戟也保持了东周末期的主流风格。

与其他兵器一样，秦帝国武库中的长胡刃内戈和采用同样戈头的联装戟都是精良的武器，其制作工艺已经达到了上古时代极高的水平。其形制高度规范化这一点，更是关中六国从未达到过的。因此，我们称其为华夏青铜兵器的巅峰也不为过。

然而，就和秦帝国的国祚一样，辉煌往往都是短暂的。"戍卒叫，函谷举，楚人一炬。"秦帝国在顷刻之间崩塌，而制作精良的青铜戈戟也不可避免地被钢铁所制的同类取代了。

及至汉代，华夏的兵器发生了很大变化，一些兵器被逐步淘汰。有一种观点认为，戈也是属于此类应被淘汰的老派兵器。而在汉

▲ 秦王政五年相邦吕不韦戈

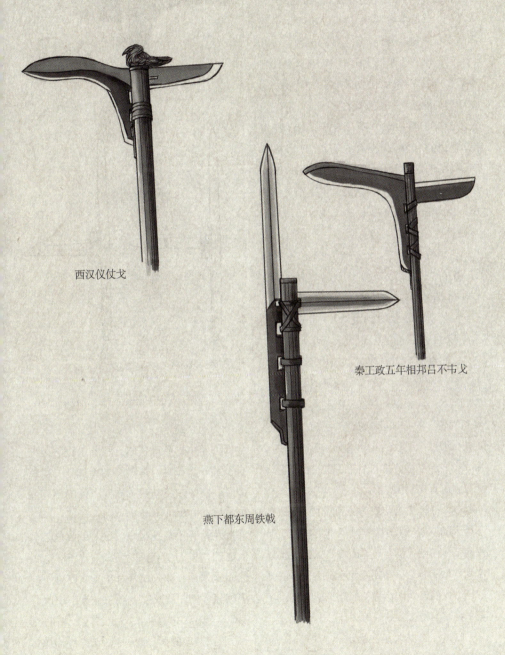

西汉仪仗戈

泰工政五年相邦吕不韦戈

燕下都东周铁戟

▲ 东周至西汉时期的戈戟（NEOSS绘）

代，大多数场合所说的"干戈"只是虚指，是武器总体的代名词。戈在汉代的发展分化为两路：一路继续保持戈的基本形状；一路改变形状，与戟合流，加入戟的行列。

▲ 西汉仪仗戈

西汉仅有少量铜戈出土，而且大多出自高级贵族的墓葬内，比如狮子山楚王墓、山东淄博临淄区大武乡窝托村齐王墓、盱眙大云山西汉江都王陵1号墓等都有出土。出土的铜戈戈头用鎏金或彩绘精心装饰，戈内配有鎏金铜质甚至是纯金的柲帽，柲帽顶部还附有精美的鸟形饰物。这类戈往往和玉戈同出，装饰精美，是高规格的仪仗器而并非是实战兵器。

这也说明戈在汉代战争中的地位不断降低，渐渐失去了实战功能，只剩下作为仪仗器和礼器的功能。

许慎所著的《说文·戈部》中有云："戈，平头戟也。"刘熙在《释名·释兵》中说："戟，格也，旁有枝格也。戈，句矛戟也。"他们已经把戈也叫作戟了，或是把戈纳入了戟的范畴。许慎和刘熙都是东汉人，他们的观点代表了东汉时期对戈戟的认识，并不一定能代表西汉时代的实际情况。不过话说回来，也许这正是传统的戈在西汉时趋于没落所导致的直接后果吧。

在戈逐渐失去实战功能的同时，戟却有了极大的发展。戟作为实战兵器的地位不仅没有受到影响，甚至还有所提升，逐渐颠覆了戈与戟的概念。就如上面所说的，到东汉时期，人们连戈的名称和形制都遗忘了，以至于把戈当作了戟的一种。

不过，西汉以后在战场上大行其道的并非是东周和秦代的联装戟，更不是把联

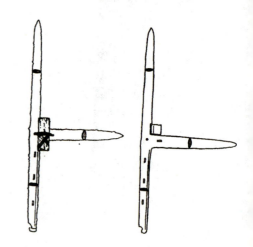

▲ 燕下都东周铁戟

装戟的组件铸为一体的浑铸戟，而是一种全新的整体式戟。整体式戟的杀伤部位只有戟头一个部件。其戟头造型简洁，只有戟刺、横枝以及与戟刺连为一体的戟胡三个部分。这类戟中除了少数仪仗器和明器外，绝大部分都是铁质或钢制的，这都与前述的两种旧式戟大为不同。当然，这类整体式戟头并非到汉代才出现，而是出现于东周晚期。从形制上说它大体上可以分为卜字戟和丫字戟两类。

目前最早的卜字戟出土于著名的河北易县武阳台燕下都44号墓，有12把之多。这

些整体式戟的戟刺竖直，下与长胡连为一体。胡上有四穿，后有阑，而横枝从戟刺和戟胡交界处垂直伸出。其整体轮廓类似汉字中的"卜"字，故而得名。戟上还附有铜质柲帽，分长短两种。另外在甘肃秦安上袁家秦墓也出土过一件形制类似的戟。

最早的丫字戟出土于湖南衡阳公行山2号楚墓，也为铁质。因为出土时间比较早，其照片模糊且缺乏文字描述，我们只能看出一个大致的轮廓。此戟的戟刺和横枝各自朝前斜向伸出，和戟胡的夹角成较大的钝角。与卜字戟不同，这种戟的整体轮廓类似汉字中的"丫"字。

上述两种铁戟的出现，说明早在东周末期，新式铁戟替代旧式铜戟的过程就已经出现。而要着重说明的是，燕下都44号墓是个阵亡士卒的丛葬墓，而非葬式精致的贵族墓葬，且此墓是在交战后草草埋葬而成。该墓不但出土了铁戟，还出土了铁矛、铁剑、铁质甲片以及铁兜鍪等器物，而其中的一件铁戟和两柄铁剑甚至已经是钢制的了，并经

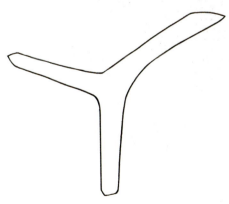

▲ 东周楚墓出土的铁戟轮廓

过整体淬火。另外在同时期的楚国墓葬中，也经常可以发现剑和矛一类的铁质兵器。可见燕国和楚国在东周末期已经在实战中较多地使用钢铁武器了。

当然，相对于同时期在战场上占垄断地位的联装铜戟，上述这类新型铁戟的数量还很少，范围也局限于个别地区。铁戟真正在战场上充分发挥效能，还要等到西汉之后。

西汉时期，冶铁技术有了巨大的进步，而铁器的物理强度优于铜器，并且比铜更加廉价，显然是制造兵器的不二选择。于是在各类铁质兵器大量出现的同时，铁戟也不落其后，大量制造。这一时期，戟的形制主要还是延续了东周晚期的卜字戟和丫字戟两种。

其中，钢铁质地的卜字戟是汉代实战戟中最主要也是最重要的形制，它在汉墓中经常可以见到。比如河北满城汉墓就出土过2件，山东淄博西汉齐王墓出土过144件，江苏盱眙大云山西汉江都王陵1号墓甚至一次性出土了553件。除了贵族大墓之外，在其他的中小型汉墓中也经常有卜字戟出土。出土卜字戟墓葬的时代从西汉初期一直延伸到三国时代，其使用时间之长，由此可见。

虽然这些墓葬中出土的卜字戟大部分是明器，甚至有些是铜质的，而实用器相对不多。不过我国古代有"事死如事生"的观念，认为死者在阴间依然过着阳间的生活，随葬的器物也是供死者在阴间使用的。因此，就算是明器，卜字戟的数量，也足以说明这种形制的戟在汉代的重要性与广泛性。而且其

汉代突骑兵以长戟攻击匈奴骑射手图，参考汉代画像砖上的图像绘制（杨翌绘）

延续的时间也很长，直到西晋仍有此类形制的卜字戟出土。以下举几个典型的例子以说明其时代跨度。

河北满城汉墓是西汉中期的墓葬。其中出土的两柄卜字戟分别长 2.26 米和 1.93 米，戟头通长分别为 36 厘米和 36.7 厘米，形制相似。它的横枝上附有一个铜质柲帽，用麻线交叉缠扎。戟刺在靠近柲帽部分较粗，向刺渐收拢。戟刺和戟援外分别套有黑色木鞘，木鞘为两片木片合成，髹黑漆，其外有麻布缠绕的痕迹。其中一件经过检测，为多次加热渗碳并反复锻打而成的钢戟。与燕下都墓葬出土的钢戟相比，其制造技术有了较大的进步。另外，虽然两者形制大体相同，有明显的继承性，但是满城汉墓的钢戟通长略短，而戟刺和横枝的宽度则有所增加，这让戟头的强度更佳，也是一种进步的体现。

江苏盱眙东阳 7 号墓为新莽时期的中小型墓葬，其中也出土过一件保存完好的卜字戟。这件铁戟木柲全长 2.49 米，其戟刺和横枝上套有麻布胎，外有髹棕黄色漆的戟鞘。其戟头的形制和满城汉墓钢戟基本相同，同样附有铜质柲帽，只是戟胡部分比较短。

河南新密后土郭村 1 号东汉晚期墓中，也出土了铜质卜字戟，器型轻小，应该是明器。但其形制和西汉时期的卜字戟仍然有明显的继承关系。

当然，到了东汉时期，卜字戟的形制总体上来说延续了西汉时期的特征，不过其中一小部分在细节特征上出现了两种变化。

其一是戟刺的形制发生了变化。江西南昌的一座东汉早期墓葬中，便出土了一件戟刺异化的卜字戟。这件铁戟通长 49 厘米，

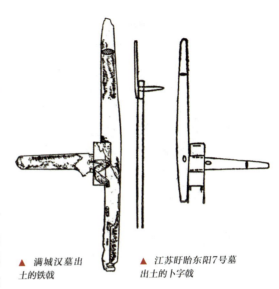

▲ 满城汉墓出土的铁戟

▲ 江苏盱眙东阳 7 号墓出土的卜字戟

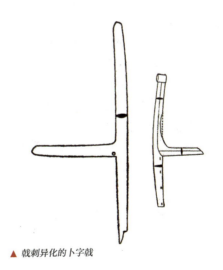

▲ 戟刺异化的卜字戟

横枝已残，不过横枝垂直于戟胡的形制和西汉时的卜字戟一致。然而，其戟刺部分并非如西汉时期那样与戟胡形成一条直线，而是呈弧形向横枝的方向弯曲。另外在东阳一座

东汉后期的墓葬中也出土过一件类似的铁
戟，只不过其戟刺弯曲的程度相对较小。

其二是横枝的形制发生了变化，比如广
州东山东汉前期墓出土的铜戟，其戈援和戈
胡的形状和通常的卜字戟类似，但横枝的尖
端却向上方略有翘起。不过这件铜戟本身可
能并非实战兵器，而是仪仗器。另外，在河
北定县北庄一座东汉晚期墓也出土过形制几
乎相同的铁戟。

上述两种改进形制的戟在考古上发现得
并不多，不过在画像、雕塑中倒是经常出现。
比如右侧这张图，图上左侧武士所持的就是
上述第二种改形的卜字戟，其横枝上钩的程
度比上述出土实物更大。

说完卜字戟，再说说丫字戟。丫字戟无
论是在时间跨度上，还是在考古发现的数量
上都远逊于前者。不过，对整体式铁戟的出
现和演化过程来说，丫字戟的形制变化倒是
能够起到一个较好的说明。

典型的丫字形铁戟出土自河南保安山 2
号墓，此墓属于西汉前期的墓葬。而这件出
土铁戟延续了上述东周晚期的丫字形外观这
一特征，不过其戟刺和戟胡都更加修长，且
两者的夹角更大，达到近 168 度。在时代稍
迟的广州南越王墓中也出土过一点类似的丫
字戟，不过其戟刺和戟胡的夹角略小。

除了上述两种出土丫字戟外，还有一种
铜质的丫字戟。这种丫字戟只在西汉时期的
诸侯王大墓中出现。比如江苏盱眙大云山西
汉江都王陵 1 号墓出土的这种铜戟。此戟器
型巨大，戟刺与戟胡的夹角介于东周丫字戟
和上述两种丫字铁戟之间，并略带向下的弧
度。戟刺下刃和戟胡上共有 3 个子刺，横枝

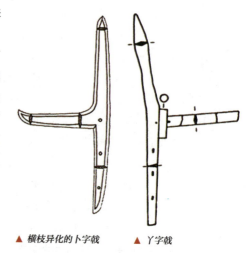

▲ 横枝异化的卜字戟　　▲ 丫字戟

▲ 武士对战壁画

下刃上也有 1 个。整个戟头用华丽的错金银
装饰，横枝上配有鎏金铜柲帽。

这种铜戟很有可能就是文献中记载的
"雄戟"。《史记·司马相如列传》引《子虚赋》：
"建干将之雄戟。"司马贞索隐引《方言》
中说："戟中小子刺者，所谓雄戟也。"另
外东汉中期史岑的《出师颂》云："乃命上将，
授以雄戟。"这说明雄戟是一种贵重的仪
仗器，结合前文所述，恰好与铜质丫字戟

▲ 雄戟

的形制细节以及出土墓葬的规格相吻合。

从形制上看，丫字戟是东周末期铜戈的延续和进一步发展。原先和胡呈 110 度夹角的戈援变得更加上翘，进而变为倾斜刺出的戟刺。这样戟刺便兼有了刺击和原先戈援的功能，因而省去了原先铜戟上单独的戟刺。与此同时，戈胡和刃内变得更长，分别变化成丫字戟的戟胡和横枝。这一点在铜质雄戟上体现得尤为明显。铁质丫字戟则进一步增大戟刺和戟胡的夹角，省去了刃部的曲线和孓刺，这样在强化了刺击功能的同时，降低了制造难度，可以说是一种利于大批量制造的改进。

在分析了丫字戟的形制变化之后，再来看卜字戟。过去有一种观点认为，卜字铁戟

是东周后期浑铸铜戟的延续和改进，而丫字戟则是卜字戟的一种变形。笔者个人觉得这种说法是值得商榷的。

在上述观点中，卜字戟的戟刺直接延续了浑铸戟的戟刺部分，而浑铸戟中戈内部分则与钩距、孓刺等其他部件一并被省略，只剩下戈援演化成了卜字戟的横枝。

然而，我们从卜字戟的装柲方式可以看出：卜字戟的横枝穿过戟柲固定，正如戈内穿过戈柲来固定。这样的横枝与其说是戈援的延续，倒不如说是后期铜戈上刃内的延续。至于说戟刺，我们再对比一下丫字戟的形制和演变就可以看出，卜字戟的戟刺与其说是浑铸戟戟刺的延续，倒不如说是铜戈的戈援与戈胡的夹角扩大到 180 度，以至于两者连成了一条直线，这样卜字戟的戟刺便产生了。

至于说丫字戟，这种戟出现的时间和卜字戟一样都在东周后期，相较之下并没有明显的先后之分。况且两者同样演化自铜戈，丫字戟的形态反而更具"过渡"的特征，因此说丫字戟是卜字戟的变形的观点，就目前的考古发现来说，也是站不住脚的。

除了卜字戟和丫字戟，汉代还有一些造型怪异而难以归类的戟头。比如江苏徐州市奎山 11 号汉代前期墓中出土的一件铁戟。这件铁戟的戟刺既不像卜字戟那样垂直向上伸出，也不像丫字戟那样侧向斜上伸出，而是背向横枝弯曲，整体呈弯刀的形状。其横枝虽然也是垂直于戟胡伸出，但是横枝的上刃呈弧形，与前述的两种戟并不完全一样。类似的戟在广州龙生岗东汉前期墓中也出土过两件。这两件戟为铜质，其戟刺与之前奎山出土的那把类似，不过其横枝是向下弯曲

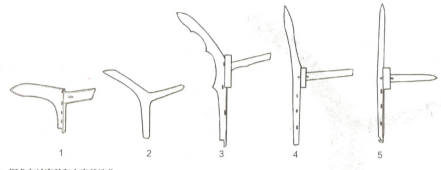

▲ 铜戈向丫字戟和卜字戟演化

▲ 江苏徐州奎山11号墓出土的铁戟　　▲ 持手戟的神兽（沂南汉代画像石墓）

的，显得更加怪异。上述这三件戟，器型都很小，后者还是铜质的，应该都不是实战兵器，而且数量很少，不具备典型性。从出现的时间来看，它们也许是卜字戟和丫字戟特征结合的衍生物。

以上说的都是装柄使用的戟，而汉代还出现了一种特殊的戟，那就是手戟。

《释名·释兵》云："手戟，手所持摘之戟也。""摘"有投掷之意，就是说，手戟是一种既可以持握又能投掷的兵器。不过，除了文献记载之外，至今尚未发现能确定为手戟的汉代文物。但也不是没有踪迹可寻，汉代画像石中就有手戟的形象资料。山东沂南汉代画像石墓前室北壁中段有一幅蚩尤图，其左手就持有手戟。在此墓前室北壁横梁上，另有一幅神兽持握手戟的图像也很生动。

此外，汉代画像石墓中的兰锜图上也经

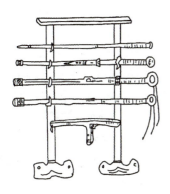

▲ 兰锜图

常出现手戟。兰锜就是武器架，其上放的都是刀、剑、矛、戟等常用兵器，手戟与它们并列，说明它也是一种汉代常用兵器。

　　以上三幅图像所画的手戟，都属于卜字戟的形状，只是前两者属于卜字戟的变形，而后者是标准的卜字戟。由此可见，手戟并不装柲，而是在戟胡上面缠绕丝麻供手持握，末端可能有穿孔，以便悬挂饰物。另外出于手持的需要，手戟的戟胡和横枝的下刃不能开刃。除此之外，其形制与传统的卜字戟完全相同。

　　如上文所说，汉代的铁戟有数种形制，但是和东周时期相比，形制已经相当统一，这之中卜字戟的形制更是长期存在并得到延续。这种"标准化"的提高，说明铁戟在两汉时代已经成为一种简单有效且被广泛使用的成熟兵器。

　　这一点在文献和其他考古发现中也多有反映。比如《史记·魏其武安侯列传》中就

有记载："于是灌夫被甲持戟，募军中壮士所善愿从者数十人。及出壁门，莫敢前。独二人及从奴十数骑驰入吴军，至吴将麾下，所杀伤数十人。不得前，复驰还，走入汉壁，其奴皆亡，独与一骑归。"可见汉初名将灌夫，就是一名用戟的猛将。而《汉旧仪》中有云："亭长习调五兵。五兵，言弩、戟、刀、剑、铠也。"亭长是汉代最低级的吏员，而戟与弩、刀、剑、铠并列，可见是常用的兵器。又《汉书·陈胜项籍传》中记载："鉏櫌棘矜，不敌于钩戟长铩。"意思是说锄头之类的农具，敌不过"钩戟"和"长铩"这样真正的兵器，可见戟不仅常用，更是当时实战兵器的代表。

　　20世纪80年代发掘的青海大通县上孙家寨汉墓出土了一批汉代竹简，其中就记载有"人擎马戟"等字样。而甘肃武威雷台东汉晚期墓葬出土的一套铜车马俑中，骑吏俑就手执斧、矛和卜字戟等兵器，这里的卜字戟应该就是记载中的"马戟"。上面说到的汉初名将灌夫，可能就是这种马戟的使用者。

　　结合文献记载和考古发现，我们可以知道：铁戟，特别是卜字戟是汉代一种重要的、具有代表性的兵器，也是一种上至武将下至士卒都广泛使用的实战兵器。这类戟的产生，究其原因是由于战场上的情况发生了显著变化——披甲战士越来越多，甲胄质量越来越高。所以，铁戟的大规模使用就变得顺理成章。而正是因为戟的实战价值，人们又将它们制成仪仗兵器以及明器，用于各种礼仪场合，甚至带入墓葬之中，从而现于后世。

三国：战戟之绝唱

东汉末年，天下大乱。乱世正是兵器大放异彩的大好舞台，戟作为汉代的五兵之一，自然堪当大用。不过，铁戟的形制早在东汉时期就已经日趋成熟，因此在三国乱世拔得头筹的铁戟依然是卜字戟，而丫字戟和其他铁戟早在东汉就已逐渐消失。

三国时代的卜字戟主要有两种形制：其一是标准形制的卜字戟，其二是横枝向上翘起的改型卜字戟。

标准形制的卜字戟和西汉时期基本一致，湖北鄂城孙吴墓中就出土过标准形制的卜字铁戟。此戟虽然已经残缺，不过仍然可以看出其戟援长而直，与戟刺呈90度相交，属于典型的卜字戟。

改型卜字戟与两汉时期相比则有所发展，主要表现在横枝弯曲的程度更大。这种

西晋铁戟，山东诸城西晋墓出土

西汉雄戟，江苏盱眙大云山西汉江都王陵出土

孙吴铁戟，鄂城孙吴墓出土

▲ 两汉至晋代的戟（NEOSS绘）

戟目前尚无考古发现，但是其形象资料可以在不少画像中看到。比如甘肃嘉峪关魏晋墓壁画中就有这样的形象：前列队伍中有骑兵一手控缰，一手持马戟；而步兵中亦有人扛戟持盾。在另一幅宿营图中，则有把戟插在帐篷外的形象。壁画中的戟都是戟枝向上弧勾的形状。

相对于稀少的考古发现，众多记述三国历史的文献倒是对戟这种兵器大书特书。其中最有名气的大概就是"辕门射戟"了。

范晔的《后汉书》和陈寿的《三国志》两部正史都对"辕门射戟"有所著录。《三国志·魏国·吕布传》有云："布便弓马，膂力过人，号为飞将。"为了调解刘备与袁术之间的争斗，他令士兵于辕门处树起一支大戟，对众人说："请大家看我射戟的小枝，若一箭射中，你们和解，射不中，你们再打不迟。"随后张弓搭箭，结果正中戟的小枝。

《后汉书·吕布传》在记述这件事时，引用了郑众的注云："援，直刃。胡，其子也。即今戟旁曲支。"可见吕布所射之戟，很可能就是改型卜字戟。这种戟可刺可挑，可击可斫，是当时杀伤力较强的实战兵器，为军队装备中仅次于矛的制式兵器。

据陈寿的《三国志》记载，许多名将都曾使用戟，如曹操帐下勇将典韦："好持大双戟与长刀等，军中为之语曰：帐下壮士有典君，提一双戟八十斤。"典韦随曹操征荆州，遇张绣反叛，袭太祖营，"韦以长戟左右击之，一叉入辄十余矛摧"，身披数十创仍拼死力战。除了典韦，使用双戟的还有东吴孙权帐下的甘宁。而使用单戟的有曹操部将张辽，他曾在合肥以七千兵对孙权十万之众，毫不畏惧，"辽被甲持戟，先登陷阵。杀十数人，斩二将，大呼自名，冲垒入，至孙权麾下。权大惊，众不知所为，走登高冢，以长戟自守"。由此可见，当时孙权所用的武器也是戟。虽然上述人物使用的到底是哪种戟，现在无从考证，不过戟作为一种兵器在三国时代拥有过的辉煌，是毋庸置疑的。

两晋以及其后：消亡的句兵

衰落通常是从辉煌的顶点开始，这一点对戈来说如此，对戟也是如此。三国时代戟

▲ 嘉峪关魏晋墓壁画——持戟图

▲ 嘉峪关魏晋墓壁画——宿营图

的辉煌并不能掩盖它身后的阴影。

《后汉书·董卓传》中记载：建安年间，吕布发动兵变要杀死董卓，李萧先用戟刺他，"卓衷甲不入"，"布应声持矛刺卓，趣兵斩之"。可见，要对付穿铁甲的敌人，矛比戟更为有效。

太康元年，东吴灭亡。三分的天下最终归入晋朝，华夏重回和平时代。从此时开始，关于戟的记述和考古发现都急剧减少。不过在西晋时代，戟作为实战武器仍是有一定地位。例如西晋名将周处，便将戟誉为"五兵之雄"。

考古资料告诉我们，标准形制的卜字戟在西晋时期仍然存在，山东诸城西晋墓中曾出土过这种卜字戟。其形制与两汉的卜字戟别无二致，且器型较大，通长 48 厘米，应该属于实战兵器的范畴。

然而，也就是从这时起，考古资料中再也见不到标准形制的卜字戟了。那些横枝向上弯曲翘起的改型卜字戟逐渐开始占据主流地位。

及至西晋灭亡，衣冠南渡，中原地区又重回乱世。东晋十六国和南北朝时期，北方游牧民族渐渐入主中原，甲骑具装的铁蹄像旋风一样叩击着黄河两岸。骑兵披重甲，战马着具装，护具的进步对格斗兵器提出了空前的要求，原来的卜字戟，乃至戟枝向上弧弯的改型卜字戟，都很难破甲而入伤及敌身。

因此在这一时期，受甲骑具装挑战的改型卜字戟形制可谓发展到了极致。为了加强杀伤力，兵器制造者将戟枝进一步上翘，以至于完全失去了横枝的造型。不仅如此，其

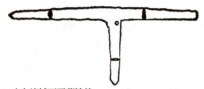

▲ 山东诸城西晋墓铁戟

▲ 西魏时期莫高窟壁画

▲ 北魏时期的
石棺线刻图

至出现了将戟枝的前端变直，与戟刺平行，形成一长一短两个戟刺的叉式戟。这类戟加大了突刺力量，而完全舍弃了勾斫功能。不过这两者都未见于出土实物，只在北朝的壁画和刻画作品中见到过。

然而就算努力改变戟的形制，也仍然赶不上甲胄防护性能的提高速度，这也让这种叉式戟走到了尽头。在攻和防的矛盾之中，戟逐渐落了下风，在格斗兵器中的地位完全被矛所取代。

前面的章节曾提到过，矛历来是传统的格斗兵器，到了南北朝时期，形制有所改变，长身、阔体、直刃，突刺性能远比戟类优越，加之制作工艺比戟简单，易于大量生产，戟的淘汰成为必然。这种新式矛在当时称作"矟"（槊），最早只有骑兵使用，因而又被称为"马矟"（马槊）。及至南北朝时期，这种武器在步兵中也被逐渐普及，从而产生了"步矟"（步槊）。从此矛矟在实战兵器中的地位再也无法被撼动，而伴随这个过程的就是戟的消亡。至于隋唐乃至更后一些时代，虽有一些勇将们把戟作为格斗兵器，那也仅仅只是个例而已。

当然，在隋唐以后退出战场的只是作为实战兵器的戟，作为仪仗器的戟则一直使用到了隋唐，乃至宋代。这种戟被称为"门戟"、"棨戟"。唐代诗人王勃脍炙人口的《滕王阁序》中的"都督阎公之雅望，棨戟遥临"，说的就是这种戟。

不过，这些"戟"的造型通常是套着戟鞘并加以装饰。随着时间推移，这些作为仪仗的"戟"已经不再用金属制造，其造型和实战的戟也大相径庭。因而，从战场上消失的戈与戟就逐渐从人们的认知中消失了。

随着戏剧兴起，小说的繁荣，三国时代的故事变得脍炙人口。然而故事中三国猛将用的"戟"，却和历史上完全不同。

小说里的"戟"，其实是宋代才出现的一种名为戟刀的兵器。最初的戟刀是在矛头的锋刺一侧横出一个月牙形刃。后来又出现在矛头两边各有一个月牙形刀刃的戟刀，加上刀头和刀柄上装饰的精美饰物，于是便产生了所谓的"方天画戟"。

这种顶着战戟盛名的武器，在宋代只属于杂类兵器，后来则是民间练习武艺的器械和戏剧表演的道具，而真正的戟，仍隐没于历史之中。

不过，由于戈与戟这两个字始终被使用着，所以关于其真正形制的讨论，自北宋时期开始始终没有停止。当然，这些讨论受到时代的限制，始终不得要领。及至20世纪上半叶，包括郭沫若先生在内的许多近现代学者也投入了这场讨论之中，他们综合了考据学和新兴的考古学等，终于趋近了真相。其中郭沫若先生设想的戟的形制，已经接近了联装戟的真实形制，并被后来陆续出土的实物所证实。

由此，随着中国考古学的发展和成熟，戈与戟产生和演化的脉络越发清晰。而这对伯仲句兵的真实形制，也终于拨开历史的迷雾，清晰呈现在人们面前，这真是华夏民族的一件幸事。

附：戈与钩

戈、钩的发展

戈的发展

  前面说到的戈这种充满着暴力美学的武器，从商代直至汉代前期都在战场上占有一席之地，也算在我国的兵器史中享有举足轻重的地位。然而，戈在影视剧中大多以长杆兵器的面目出现，但在实际历史中，戈在早期却更多以短兵器的状态出现。

  现代对戈的起源有多种观点。一种认为戈源自农业工具，类似于镰刀。郭宝钧认为戈是由角兵器演变而来，它模仿野兽角的形状，最初采用角的外形并用木棒绑缚来直刺对手。经过一段时间的发展后，则变化为横置利用挥击的力量来攻击敌人。还有一种以李济为代表的观点则认为戈源自斧类，是斧类武器的一种变形，这也是笔者更为认同的观点。因为从历史发展的角度来说，世界上多有匕首型的石斧出土，以至于现在西方依然将戈译作"Dagger-axe"（匕首斧的意思）。其次，印度莫卧儿帝国时期使用的一种类戈式武器，它被称作"长刃大斧"（Hoolurge），形制便是斧具双刃如剑。最后，在我国还有一种被称之为"援戈"的大钝角戈类武器，其形制实际与周代的钺相差不大。因此戈应该就是石斧类武器的异形化产物。

  关于戈的长度，《周礼·考工记·造人》

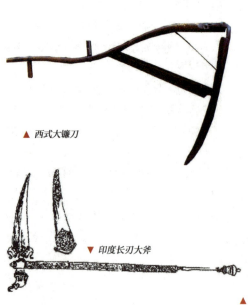

▲ 西式大镰刀

▼ 印度长刃大斧

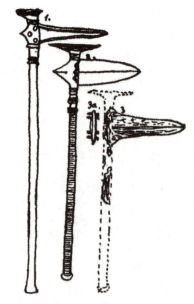

▲ 西班牙及德国出土的类戈型武器复原图

记载："庐人为庐器，戈柲六尺有六寸，殳长寻有四尺，车戟常，酋矛常有四尺，夷矛三寻。"郑玄注曰："八尺曰寻，倍寻曰常。"古代一个正常男子的身高被称为"寻"，也就是"八尺"。而据现代人平均身高来推算戈的标准长度，其实仅152厘米，而在古代这个长度实际上还会更短一些，正与考古资料相合。现将迄今已知出土的戈柲长度数据摘抄如下。

夏、商戈：

辽宁凌海市水手营子夏家店下层文化墓葬中出土的连柄铜戈，全长80.2厘米；

安阳侯家庄M1004出土70件，柲长100厘米；

安阳大司空村M21出土1件，柲长100厘米；

河北藁城台西M17出土1件，柲长87厘米。

另外，有学者根据商代甲骨文字形中戈与士兵身高的比例，推算戈柲平均长约112.8厘米，这与考古所见大体相合。

西周戈：

西安市长安区张家坡M170出土2件，柲长82.5厘米；

西安市长安区张家坡67M54出土2件，柲长约为70厘米。

东周戈：

临猗程村出土6件，柲长112～145厘米；

陕县后川出土2件，柲长分别为118、162厘米；

长治分水岭M269出土1件，柲长120厘米；

邢台南大洼M1出土1件，柲长110厘米；

曾侯乙墓出土铜戈66件，完整的木柲有52件，柲长一般为127～133厘米，最长不超过140厘米；

战国早期长沙浏城桥M1出土"戈戟之柲"7件，其中4件长303～310厘米，1件残断，1件长141厘米，另1件未详；

战国中期荆门包山M2出土8件，柲长约为89.2～137.2厘米；

战国中期荆州纪城95M1出土1件，柲长83厘米；

战国中期江陵望山M1出土6件，2件柲长153厘米，4件未详；

战国中期慈利石板村出土2件，柲长156厘米；

当阳赵巷出土1件，柲长206厘米；

荆门包山M4出土2件，柲长176厘米；

江陵雨台山出土2件，柲长115、138厘米；

江陵天星观出土2件，柲长108、150厘米；

资兴旧市出土6件，柲长132～170厘米；

古丈白鹤湾出土4件，柲长110～154厘米；

长沙楚墓出土21件，柲长120～182厘米，1件柲长216厘米，这些数据可能包括鐏长。[1]从考古出土情况看，被发掘的戈柲长度基本在180厘米以下，以110～150厘米为最，80厘米左右的也相当多，200厘米

---

① 详见井中伟的博士论文《先秦时期青铜戈戟研究》第353～364页。

以上的极少。可以看出戈在当时实际上是典型的卫体兵器，至于车战，则是以"长寻有四尺"（大概1人半左右）的"殳"、长度为"常"（大概两人高）的"车戟"、"常有四尺"（两人半高）的"酋矛"、"三寻"（三人高）的"夷矛"这些武器为主力的，只有半人多高的戈仅仅能够作为卫体或者战车毁损后下车作战的武器来使用。戈的构造可以说是典型的砍研型武器，因为延伸而出的援和后来发展出来的胡的关系，实际上戈的攻击范围远比斧钺要大得多，但是因为戈扁平而锋利，反而在重量上远比斧钺要轻。因此《考工记》载："故攻国之兵欲短，守国之兵欲长。攻国之人众，行地远，食饮饥，且涉山林之阻，是故兵欲短；守国人之寡，食饮饱，行地不远，且不涉山谓林之阻，是故兵欲长。"这里可以看出，戈是十分适合进攻的武器。

钩的发展

钩发源于南方地区，很有可能是戈与刀这两种武器相结合的产物。屈原的诗作中所提到的吴戈，与其说是吴地产出的戈，还不如说是吴钩的代名词。

"吴钩"的得名，同它的发源地有关。《吴越春秋》载："阖闾既宝莫耶（邪），复命于国中作金钩。令曰：'能为善钩者，赏之百金。'吴作钩者甚众。"有人献二钩，王"服而不离身"。可见当时在吴越之地这种武器

▲ 汉代持钩镶武士图

已十分普遍。后世宋人时而把它归之于"剑属"[1]，时而又说是"刀属"[2]，盖因在战国之后这种武器便销声匿迹了。然而经过现代考古研究的努力，我们已经大致可以目睹其风采了，譬如秦始皇陵兵马俑中曾出土的两柄钩型武器就是不错的参照。

到了汉代，则出现了名为"钩镶"的武器，《释名》载："两头曰钩，中间曰镶，或推镶，或钩引。"钩镶整体呈弓形，两头各有一个向外的弯钩，一般是上钩长于下钩。钩为圆柱形的长铁铤，都稍向后弯。上钩顶端为锐尖，下钩末端有的为小球状，有的则为锐尖形。两钩中间连接着一个盾牌状的"铁镶"（一块圆角长方形薄铁板），后有把手，用圆盖钉固定于钩架上。钩镶一般通长（包括上钩、下钩和中间的镶部）在60～70厘米之间。整体形状是上钩长，下钩短，中部有一护手的铁板，能钩、能挡。此物在河南洛阳、鹤壁，河北定县等地的汉墓中都有出土。河南鹤壁市发现的一件铁质钩镶，上钩长 26 厘米，下钩长 15.7 厘米，连同镶部总

---

① 如《大宋重修广韵》、元《古今韵会举要》。
② 见沈括《梦溪笔谈》。

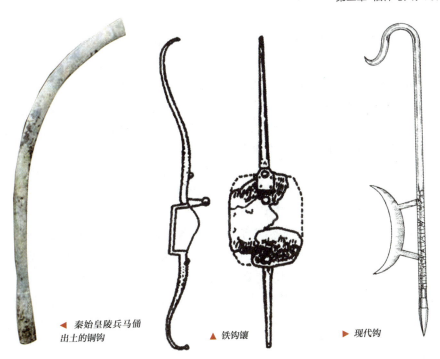

◀ 秦始皇陵兵马俑
出土的铜钩

▲ 铁钩镶

▶ 现代钩

长 61.5 厘米。两钩均为锻成浑圆的铤，向前钩曲。下钩的尖端是圆球状，上钩的尖部残失。中间镶部，背面的铤锻成扁体形，并折成长方形把手，正面是用长 18.5 厘米、宽 14 厘米的薄铁板制成的镶，用圆盖钉固定在钩架上。镶板上无其他附属物的遗迹，中部向外鼓出，以便于手握。

钩镶是一柄短兵器，往往同环首刀配合使用。汉代画像石中常有左手执钩镶、右手执刀者同持长戟者搏斗的画面。而在汉代之后，这种攻防兼备的武器逐渐消失了。至宋代出现戟刀后，民间将钩镶中起到防御作用的镶更换为戟刀，长钩也恢复了一定的锋刃，形成了现代的双钩，但此时这种武器早已不在战场上使用了，而多出现于民间或表演中。

综上所述，可以看出戈、钩实际上有着共同的发展根源。

戈、钩的使用
干戈

论及戈的实战使用，《考工记》清楚地记载有："凡兵，句兵欲无弹，刺兵欲无蜎。是故句兵椑，刺兵抟。"同时《周礼·考工记·冶氏》另有关于戈各部分形制的记载："戈广二寸，内倍之，胡三之，援四之，已倨则不入，已句则不决，长内则折前，短内则不疾，是故倨句外博。"

从这些相关记载中我们可以发现，戈在古代作为"句兵"其主要杀伤力来源于戈头。为了使狭长的援锋发挥最大的效能，戈柲便不能让戈的刺刀部分在接触到敌人身体的时候弹开或者滑开。这也是为什么柲一般采用椭圆造型的原因。它是为了方便士兵掌握戈头的方向，从而做到有效杀伤。这种造型与秦始皇陵兵马俑出土的秦钩握柄部分极其相似，可见两者具有使用上的共通性，均是用于正面砍杀对手的武器。

对于戈的杀伤原理，前面已经讲到可以用长如剑的援锋进行啄击；或者先劈砍，回带以钩割，也就是所谓的"钩斫"；另外可以用援锋的上刃对敌人进行推击或者掊击。

前文提到过，《晏子春秋》中记载，崔杼威胁其他的将军、大夫："有敢不盟者，戟拘其颈，剑承其心。"《考工记》中说："已倨则不入，已句则不决。"这里的"倨"和"句"在《汉语大词典》中解释为："亦作'倨佝'、'倨拘'，物体弯曲的形状角度。微曲为倨，甚曲为句。"所以可以将《考工记》中的这两句话解释为：如果戈头弯曲的角度过小，则不容易刺入人体，而角度过大则不能顺利划开人体。可见如果戈单纯只依靠勾杀来杀伤敌人的话，那么更应该追求弯曲的角度，以增加勾杀的威力。实际上，从现代出土的戈头上可以看到援的下刃与胡之间成明显的钝角，这显然是并不利于单纯地勾杀。

所以，钩斫实际上是将啄击和挥砍结合在一起的一种攻击动作。这种攻击动作先是通过大力挥击将戈的援锋啄击刺入人体，但并不将戈原路拔出，而是通过锋利的援锋和胡锋劈开人体，造成进一步杀伤。

有观点认为，钩斫是援锋刺入人体后，顺势将戈拉回进行勾杀。但这种动作并不能一蹴而就瞬间发力完成，而是需要两次

发力，这就违背了一般战场上武技和武器格斗中要求发力短促和集中突然的原则。这样既不便于发挥武器的杀伤力，又很容易造成破绽。尤其是第二次的回拉，势必造成身体向后用力，无法很快恢复防御姿态，很容易给对方留下突破的空隙。此外，这种做法也极易造成戈内的损坏，并使戈与柲的连接皮索寿命降低。

因此从格斗实战角度上说，戈的主要杀伤原理更类似于我们今天用剪刀或者壁纸刀割开塑料布的方法。单纯地使用剪刀剪或者用刀直接割塑料布的实际效果并不是很好，但是如果将剪刀张开一个角度，从塑料布的一边直接推向另一边的话却能够轻易将塑料布划开。这其实就跟戈的杀伤原理十分近似。

总之，符合格斗原理和人类身体结构的攻击方式应该是：戈在通过挥击刺入人体后，其锋刃并非通过回拉钩开人体组织，而是利用援与胡形成的角度，使下援锋刃与人体组织形成一个较大钝角，借助挥击产生的横向挥击力和戈本身产生的离心力，继续推动戈

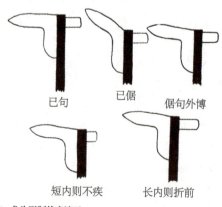

▲ 戈头形制状态演示

甲士持干戈示意图。图中军士着随州曾侯乙墓出土样式皮甲，配短戈和盾（杨翌绘）

甲士乘战车持戈搏杀图，表现东周乘车甲士利用战车上利用战车冲击速度特戈从容攻杀步卒。甲胄放春秋战国之交的皮甲甲胄款式绘制（杨翌绘）

头如剪刀划布一般将人体组织一分为二。因此可以想象，这种杀伤方式对于缺乏防护的目标而言是何等可怕。

不过，戈的这种杀伤方式，要求强大的专业使用技巧，并非简单的农兵很快便能掌握。戈主要的杀伤区域均集中于戈头，如果不能让戈头有效击中对手，其威力便会大减。因此在使用戈的时候，能够有效掌控作战距离便是诀窍之一，这就意味着只有勇猛、冷静且经验丰富的职业武士才能熟练地使用戈。

于是，大家也就不难理解，为什么戈能长期在职业武士称雄的商周战场上占据一席之地了。

此后，为了增加挥击的成功率，戈开始拥有越来越大的胡。这种改进将整个戈的下援锋刃变成了一把锋利的反曲刀。即使没能将锋刃刺入敌人体内，只要挥击足够强力，胡的锋刃同样可以对敌人产生很强的杀伤，断臂、断头亦不在话下，这是早期戈所不具备的能力。

从以下这些历史记载的只言片语中，我们不难看出戈所拥有的巨大杀伤能力。《左传·襄公二十八年》载："栾、高、陈、鲍之徒介庆氏之甲。子尾抽桷击扉三，卢蒲癸自后刺之……王何以戈击之，解其左肩。"《左传·哀公二年》载："大子闻之，惧，下石乞、孟魇敌子路。以戈击之，断缨。"又如《左传·文公二年》："晋襄公缚秦囚，使莱驹以戈斩之。囚呼，莱驹失戈，狼瞫取

戈以斩囚。"几乎在每一个记载中，都用"击"或"斩"来形容戈所发挥的巨大杀伤力。在前文中，我们可以看出戈的长度一般都在150厘米上下，其在《考工记》所列出的有柄类格斗兵器中最短，但是相对只有50厘米长度的青铜剑占有绝对的优势。于是，《战国水陆攻战图》中第一线持戈的战士均勇猛异常。当战事胶着的时候，他们甚至直冲上前，尝试突破敌方阵线。

戈除了强力劈斩外，还有另外的使用方法。《左传·魋汛十四年》载："灵姑浮以戈击阖庐，阖庐伤将指，取其一屦。"[1]这里说到的便是戈的另外一种用法——捣击。当时的武士用盾牌护住上半身，突然出戈，用其上锋刃直接攻击对方的脚部，使其受伤倒地；或者对于倒地不起的敌人，用戈捣击其颈部，将其杀死。

《考工记》载："故攻国之兵欲短，守国之兵欲长。"可见当时受到后勤能力的

▲ 刻有《战国水陆攻战图》的铜壶

---

① 杜注："其足大指见斩，遂失屦。"当时的医疗条件非常简陋，断指的阖庐回去之后不久就死了。

约束，用于进攻的武器力求轻便、短小，方便运输与携带。戈相对于流行商代的斧钺，在制造、维护和成本上都占有不可比拟的优势。尤其是在金属有限的情况下，仅需要铸造100多克戈头的戈无疑是一件极其完美的兵器。因此在商周时期中原民族对周边的扩张和内部的战争中，戈取代斧钺成了士兵们近身格斗的主要武器。但是有一利必有一弊，就如前文所说，戈是一种只有经验丰富的老兵才能熟练掌握的武器，是一线破阵锐卒的利器。但是戈一旦被近身，就失去了大部分威力。同时因为戈头需要用皮索固定在柲上，因此其保养和维护也很令人头疼。这种分离式的固定方式，对于以砍斫为主要杀伤手段的戈来说，战斗中的损坏就成了不可避免。当战国末期以楚剑为代表，长达90厘米以上的长剑出现在战场上后，短柄戈的优势荡然无存。因此战国末期时，秦昭王便对楚剑的威力忧心忡忡，曾对秦相范雎说："吾闻楚之铁剑利而倡优拙。夫铁剑利则士勇，倡优拙则思虑远，夫以远思虑而御士，恐楚之图秦也。"进而也开始研制和装备更为先进的长剑。于是，短柄戈很快便被取代。

吴钩

在冶金工艺发达的吴楚地区，同样也产生了钩这种怪异的武器。就如前文对于钩发展的介绍中所说的，钩与戈是有着密切联系的。钩更近似于是短柄戈与上古刀的一种结合产物。短柄戈最大的弱点便是脆弱的木制戈柲，这也几乎是大多数木柄武器不可避免的缺点。因此我国先民，为了克服这种缺点，

发展出两面开刃利于劈砍和推杀的吴钩。这点可以从秦始皇陵兵马俑坑中发现的秦钩上得到印证。

秦俑1号坑出土的两柄形似长条弯刀的青铜兵器，身柄一次铸成实心，身长稍曲，头部弯度较大，顶端平齐。截面呈枣核形，中心厚于内外两侧。柄作前扁后圆的柱体。其中一件通长65.2厘米，身长54厘米；另一件则通长达71.2厘米，宽2.2～3.5厘米，中心厚0.9厘米，重1.045公斤。由于此弯刀两面具刃，确实显示出了原有外格内钩的功能，因此它无疑就属于古人一再盛赞过的"吴钩"了。其重量及长度均与当时50～60厘米的青铜剑相当，刃宽与厚度的比例则与汉代的环首刀极为类似，但是取消了尖锐锋刃而仅仅拥有较强的挥砍能力。同时，其握柄呈椭圆形，这也与戈柲的形制非常类似。但因为有一定的弧度，因此即便材料的韧度不足，受到结构力学的影响，秦钩也并不容易

▲ 铜钩细节图

▲ 秦代武士复原图，摘自《中国古代军戎服饰》

断裂，反而非常适合挥砍。1厘米左右的钩身厚度，也让其不容易被青铜剑这种武器砍断。作为全金属的武器，钩比戈更能胜任破阵任务，面对还在使用木质手柄武器的对手或者用剑的敌人而言，都能占到一定的便宜。而且钩的加工比青铜剑更为简便，成本也更为低廉，因此虽然不如战国后期达到巅峰的长达1米以上的长剑，但是作为廉价版的武器，依然是十分合格的。

至于钩在古代战阵中的使用，从秦钩出自1号坑秦军矩阵的前锋部，为第一行横队左右两端的袍俑各执一柄的情况来看，在秦代的军阵中，钩已经是一种士官使用的武器了。现代考古表明，秦俑1号坑前锋部的士兵俑群，基本都属于轻装步兵组成的弩兵队列，所用兵器以远射程的弓弩为主，并配备有青铜长剑。秦俑坑中发现的22柄长剑大半便是在这些秦俑中发现的，可见当时秦军的远射部队除了射击对手的任务外，也还都肩负着冲击破阵的任务。秦钩配备在弩兵两端，可见这两位执钩的秦军军士便是这些弩手的指挥者。

到了汉代，铁制武器的发展使得长剑开始得到普遍的装备，青铜钩与短柄戈便逐渐走向了没落，其职能也逐渐被铁制长剑和后来的环首刀所取代。虽然钩已经不再作为主要武器来使用，但从其衍变而来的钩镶，却成为一种重要武器。在汉代的图画中多能见到手持钩镶和环首刀的武士与持刀盾或者长戟的对手格斗的场面。

▲ 汉代钩镶比武图

▲ 汉代持钩镶人像图

刀光剑影：短兵

第三章

作者／赵开阳

操吴戈兮被犀甲，车错毂兮短兵接。

旌蔽日兮敌若云，矢交坠兮士争先。

凌余阵兮躐余行，左骖殪兮右刃伤。

霾两轮兮絷四马，援玉枹兮击鸣鼓。

天时坠兮威灵怒，严杀尽兮弃原野。

出不入兮往不反，平原忽兮路超远。

带长剑兮挟秦弓，首身离兮心不惩。

诚既勇兮又以武，终刚强兮不可凌。

身既死兮神以灵，子魂魄兮为鬼雄！

——屈原《九歌·国殇》

屈原满怀悲愤写下的这首诗篇，为我们生动地展示了战国末期战场上的血雨腥风：执兵披甲的士兵，跟随着战车有序排列，随即展开了残酷的近身战斗，旌旗蔽日之下，矢落如雨……它向我们揭示，无论在任何时代，战争都是人类社会从不停歇的活动。而自人类从自然动物进化成为会使用工具的智慧生物开始，武器便与工具产生了必然交集。人类手中用于采集、修理、狩猎的工具最先成为对付同类的趁手武器，而这些武器也就是我们现代所谓的随身兵器，也有专家称之为"卫体兵器"，即短兵。

"短兵"这一概念，其实从古代到现代一直有着微妙的变化。在现代，"短兵"一般类指刀、剑等随身护卫兵器，长度一般都不会超过半个身高，是可以单手或者双手使用的短兵器。在古代，尤其是春秋战国时期，长兵是指弓、弩等投射兵器，而非现代通常意义所指的矛、枪等长兵器。《史记·匈奴列传》："其长兵则弓矢，短兵则刀鋋。"相应的，短兵并非专指短兵器，而是类指肉搏兵器。由此，短兵往往也指代能够肉搏的士兵，如《商君书·境内》载："千石之令，

短兵百人；八百之令，短兵八十人。"直到汉代，短兵依然被视为肉搏战，如《史记·卫将军骠骑列传》云："转战六日，过焉支山千有余里，合短兵，杀折兰王。"而到了唐代，短兵的意义开始与现代相近。唐代谷神子的《博异志·马侍中》中记载："（夜叉）衣豹皮裈，携短兵，直入室来。"其后明代冯梦龙的《东周列国志》第一百零八回中写道："王翦驱壮士分为左右二队，各持短兵，大呼突入其阵。"这里的"短兵"都是作为短兵器存在。

因此研究短兵器的演化，实际就是研究肉搏兵器的演化，需要更多地注重卫体兵器与现代长兵器之间的关系。兵器最大的使用群体是军队，而我国职业化军队建立时间很早。在夏朝，就出现了以贵族子弟为核心的由部落时代武装扈从演变来的卫队式常备武装。在商朝，则出现了统一的常备军体系、正式的军队结构及军官体系。此时出现了中国历史上第一个常备军建制单位"师"，以及由马、亚、射、戎、卫等分领不同作用部队的军官体系。另外，商代人采用"登人"、"共人"制度进行战争动员和征召军队，配发统一的武器装备，使其拥

有较为严整的军队结构。因此，殷商时期的战争形式，已经具有了多兵种配合的专业性。并且这种战争形式在周替商战争，以及之后春秋战国时代的多年混战中，急速发展成熟。作为旁证，《周礼·考工记》中记载了诸多兵器的制作标准，可见当时武器和军事制度的发达。

显然我们要想讨论短兵器，就不能脱离这种历史背景，单纯地就一种武器的使用方法做出猜想，而应综合考虑其使用环境和发展沿革等客观因素。须知，短兵器的发展和成熟，是与社会生产工艺和条件、战争形式的变化及战争需求分不开的。现在就让笔者为大家一一解读，从上古走向现代的卫体兵器（短兵）的发展历程及其在战争中的具体作用。

图穷匕现

匕首的发展

从石器时代开始，为了分割猎物、采集食物，人类将石块砸削出刃面，或者将石块磨尖充当工具。这便是最原始的匕首类武器，也是人类最先掌握的几种除了自身肢体外用于保护自己的武器，可以说是现代一切卫体兵器的起源和始祖。

这些石器，兼具采集食物、分割猎物以及进行工具生产等诸多用途。因此它们尽管有武器的雏形，但实际上多充当着人类生产与生活用品的角色。它们起到了武器的作用，但称其为"械斗工具"才更为合适。之后，随着人类生产力的进步，工具的种类得到了进一步的细分和发展，这让原始械斗工具变得更有杀伤力，并最终成为现代意义上的兵器。而我们现在要谈到的匕首便是在这种漫长演

▲ 在西班牙萨拉曼卡发现的约35万年前的石英岩石斧

化过程中一直没有消亡的原始兵器之一。

在一万年前的旧石器时代中，也就是前面我们所提到的一物多用的时期，人类多使用打制的石制工具。在那个时期里，人类手中的工具分为尖状器、砍砸器、刮削器和石

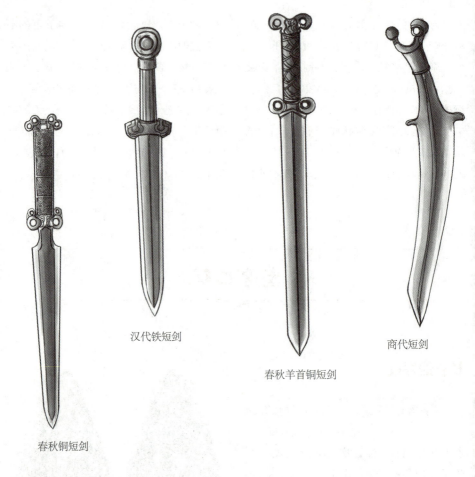

汉代铁短剑

春秋羊首铜短剑

商代短剑

春秋铜短剑

▲ 匕首（NEOSS绘）

球等几种。而匕首的雏形便是其中的尖状器。

在10000到4000年前的新石器时代中，人类开始大量使用磨制工具，石器的品质开始变得较为精良。此时，专门的武器渐渐出现，如石斧、石钺、石矛、弓箭等。周纬的《中国兵器史稿》载："新石器时代之石兵，业已大形进化，非但人工磨制精良，兵器平泽锐利，可与现代之石器相比而无逊色，抑且

各种兵器均有，如石刀、石刃、石匕首、石斧、石圭、石镰刀、石锛、石铲等器……几乎全套武装均有。"也是从这一时期起，生产工具和武器之间便开始产生一条并不怎么明显的界线。

匕首在此时已经开始产生独特的形制变化，渐渐脱离了旧石器时代无固定形制的情况。在新石器时代晚期，我国便已经出现了

▲ 在越南历史博物馆中展示的绘画——会制造工具和用火的旧石器时代原始人

▲ 在法国索姆斯发现的长约20厘米的双面旧石器时代石器

▲ 石器的手持示意图

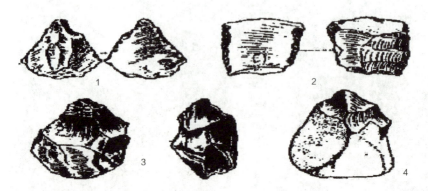

▲ 旧石器时代石器。1.尖状器；2.刮削器；3.砍砸器；4.三棱大尖状器

▲ 图卢兹历史博物馆保存的新石器时代匕首

磨制的骨质、石质匕首。江苏邳州市大墩子大汶口文化遗址出土的一把环柄石制匕首，它又被称为"环柄石剑"。其前部锋刃处为两面开刃，汇聚于前为锋，后部有一带环手柄，该环可穿绳以便携带。此匕首并不算长，但是做工精巧，可见其仍兼有工具的属性而非完全的兵器。同时出土的还有同样形制的骨制匕首。骨匕长18厘米，呈扁平三角形，其中一面中央有凸起的棱脊，两侧磨成利刃，向前收拢成锋，后部则为一大方孔，同样可

手持或穿绳与棍棒捆绑。

在青铜时代，匕首短小精悍，对材料强度要求较低，制造成本不大，因而青铜匕首逐渐得到普及。此后，匕首又进一步演变成短剑等武器，并最终发展成为刀剑等卫体冷兵器。另外，类似于匕首的刃部，同样应用于长矛、戈等兵器上，形成原始的长杆兵器。

而匕首材质的演变，几乎是人类冷兵器材质变化的样板。每当有新的冷兵器制造技术出现时，都会先在匕首这种容易制造、耗材较少的武器上进行实验应用，进而推广放大。从最早的石、玉，到后来的青铜，及更后面的铁和钢，几乎所有技术都是先应用在匕首上，继而再将在其制造上累积的技术反馈到其他有刃类的武器上。

然而，无论在哪个时代，匕首一直都游离于武器和工具之间。匕首之所以被命名为匕首，也是因为匕首头像"匕"，所以才以此命名。而"匕"在古代指勺、匙之类的取食用具。可见匕首这种武器在古代具有十足的工具性质。

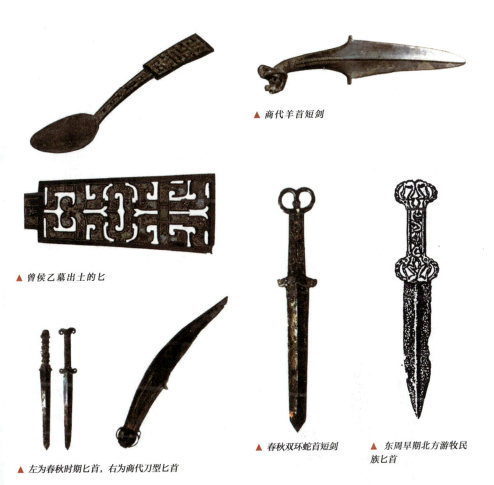

▲ 商代羊首短剑

▲ 曾侯乙墓出土的匕

▲ 左为春秋时期匕首，右为商代刀型匕首

▲ 春秋双环蛇首短剑

▲ 东周早期北方游牧民族匕首

因此，匕首时而成为专业的武器，时而又与工具脱不开关系。大体上，匕首一直不是战场上主要使用的武器，但是却在任何一场战争中都少不了它的身影。尽管它并非大多数军队的制式装备，但是在每名士兵的装备清单中却又悄然占有一席之地。时至今日，多功能匕首依然是世界上大多数军队的标准装备之一，其除了作为士兵最后的武器之外，依然保持着它被人类制造出来时便拥有的属性——工具。

在现代中国武术类格斗兵器的理解中，匕首被非常狭义地定性为两面开刃的类剑型武器，一般长度不会超过一个手掌，有格或无格皆可。从世界范围来看，西方的匕首被称之为"Dagger"，形制远比狭义上的匕首要繁杂得多。除类剑型的匕首外，小刀型、三棱锥形制的匕首也都包含在内，甚至还有足以跟我国短剑相提并论的长匕首。因此笔者认为，若只按狭义的匕首定义，这种人类最早使用的武器就未免太过不起眼了。实际上，小刀、短剑、短刀、匕首、飞剑、飞刀等等都可以归为匕首。

除此以外，匕首在我国传统兵器的分类中被算作暗器类。所谓暗器，并非大家在武侠片中所看到的那些奇形怪状的武器，仅从字面上理解，就是易于隐藏的武器而已。所以匕首的形制，一般都是造型短小便于隐藏，长度不会超过30厘米。

按这个标准，长度在30厘米以下的刀剑实际上都可以归为匕首这个范畴之下。根据古代的记载及现代考古发现，长度70厘米以上的青铜长剑出现前，大多数步兵手中

▲ 三种中世纪主要匕首类型的现代复制品。从左至右依次为：Ballock匕首（美国武器&装甲协会，华莱士A732收藏品复制品）、典型后期风格的Rondel匕首（英国刀剑协会），基于伦敦博物馆收藏的14世纪早期匕首照片制作的sword-hilt匕首（以前收藏于市政厅博物馆）

的主战格斗武器实际上是斧、钺、戈等挥砍型卫体兵器或者矛、戟等长兵器。对于当时的士兵来说，不管被称之为短刀、短剑或者匕首，那种长度不超过小臂的武器，都只能作为主战格斗兵器的一种补充。

匕首的使用

在回顾了匕首的形制、材质和其发展历史之后，我们不难发现，匕首是一件与人类生产生活及战争活动密切相关的工具类武器。那么本部分就让我们讨论一下匕首的具体使用方法和其在战阵之中的作用。

尽管匕首出现和使用的历史非常久远，但是在我们常说的十八般兵器中却并没有它的身影。在我国数千年历史中出现的无数兵书中，如《纪效新书》或其他武术家所著的武技书中，也都不见对匕首形制或者使用方面的记载。尽管如此，历史仍然给我们留下了蛛丝马迹，诸多史书或者古代记载中依然可以看到匕首的身影，让我们还能一窥究竟。

例如在《史记·刺客列传》里荆轲刺秦王的描述中，我们不难看到匕首最主要的使用方法之一——出其不意地近距离格斗。从这短短一百多字的描述中，我们可以看到，匕首小巧便于隐藏的特性使其非常容易藏于地图之中，进而被荆轲带到了秦王面前。而在荆轲拿起匕首后，我们可以看出匕首十分便于单手使用，这样另一只手便可以按住目标防止其躲闪和反抗。

同时在《史记·刺客列传》的记载中，也出现了秦王绕柱而走，荆轲以匕首投掷的情景。匕首投掷战术，在古代也被称之为"飞

▲ 此为山东嘉祥汉代武氏祠画像石中所画的《荆轲刺秦王图》

▲ 《兰陵老人》，摘自清代任熊绘著的《剑侠图传》，可见这位奇异老人掷剑术之高超

剑"或"以剑遥击"。古代的军中宴会也经常会表演将匕首或者长剑抛入空中等其落下后将之接住的技巧，即所谓的"跳剑"。这种技巧早在战国时代便已出现，最终成为一种杂技化的表演节目。《列子·说符》有载"兰子弄剑"一段："宋有兰子者，以技干宋元。宋元召而使见其技。以双枝长倍其身，属其胫，并趋并驰，弄七剑，迭而跃之，五剑常在空中。元君大惊，立赐金帛。"可见其神乎其技。到南北朝时期，也皆有以"飞刀"而知名的武将，如南朝刘宋名将朱龄石便是如此。《宋书·卷四十八·列传第八》载："龄石少好武事，颇轻佻，不治崖检。舅淮南蒋氏，人才儜劣，龄石使舅卧于听事一头，剪纸方一寸，帖著舅枕，自以刀子悬掷之，相去八九尺，百掷百中。舅虽危惧战栗，为畏龄石，终不敢动。"可见其技艺之精湛。在宋代，湖南辰州的"五溪蛮"也颇为流行"掷刀"之术，称之为"跳鸡摸"。宋人朱辅在《蛮溪丛笑》中写道："艺能精之者，以刀掷于半空，手接取，名'跳鸡摸'。"到了明代，有掷刀术从日本倭寇手中回传我国。明代成宗猷的《单刀选法》中便载有相应的技法并配以图形。诸多历史电视剧及武侠演义中，

那些神出鬼没、出手毙命的暗器，想必大家都有深刻印象，但实际上，这种投掷技巧虽然在古代和现代都极为普遍，不过就成功率而言，似乎并不那么乐观。就是荆轲所投出的搏命一击，最终也只命中了立柱，而没有伤到近在咫尺的秦始皇。可见即使在极近距离，除非对手毫无防备，否则投掷匕首的成功率并不高。

就如本节开头写到的那样，匕首应用得最多的情况还是近身格斗。匕首尽管短小，但是适合单手持握，能够在近身缠斗中很好地发挥功效。一场搏斗到了用匕首进行近身格斗时，实际上已经发展到性命相搏的最后关头。因此能否掌握"出其不意"这项优势并一击制敌，就是匕首近身格斗的最基本要点。匕首被称为暗器确实是名副其实的，在

战斗中使用匕首，最重要的便是要使敌人不注意它，但自己却能以最快的速度和最稳妥的动作将其拿到手中。出其不意是使用匕首的不二法门。

从上古时期起，士兵便流行佩戴匕首，商代武士便多将匕首插在腰间。唐代欧阳询撰写的《艺文类聚·卷第六十·军器部·匕首》便记载："诸葛故事曰：成都作匕首五百枚以给骑士。"同时，唐代颇为流行佩剑，但因为在室内佩剑不易行动，因此腰中佩戴匕首也就同样风行了。李白在《结客少年场行》中就写道："少年学剑术，凌轹白猿公。珠袍曳锦带，匕首插吴鸿。"

另外，我国古代士兵除了将小刀或者匕首插在腰间外，也喜欢将其藏在靴筒中，这是为了在被对方擒抱或被压倒时，能够较为方便地拔出匕首进行反击。匕首插在靴筒中，这种情况笔者认为是受了草原游牧民族的影响，毕竟插在靴筒中的匕首，实际上在马上更容易抽取。

同时，匕首因为短小灵活成了着甲混战中的利器。对于身穿甲胄的战士来说，除了致命的钝器击打外，从盔甲缝隙中戳刺而入的致命匕首亦是能够夺取其性命的另一大致命威胁。在《蒙古来袭绘词·后卷·「弘安の役」词十一～十三》中，我们便可以看到日本武士竹崎季长用短刀杀敌的画面。而在西方，匕首甚至有名为"慈悲"的别称，常用来给予落马或者垂死敌人一个"痛快"。阿金库尔战役中，英国长弓手就是用匕首杀掉了不少法国骑士。

因此，匕首在近身格斗中并没有太多的技巧可言，主要方式只有反握的"捅"和正握的"插"两种。如果说有什么特别技巧的话，那就是在用到匕首的时候，要么一刀捅进对方的要害结果了对方的性命，让他再也威胁不了你；要么就是用匕首突然一击，迫使对方放弃对你要害的攻击，为之后的反击赢得时间和机会，而这两种使用方法都需要坚定的意志和胆量才能实现。为了达到匕首杀伤力的极效，有时甚至会在上面涂抹毒药。《史记·刺客列传》就记载："于是太子（燕太子丹）豫求天下之利匕首，得赵人徐夫人匕首，取之百金，使工以药淬之，以试人，血濡缕，人无不立死者。"可见这种匕首的威力。

匕首除了充作最后的防身武器之外，其工具属性也是不可忽视的部分。古代士兵喜欢携带匕首，并非仅仅因为它是最后一道保命武器，更是因为它作为工具拥有许多常见用途，如切肉、割绳、裁布等等，甚至不少时候匕首还是他们唯一的餐具。在西方，英格兰长弓手在每场战斗前削制木桩时也多用匕首。在中国或日本，割取敌人首级的工具中，方便携带的匕首也很受青睐。发展到今天，各式各样的多功能军刀或匕首，便是这

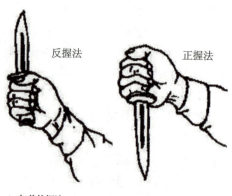

反握法　　　　　　　　正握法

▲ 匕首的握法

携双匕首的唐军形象。唐壁画中常见士兵腰间皮带上斜插一把匕首，靴筒里插着另一把匕首。此图表现的是士兵从靴筒中抽出匕首的情形（杨翌绘）

种工具属性的继承产物。

总之，匕首可以说是战士用于保护自己生命的最后一道防线。只有在最危急的时刻，匕首才会出鞘。一旦匕首出鞘，如果不能杀死对手，那么就意味着这名战士的生命即将走到尽头。因此匕首虽然属于暗器，但非常受士兵们的信任和欢迎，中外都是如此。它没有战刀那种动人心魄的锋锐，也没有长剑潇洒俊逸的风姿，但是它却是藏在幕后的英雄，在人类武器一次又一次的更新换代中始

终陪伴在战士的身边。甚至在大部分冷兵器已经退出战场的现代，它依然在战场上守护着战士们宝贵的生命。

▲ 英格兰长弓手

▲ 西方骑士一般除主要的武器外，还会佩戴匕首作为备用武器

刀劈六合

刀的发展

刀位列十八般兵器之首，是我国古代战争中应用最为广泛，在士兵手中普及程度最高的兵器。刀自汉代成为士兵的主要近战兵

器以来，便一直是历代军事家极为重视的一件武器。甚至在抗日战争中，依然有"大刀队"这种使用战刀进行战斗的部队。而且在缺乏刺刀的红军部队中，拴着红缨带的大刀亦是肉搏战中不可或缺的角色。

东晋铁刀　　　　　北宋凤嘴刀　　　　汉环首刀

东汉环首刀

▲ 刀（NEOSS绘）

在匕首篇中我们提过，人类自旧石器时代开始便使用石制的砍削器，它们即是刀最原始的形态。周口店旧石器时期遗址中就曾出土了许多形态的石刀，所用材料多以石英石和砂岩为主，另有少量的燧石和水晶。而到了新石器时代，制作精良的石器中已有专门的石刀出现。这种石刀在我国各地发现的新石器时代遗址中均有出土。如同匕首一样，石刀也曾在人类早期战斗中出现，但此时的石刀，其形制就是一块被磨出刃边的条形石块，而且刃长脊窄，不太好磨制，比较容易损坏。另外，石刀在切割功能上的效率，也不能与金属质地的刀具同日而语，所以这个时期的石刀一般只用作工具，用来采集或者分割猎物。

进入新石器时代晚期之后，石器穿孔技术大为进步。因此有别于西方的銎管式石斧，我国新石器时代晚期石斧多使用穿孔固定的方式。同时期出土的石刀，以用于固定木柄的多孔为显著特征。具有代表性的便是江苏南京北阴阳营出土的七孔石刀，其长达226厘米。

金属刀具的产生年代，据称是在夏代。1975年甘肃东乡马家窑出土的铜刀被认为是中国目前出土年代最早的金属刀具，判定应为距今5000年前制造，样式仍受骨刀和石刀的影响。不过周纬在《中国兵器史稿》中认为，现存所谓夏代金属兵器皆未能证实，也就是说夏代金属兵器尚未被发现。[①]而现

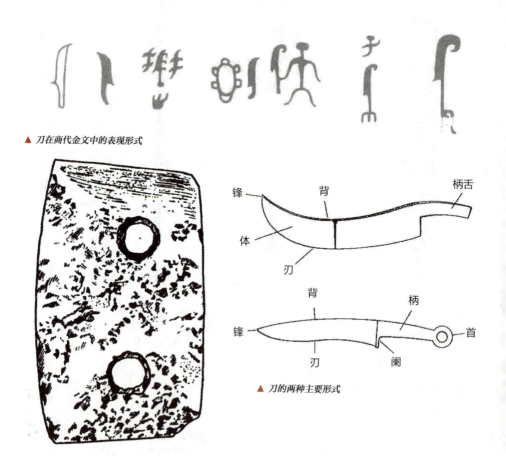

▲ 刀在商代金文中的表现形式

▲ 浙江杭州古荡出土的新石器时代石刀

① 《中国兵器史稿》第30页。

代大量发现的金属刀具，基本都是商代的，其形制主要有两种。

这两种刀，一种是无铭文、形似反曲刀的匕首型刀具；另外一种是有铭文，重量和体积都很大，类似于现代刀具的大型刀具。

第一种反曲刀型武器，在同时期内的世界其他文明遗迹中都有广泛发现。譬如著名的希腊弯刀"Kopis"（古希腊语"切"）或者古埃及的克赫帕什（Khopesh）弯刀，都采用了这种奇怪的反曲刀身。根据专家研究，之所以当时作为卫体武器的刀采用这种样式，而不是如同剑一样的直刃构造，更多的是因为受到当时材质和生产工艺的限制。

在其形制上，这种刀兼有刺击和挥砍双重属性，但对当时的士兵而言，它却并非是一件真正趁手的主力武器，而仅仅是用于防身而已。这种类型的刀型武器也常常出现于陪葬物品的战车中，据信应该是驾驶战车的武士的随身防护武器。

1936年发现的小屯殷墟M20号车马坑中埋有一辆战车、三具战士的骸骨和三套兵器。其中两套兵器包括一副弓箭、一柄戈和一把兽头短刀，另一套为一戈一兽头短刀。在商代，步兵的主要格斗兵器是短戈，其次便是轻量化的小型斧钺。根据文物的配置不难发现，弓箭用于远射，戈为主要格斗兵器，短刀则用于卫体。

第二种类似于现代刀型的武器文物，其个头与第一种完全不同，它的体型和重量都较大，难以携带使用。一般研究认为，这是用于祭祀的礼器，主要用于宰杀或者分割祭品。因此其制作较为精美，刀身上描绘有

▲ 雅典国家考古博物馆馆藏的公元前5世纪描绘有古希腊战士和古波斯战士搏斗画面的陶罐，可见希腊战士手中的"切"（Kopis）砍刀

▲ 慕尼黑博物馆馆藏的公元前1750年的古埃及克赫帕什弯刀

精细的花纹，而且刀身宽厚，刀背常有一条镂空棱脊，刀尖上翘，刀身后部有一个短茎，用以安装刀柄。至于刀柄，则由两块木片夹持刀茎而成，柄的末端一般还连接一个方形的把头。河南辉县琉璃阁150号墓出土的一柄青铜刀便是代表之一，它长41.5厘米，刀身两侧都会有虺龙纹。

周代到战国乃至到秦代期间，剑成为战士的主要卫体兵器。但刀这种武器并未就此退出战场，现代研究普遍认为"吴钩"便是刀与戈结合的一种变形体。而秦始皇兵马俑坑出土的钩型武器，也可以看作是反曲刀的一种变种。

到了汉代，我国真正意义上的第一种战

刀——汉环首刀登上了历史舞台。这种简洁的直刀，有别于之前我们看到的所有刀型武器，可以说是中国历史上一种全新种类的刀。根据现有研究推测，汉环首刀的形制可能源自草原民族短刀型匕首或削刀。这种匕首或削刀经由贸易交流及秦末大规模战乱流入内地，在秦代末期发展为能够取代剑的新式武器，并最终在汉代发扬光大。

不过，汉环首刀虽然与北方草原民族削刀在外形上十分相像，但是要说汉环首刀完全起源于草原民族，也不是非常严谨的说法。笔者认为，汉环首刀实际上是一种综合了秦汉长剑的制造工艺和草原民族直刀外形的新型武器。

在秦帝国对匈奴的作战中，依赖战马的高机动性草原民族，完全不同于秦军历往面对的中原军队。秦军逐渐注意到，过往用于针对大规模步兵集团作战的多兵器混合型战阵，并不适合用来与机动灵活的草原骑兵交战。也许秦人在那个时候便已经开始考虑研发一种通用性新兵器，以减少军队后勤的负担，便于长途进攻和奔袭。

但是秦帝国短短15年的统治时间，不足以进行这种研发。经过秦末的群雄逐鹿，汉帝国最终继承了秦帝国的遗产，钢铁冶炼和锻造技术也在汉代逐渐发展成熟。因此在稳定自身的统治后，为了抵抗和征服匈奴人，汉人开始了秦人未完成的事业。

长度多在30～40厘米，模仿自草原民族直刀型匕首的环首削刀一开始并未被大量使用。之后，刀长逐渐增加，以致步兵用环首刀最短也有70厘米，骑兵用环首刀长达110厘米以上，甚至达到140厘米。环首刀

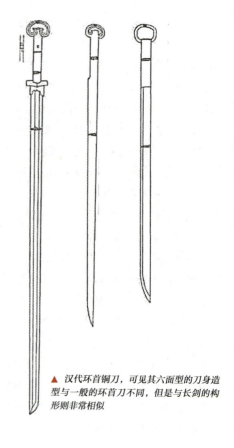

▲ 汉代环首铜刀，可见其六面型的刀身造型与一般的环首刀不同，但是与长剑的构形则非常相似

也由此取代戈与剑，成为汉代步兵的标准武器，甚至在西汉中晚期上升为汉军的主要格斗武器。

不过，军用环首刀有别于它之前的刀型武器，它的形制更类似于剑。继承自秦剑的汉代长剑，剑身较窄、厚度较大、侧截面呈八面型，是一种相当厚实的武器。而看起来颇为纤细的剑身，挥砍能力却十分惊人。如果做个简单的比喻，那么将这种汉代长剑从剑脊处一剖两半，就是两把汉代环首刀。更准确地讲，环首刀的构造是这样的：

▲ 先经多道工序，利用刀、钻、凿子、锤子、剔针、钢刷等各种金属工具对环首刀的表面锈层、锈块进行清理。清理完毕后的刀背有很明显的锻造层，肉眼分辨有二十几层，环首位置也可清楚地看到锻造层，这充分证明此刀为折叠锻造而成

▲ 汉代武士复原图，摘自《中国古代军戎服饰》。前者左手所拿的奇异武器是钩镶，多配合环首刀使用

首先，环首刀刀身在早期，是带有青铜剑痕迹的半八面型结构，在后期才逐渐产生半六面或者半四面形。

其次，环首刀刀身厚度一般都比较大。

例如现藏于国家博物馆的一把东汉环首钢刀（1974年山东苍山出土），通长112厘米，刀身宽3厘米，刀背厚1厘米，环首呈椭圆形，环内径2～3.5厘米。刀身有"永初六年五月丙午造卅湅大刀吉羊（祥）宜子孙"字样的铭文。经鉴定含碳量在0.6%～0.7%，炒钢锻制（百炼钢）。总体上，环首刀的厚度常在8～10毫米之间，刀身前部最细处也不低于5毫米，有极个别为3毫米。

这个厚度在战国青铜剑中是比较常见

的。周纬的《中国兵器史稿》中列举了瑞典远东古物博物馆所藏的19种中国古铜刀剑，几乎所有的长剑和长刀其厚度都超过了5毫米。

最后，环首刀刀尖斜直。

杨泓在《中国古兵器》一书中对环首刀的形容为："形制简约，直身，一侧开锋利刃口，另一侧为厚重的刀背，刀尖斜直，刀身与刀柄无明显界限，柄端连铸一铁环，固有环首刀之称。"此书中并插有"东汉持环首刀武士画像石"图，图中可清晰看到环首刀刀尖为大角度斜直状态。

《汉代环首刀的国内首次研磨研究报告》一文中曾提及一把东汉环首刀："在去锈整形过程中我们依照环首刀的原始状态，确定刀体的切刃面宽度为7毫米，切刃角度为23度……在刀身粗磨后我们发现，刃的切刃面与刀尖的切刃面交会处有一条凸起的筋线，且与两条切刃筋线形成的夹角汇聚在一点上，切刃筋线形成的夹角也为135度。"

因宽度较小、厚度较大而形成的大锐角切刃，也是青铜剑的一个特征。而环首刀刀尖处两处切面的横筋亦与青铜剑相类似。

另外，环首刀拥有继承自秦汉长剑的铬

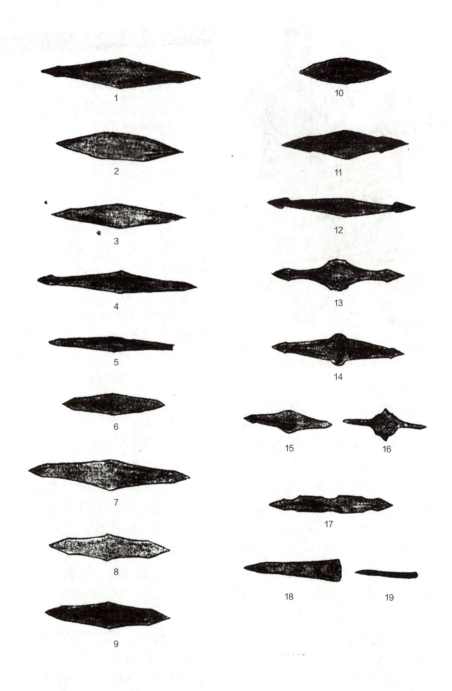

▲ 《中国兵器史稿》中所列举的瑞典远东古物博物馆所藏的19种中国古铜刀剑切面图，其中18、19为铜刀截面

化处理防腐防锈技术。

《汉代环首刀的国内首次研磨研究报告》一文中针对一柄全长 121 厘米、刃长 101 厘米、茎长 20 厘米、上部厚 6 毫米、下部厚 9 毫米、上部宽 20.2 毫米、下部宽 28 毫米、内弧弯度 4 毫米、重 1000 克的广西出土的东汉中期环首长刀，称"平时在研磨过程中，刀剑要与水接触自然会产生一些铁器锈渍。为了防止产生锈渍，在研磨刀剑使用的水中都会加入适量的防锈剂。而我们在研磨这把环首刀的时候出现一个奇怪的现象，在研磨用水未加任何防锈剂的情况下，整个研磨过程中未产生任何肉眼可见的氧

▲ 在对环首刀锈蚀进行清理后发现：刀刃边缘与刀尖边缘形成一个大约135度的钝角，且顶点尖锐，已不是原锈蚀状态下的"圆角"。根据多年的工作经验，研磨师推测这把刀的"圆角"应是在锈蚀过程中造成的，而不是真正的初始形制，其原始刀尖应为"直边斜直状态"。在后面的整形研磨中，该观点也得到了进一步的证实

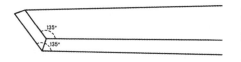

▲ 在刀身粗磨后发现，刃的切刃面与刀尖的切刃面交会处有一条凸起的筋线，且与两条切刃筋线形成的夹角汇聚在一点上，切刃筋线形成的夹角也为135度，这也充分证明了"直边斜直状态"的正确性

化现象，钢铁青黑，没有锈渍，遇到这种现象还实属首例"。

在环首钢铁刀单面修复后所做的科学检测分析中发现："刀体材质比较纯净，未发现有盐类与硫化物的存在，XRD 设备自动检测该器物材质为'不锈钢'。器物含有：Fe（铁）、Cr（铬）、V（钒）、Ru（钌）、Pt（铂）、Pd（钯）、Ti（钛），以上元素均以合金形式存在，其中 Cr（铬）的含有量较大。器物中不含有 Al（铝）、Au（金）、Co（钴）、Ge（锗）、Ni（镍）的成分。此次检测也让我们解开了上面所说'在研磨过程中不产生氧化'现象的原因，Cr（铬）的大量加入使钢铁产生了抗氧化能力。"可见直到东汉环首刀的制造中，依然有秦代防腐防锈技术的存在。

综上所述，汉环首刀在形制和制造工艺上，与秦汉长剑拥有着继承关系。

总之，汉环首刀是综合了秦汉长剑和草原民族直刀型武器而产生的新型武器。笔者认为与其说环首刀是刀，还不如说是骑兵剑或者马刀（sabre）。因为其在形制和功能上与欧洲近代的重骑兵刀剑惊人地相似，都是厚脊直刀，兼顾劈砍和刺击。

这里还要特意提一下佩刀文化。

汉代武将和文官均有佩刀的习惯，很多学者认为这是环首刀在西汉中晚期成为主流卫体武器后，自然形成的风气。笔者认为，形成这种风气的原因，更可能是当年刀和剑虽然名称不同，但是在应用和地位上却没有什么本质不同，所以才使当时的人们把佩刀和佩剑等而视之，并一直保留至唐代。

两晋时代的"五胡乱华"，让放弃或者

▲ 山东沂南出土的汉代画像石上步骑兵用刀相搏的画面，可知刀在步骑兵中均有使用

弱化刺击功能，追求挥砍能力的中亚及西亚刀型武器大量传入，使得环首刀的形制也发生了变化。当时出现了将刃尖上刃取消，而延长下刃长度，形成一种刀头上扬的去首型刀锋。同时，新型环首刀增加了刀身的宽度，使其切刃角度形成小锐角进而更利于劈砍。

江苏镇江桃花坞1号东晋晚期墓中出土了三柄铁刀，其中两把为小方柄，是插在木柄中使用的；另外一柄有云型护手格，微束腰，端为圆鍪，可套在木柄外面使用。其刀尖形制可以说与汉代环首刀相当迥异。

当然，因当时新兴的"灌钢法"技艺被应用于刀剑的打造中，使得刀刃的坚固程度得到大幅提升，才最终方便了小锐角切刃刀型的普及。而这种刀型，成为隋唐时代横刀刀型之外的另一重要刀型，并成了日后中国厚刃大刀和长柄大刀的源头。

隋唐时期乃是源自环首刀的横刀最为鼎盛的时期，还发展出了步兵使用的大型刀具——陌刀。《唐六典·武库令》注："陌刀，长刀也，步兵所执。"

关于陌刀，国内书籍有多种说法，有的认为其是"长一丈"的双刃大刀，于是将其归结为重型大刀。实际上这种双刃大刀应该是"拍刀"。《旧唐书·杜伏威传附阚棱传》记载，齐州临济人阚棱善用此刀，"长一丈，施两刃，名为拍刀，每一举斩毙数人，前无当者"。

不过笔者认为，陌刀应该是与日本后来流行的大型太刀"野

▲ 山西省古代刀剑文化艺术保护协会理事冯葵收藏的东汉中期环首刀（研磨前和研磨后）

太刀"相类似，就是一柄加长刀刃的双手长横刀。

《晋书·刘曜》所录《陇上歌》云："陇上壮士有陈安，躯干虽小腹中宽，爱养将士同心肝。骢骢父马铁锻鞍，七尺大刀奋如湍，丈八蛇矛左右盘，十荡十决无当前。百骑俱出如云浮，追者千万骑悠悠。"歌中所唱之长刀长达七尺，约合1.6米。而这一记载并不止于《晋书》。《太平御览》卷三五四引《灵异志》亦记载北朝陈安："双持二刀，皆长七尺，驰马运刀，所向披靡。"

在唐代《持刀仪卫图》中我们也可以看到持刀武士手中的长刀几近一人之高，这是典型的双手长刀而非长柄大刀。近千年后，日本战国时期的姊川合战中，北国武士真柄十郎左卫门也曾挥舞长达五尺三寸（约合1.6米）的大太刀四处冲杀，可以说是北朝名将陈安的日本山寨版。所以我们便可以确定唐代陌刀，其实便是这种加长型的横刀，也就是《唐六典·武库令》中注明的长刀。

此后在宋代，晋末型小锐角切刃刀逐渐

取代了横刀，进而形成手刀和朴刀这两种武器，并在后世演变为腰刀和长柄刀，一直发展为抗战时期的鬼头大刀。

另外，宋代以后，我国的刀类武器受中亚、西亚流武器影响颇大，如元代使用的西亚样式的弯刀及阔刃剑。明代除继承宋元武器的多种样式外，更受倭寇袭扰沿海时使用的日本太刀和打刀的影响，而加入了单刀和倭刀在军中使用。

至于清代，军用刀型武器日益受到西式军刀的影响，并与继承自明代的各类短柄、长柄刀具相混杂，形制趋于复杂，本文便不在此多言。

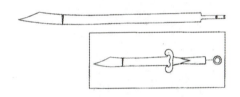

▲ 江苏镇江出土的东晋铁刀（线图）

▲ 南北朝时期，长刀的形制得到了进一步发展，甚至有人高的长刀出现。当时武将出行，也会有专门的仆人负责拿刀，如同这幅河北邓州市出土的南朝画像砖上的情形，这与后来日本武士出行或上阵，有仆人或侍从专门携带作战用刀的情况很类似

▲ 隋代持刀武官俑

▲ 唐代《持刀仪卫图》

▲ 清代藏刀

刀的使用

在对我国军阵用刀的发展历史有了大致了解之后，我们再来看看刀的使用方法。刀法是战阵武学的主要科目，目的在于让一般士兵尽快掌握手中武器，从而快速成为一名合格的战士。明代戚继光编著的《纪效新书》就对刀法进行了大量详细的描述，而明末吴殳所著的《手臂录》中亦有使用单刀、双刀等武器的口诀及心得。

只是须得注意的是，招式和军阵武术并不能混为一谈。比如各路武术套路比赛中，那种要得满身银光、水泼不进的刀花，与其说是刀法，倒不如说是体操表演。

要讨论刀在战场上的实际用法，从个人的刀法或者刀法套路来研究，这是本末倒置的行为。因为要想真正讨论军阵刀法，就需要结合战场的实际情况。

前文提到，环首刀在汉代普及后，戈、剑等许多武器都被取代。这大致归功于汉代环首刀采用了横刀刀型，因其同时含有剑、戈以及其他卫体兵器的实战用途和作用，进而取代了这些武器。

首先，汉环首刀的形制来自于秦剑至汉剑的技术工艺传承。它前部刀刃部分采用的两段式设计，一直延续到后来的唐横刀上，进而使日本刀也得到了这种继承。实际上，这种设计最早应用于战国的青铜剑上，所以才赋予了环首刀兼有刺击和砍削的双重功能。

在《战国水陆攻战图》中，我们可以看到，手持剑、戈的武士多冲锋在第一线。武士手中的剑是杀敌的主要武器，而戈除了用来击杀敌人，还用来格挡或者将对方的武器钩开，让己方的阵列可以突破敌阵。另外，秦始皇陵兵马俑中发现的 22 把长剑，近半都是在全军阵列第一线的射俑身上或身边发现的。可见在秦代，作为全军先锋的弩手，除了用远程武器射击敌军外，也需要配合后方长柄兵器，进行冲阵。

因此可知，手持环首刀的战士在战阵中所处的位置同手持利剑、短戈的冲锋之士相同，皆为第一线的肉搏兵种。

《汉代环首刀的国内首次研磨研究报告》描述："此刀重心位于环首向前 530 毫米处，单手持握有前倾的感觉，使用起来并不是想象的那么自如，此刀的持有者应是一位身强体壮的武士。"可见，汉环首刀的重心靠前，挥舞起来有些费力，但是与之相应的是其挥击力道出乎意料地强劲。所以汉环首刀的刀身虽然看起来纤细，但如果使用长杆兵器的对手不注意的话，非常容易被其一下子打飞武器，进而被突破近身。环首刀的这种战术如果配合盾牌使用，对敌阵的破坏作用将非常可怕。

同时，环首刀的斩斫力丝毫不弱。南梁陶弘景的《刀剑录》中记载，吴将董元成年少勇敢，曾自己打造了一把铁刀。后来他用那把刀将敌将黄祖"蒙冲斗舰"的船头砍作两截，分流而去，元成因此而授大司马的职务，人们则把这柄宝刀称为"断蒙刀"。[①]

此外，我国在西汉时期便已经有使用渗碳钢制甲的记录，而且铁甲的普及率也在不断提高。面对愈加难以攻破的防御，自然需要坚固而锋利的武器。环首刀因为采用大钝角刀刃和两段式刀刃构造，坚固程度比两面开锋的剑要好上许多，并且它在破甲时刀刃所受到的损害更小，维护上也更便利。因此也就不难理解，为什么环首刀能在战阵中迅速取代了戈与剑。

总体上，战阵中，环首刀使用的基本动作其实只有两个：

第一，劈斩。这是在进攻中突入敌阵时，破坏敌人长柄兵器阵形的有效攻击手段。

第二，刺击。这是在持盾防守时，为了照顾队列的紧密性，并同时有效攻击对手、不破坏队形的手段。

其余所谓刀法种种，都不过是这两个动作的发展而已。由此衍生出来的，有通过劈斩动作演变出来的防御性动作"磕"、进攻性动作"撩"，以及通过刺击动作演变而来的"绞"等。在战阵中，刀技的具体使用，则需要看具体的时机。破阵、登城时，大开大合的横扫撩拨便是不二法宝，目的在于利用刀身的重量荡开对手的兵器，为自己后援的同伴开辟道路。而在列阵缓步前行或者防御时，上下劈斩和小动作戳刺则是主要手段，目的是维护阵列整齐，通过多把武器的合击，达到有效杀敌的目的。例如唐代的陌刀阵或者宋代的斩马刀阵，都是刀在阵列中使用的技法。

---

① 《话说十八般武艺：中国古兵器纵横谈》第48页。

在步兵近身的散兵战格斗中，环首刀既可以双手使用，也可以单手配合盾牌或者钩镶来使用。环首刀在格斗中相对于戈与剑优势明显，它兼具了剑刺击动作小、突然性强和戈挥击力量大、杀伤性强的两种优点，同时又没有剑长度较短、成本高，戈易于损坏、不便维护的缺点。而且在"百炼钢"技术出现后，这种优势得到了进一步强化。

另外，汉环首刀其实是一种步骑两用刀，厚实的环首刀因为重心靠前，骑手只需要一次有效的挥击便可以将对手斩落马下。如果对手身穿甲胄，就算没有被砍透盔甲，沉重的钝击也足以使其受到严重的内伤。在马上的追逐战中，长达 120 厘米以上的骑兵环首刀，还可以用有效的刺击将对手捅个对穿。

刀在晋末至隋唐时期发生了显著变化，因为在这一时期骑兵刀与步兵刀开始出现明显区别。在宋代，刀类武器的形制更为专业化。步兵格斗用刀大量使用长柄、加重刀头的大型长柄大刀，以期劈斩的同时利用长度阻止骑兵冲击。同时卫体武器也换为成本低廉的手刀，这与宋代重步兵善于守卫和列阵而战的特征相符合。同时期，骑兵的格斗武器开始使用利于马上刺击并兼具部分挥砍功能的长柄轻质化战刀，如笔刀。另外，因为铁甲的继续发展，骑兵也更为倾向于钝器，如铁锏与铁鞭，这个我们会在后面的篇幅中讨论。

▲ 汉代刀盾（或钩镶）对长矛图

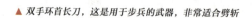

▲ 双手环首长刀，这是用于步兵的武器，非常适合劈斩

刀、钩镶对战长戟图，以汉代画像砖为蓝本绘制。右侧士兵以钩镶钩住长戟的同时，顺势用环首刀突刺（杨翌绘）

▲ 宋代《执刀军士图》

▲ 手刀

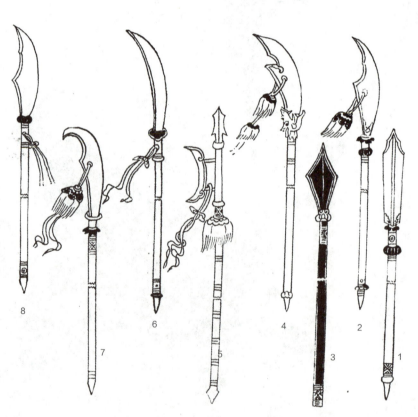

▲ 宋代长刀类型。1.掉刀；2.屈刀；3. 骡耳刀；4.偃月刀；5.戟刀；6.眉尖刀；7.凤嘴刀；8.笔刀

剑扫八荒

吴山开，越溪涸，三金合冶成宝锷。
淬绿水，鉴红云，五彩焰起光氤氲。
背上铭为万年字，胸前点作七星文。
龟甲参差白虹色，辘轳宛转黄金饰。
骏犀中断宁方利，骏马群骓未拟直。
风霜凛凛匣上清，精气遥遥斗间明。
避灾朝穿晋帝屋，逃乱夜入楚王城。
一朝运偶逢大仙，虎吼龙鸣腾上天。
东皇提升紫微座，西皇佩下赤城田。
承平久息干戈事，侥幸得充文武备。
除灾避患宜君王，益寿延龄后天地。

——唐 · 李峤《宝剑篇》

剑的发展

无论匕首还是刀，均发源自工具，因此都无法避免地天然带有工具属性。但是剑却与之截然不同，自其诞生开始，剑便是专门用于战争的近身卫体武器。

现代考古并未发现殷商古剑。最早的铜剑，是 1956 ~ 1957 年在西安市长安区张家坡第 206 号西周古墓发现的 27 厘米西周短铜剑。但是《礼记·乐记》中却有商末"虎贲之士说剑"的记载："武王克殷反商……马散之华山之阳而弗复乘；牛散之桃林之野而弗复服车；甲衅而藏之府库而弗复用；倒载干戈，包之以虎皮……散军而郊射，左射狸首，右射驺虞，而贯革之射息也。裨冕搢笏，虎贲之士说剑也。"可见在周伐商的战争中已经有装备剑的武士出没了。这里最后一句"虎贲之士说剑也"，在《史记》中作"虎贲之士税剑也"，但是并不影响它向世人揭示当时西周高级武士佩剑的情况，而在《史记》中也有武王用剑击纣王尸体的说法。唐人张守节所著的《史记正义》中则干脆说明："轻吕，剑名也。"可见剑在当时只有高级武士才能够佩戴，在极其重要的仪式中甚至要被用来当作礼器。

笔者认为一般意义上的剑，应与属于匕首的短剑区分开。关于长剑的形制，长度应超过 40 厘米，并采用双刃直型剑身，拥有聚拢成锋锐形状的锋刃。这种可以劈砍也可以刺击的双刃武器方可称之为"剑"。

▲ 西安市长安区张家坡第206号西周古墓中发现的27厘米长西周柳叶形短铜剑

宋代铁剑，出
自《武经总要》

山西大同出土
的秦代青铜剑

商代晚期蛇
头异形剑

秦代铜剑

▲ 剑（NEOSS绘）

　　剑这种类型的武器不仅仅出现在我国，同时也广泛地出现于世界各地。但无论在哪里，剑都能第一时间成为该区域专业战士的不二选择。因此从青铜时代到钢铁时代，从公元前到近代，剑在几千年的历史中始终都是"战士"和"英雄"的代名词。无论在东方还是西方，剑都是武士甚至贵族用于彰显自己身份的标志物之一。

　　这种思潮的普遍存在，是因为剑从诞生开始便只有一个任务，那就是在战争中进行杀戮。剑的形制在平时生产生活中并不能发挥作用。在青铜时代，双刃金属武器的制造和维护成本不是普通百姓能够负担的，因此剑在武器中具有天生的独特性。在我国古代，贵族、高级武士和士大夫均有佩剑的习惯，除了前面所说的武王及"虎贲之士"外，《考工记》中甚至有上士、中士、下士佩戴不同尺寸的剑的记载，可见当时佩剑之风盛行。

　　同时，剑在制造和使用中往往带有神话色彩，如干将和莫邪铸剑的故事便脍炙人口。

相传楚王得到了吴国铸剑名匠欧冶子铸造的湛卢剑后，邀请当时最为著名的剑师胡风子为其鉴定。胡风子评价湛卢剑的价值"有市之乡三十，骏马千匹，万户之都二"。另一位剑师薛烛更是评价为："虽倾城量金，珠玉盈河，由不能得此。"传说造湛卢剑"赤堇之山破而出锡，若邪之溪涸而出铜，雨师扫洒，雷公击橐（即拉风箱），蛟龙捧炉，天帝装碳，经千锤百炼方得此剑"。

湛卢剑的相关传说中带有"去无道，就有道"的善恶思想。《吴越春秋》和《越绝书》中均记载，欧冶子曾铸造过五柄神兵利器，名为湛卢、纯钧、胜邪、鱼肠、巨阙。吴王阖闾（即公子光）得到过湛卢、胜邪、鱼肠三剑。勇士专诸用鱼肠剑刺杀了吴王僚，让公子光登上了王位。后来，吴王阖闾最疼爱的女儿死了，他除了将名剑胜邪作为女儿的陪葬品外，甚至还杀戮许多百姓为其陪葬。吴王无道，湛卢剑便"行之如水"，自行离去，出现在楚王的卧榻之侧，方有了前面的关于湛卢剑价值的一段叙述。《吴越春秋·阖闾内传第四》中记载："然人君有逆理之谋，其剑即出，故去无道以就有道。今吴王无道，杀君谋楚，故湛卢入楚。"在这些传说中，剑被视作人心和道德的归附，故而蒙上了一层神秘色彩。而在湖北江陵县望山一号楚墓中出土的越王勾践剑则从另一个侧面体现了当时铸剑工艺的高超。

剑的最初形制与匕首相差无几，基本造型和功能也都与匕首近似。在西周末期和春秋早期，剑将匕首的砍削和刺击能力进一步强化，开始形成了有脊双刃的造型。此时剑脊与剑茎的分界尚未分明，依然还是一种比较原始的剑。在春秋末期，剑有了匕首所没

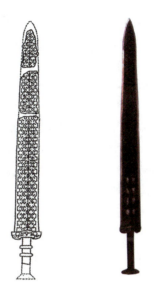

▲ 春秋晚期装饰有黑色暗格纹的吴越剑，江苏六合程桥出土

▲ 湖北江陵县望山1号楚墓中出土的越王勾践剑

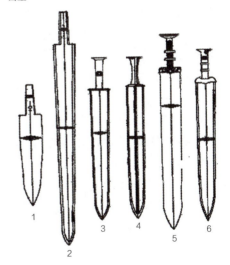

▲ 春秋至战国时期青铜剑样式的演变过程。1、2为A型剑，剑茎作扁条形，折肩，一般在剑茎上装置剑格和剑首。3、4为B型剑，剑茎作圆筒形，全空或中空，剑首呈圆环形，剑首、剑格、剑身一体铸造。5、6为C型剑，剑茎作圆柱形，实心，上有两三圈凸起的圆箍。剑首呈圆盘形，剑首、剑格、剑身一体铸造

有一项进步，便是格的产生。格的作用除了使脊与茎有一个明确的分界之外，同时也避免敌人的鲜血流到剑柄上导致握剑的手打滑。因此尽管剑的基本形制参考了匕首，但是在细节上却仍许多不同之处。

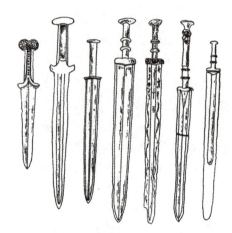

▲ *不同样式的中国古铜剑*

其一，早期的工匠对青铜原料的配比掌握得并不完善，受青铜材质本身的影响，加入高含量锡的青铜合金质地坚脆，刚性有余而韧性不足；而加入低含量锡的青铜合金则质地软韧，韧性有余而刚性不足。因此春秋末期的青铜剑为了延长剑身长度，同时保证剑身的坚韧性，一般都采用八面型的构造或其他多棱脊的构型，以防止过脆而容易折断或者过软而导致在刺杀时剑身弯折。这种坚固而厚重的造型不同于匕首简单开锋仅有一条棱脊的造型，它既增强了青铜剑的结构强度和韧性强度，也有效降低了砍削时对剑刃的消耗。而厚重宽阔的剑身和适中的长度，则加大了刺击杀伤力和剑身的坚固程度。剑刃采取部分的内弧度，如越王勾践剑，而并非采用完全的直线构造，可见其在砍削方面也拥有不俗的能力。直到后来，制剑材料采用了更优秀的铁钢之后，剑才逐渐采用六面或四面构造。

其二，剑长度的增加使其在对上戈、矛等主流格斗兵器的时候并不至于落于下风。这点促使剑在春秋时期便开始成为我国士兵的主流装备。在大多数描绘战争的场景中，我们都能看到士兵持剑上阵的景象。

其三，剑并非匕首的简单放大，从春秋末期的青铜剑开始，剑的重心便比之前的短剑更为靠前，在直刺的基础上开发出了劈斩功能。尤其是到了战国时代末期，从楚国的长剑演变而来的秦国长剑在以往的基础上有了进一步的发展。这种一米以上的长剑，不仅可以单手使用，也可以双手劈斩。这一点是匕首完全做不到的。

剑在我国经历了很长一段青铜时代。春秋直到战国末的数百年战争洗礼，使得青铜剑无论在铸造还是形制上都产生了极大的

▲ **战国时代燕国铁长剑**

璏式佩剑法，以先秦士的形象绘制（杨翌绘）

进步。在出土的春秋末期到战国中前期的青铜剑中，如越王勾践剑这种类型的青铜剑在西方被称之为阔剑，其原因便在于我国的青铜剑与西方长剑不同，中国青铜剑的脊远比西方长剑更宽。除了凸起的"脊"以外，剑两侧倾斜的斜面被称为"从"，而实际上刃却非常窄，仅仅是边缘的一部分而已，而且呈一个较大的锐角。刃部外还有一层锋，这才是真正磨成小角度锐角作为主要杀伤的部分，而这部分实际上却非常的窄了。因此我们可以看出，我国青铜剑的磨制工艺非常烦琐和精致，这源自我国在新石器时代便已相当发达的石器磨制技巧。同时这种多层逐渐开锋的构型，使得青铜武器可以在剑刃的边缘使用韧性较差的高锡含量青铜合金，而在剑身上使用韧性较好的青铜合金，从而获得刚性和韧性的均衡。因此除了武器材料上的进步，这种极强的加工工艺也使得该时期的青铜剑即使跨越千年，在现代出土之后威力仍然不减当年。当然，这种高超的工艺让维护青铜剑的成本大为降低，同时增强了武器的使用强度，减少了因武器损耗而造成的损失。更为重要的是，先进的加工工艺使得青铜剑这种铸造武器的结构强度和性能直追锻打的钢铁武器。战国早中期的青铜剑便已经有70厘米以上的长度，而战国末期在楚剑基础上研制的秦剑，更是拥有长达1米的惊人长度，这甚至比同时代的西方钢铁长剑更长。笔者以为这可以说是我国剑类武器不同于世界的一点特征吧。

综上所述，剑类武器在我国出现和使用的时间其实是非常久远的。剑甚至成为国家武力的象征，就如南朝梁代陶弘景的《刀剑

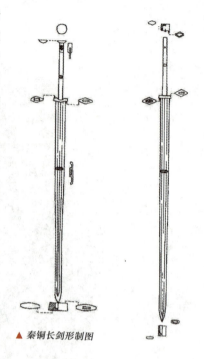

▲ 秦铜长剑形制图

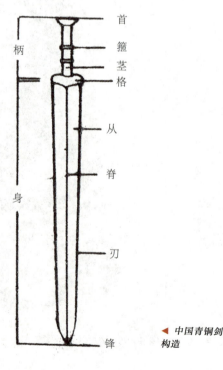

首
箍
柄　茎
格

从

脊

身

刃

锋

◀ 中国青铜剑
构造

录》所述："刀剑之由出久矣，前王后帝莫
不铸之。"战国末期的秦剑，除了青铜冶炼
技术达到巅峰之外，甚至还拥有利用铬进行
长剑表面氧化以防止锈蚀的先进工艺。

在秦代及汉代早期，经过上百年的征战，
剑已经以一种独特的阶级属性深入国人心
中，能够佩戴和使用剑的人要么是国家的统
治阶层或其附庸，要么就是维护其统治的武
装力量。普通百姓则既无余财，也没有能力
使用这种奢侈的武器。这个时期的剑已经是
一种专门为作战制造的武器，对一般百姓来
说这种武器与他们的生产生活无关，因此带
有天然的特权性和阶级性。统治阶层和维护
他们的主要力量如士大夫、武士等，都希望
佩戴这种武器以显示自己与普通平民在地位
上的不同。因此秦剑尽管工艺精良，却也不
是每一个秦国士兵都有资格佩戴。在秦始皇
陵兵马俑的随葬品中，出土青铜剑的数量并
不多，主要作为军官和一线士兵的卫体武器
而出现。

在汉代，钢铁取代了青铜成为武器的主
要材质，因此长剑也开始进入大规模的装备

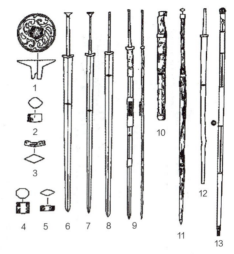

▲ 汉代铁剑及铜质剑具。1～2为铜质剑首，3～5
为铜质剑格，6～13为铁剑

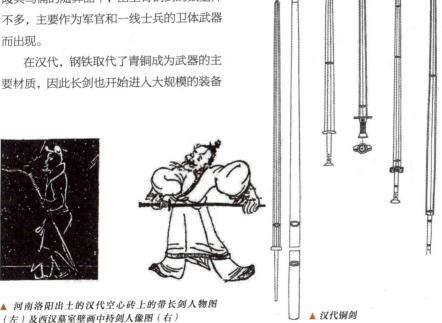

▲ 河南洛阳出土的汉代空心砖上的带长剑人物图
（左）及西汉墓室壁画中持剑人像图（右）

▲ 汉代铜剑

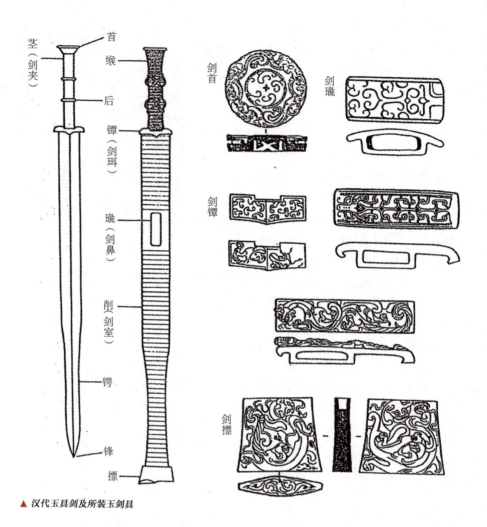

▲ 汉代玉具剑及所装玉剑具

时期。剑不再仅仅作为特权阶层使用的武器，大多数西汉早期的墓葬中均有铁制长剑出土。到了汉代中期，长剑已经发展到巅峰，但是其自身的发展也走到了一个瓶颈，并最终被融合了长剑制造工艺和作用的环首刀取代。

到唐宋，剑早已从战场上一线步兵的手中消失，成为军官的装饰武器，基本不用于实战，其形制也受到西域甚至是南亚武器，

譬如印度的坎达（khanda）剑大钝角锋刃造型的影响。不过，此时的剑整体上还保存着汉代长剑的基本形制。到了元代，这种交流则更为普遍，剑型多有中亚及西方武器的影子。至明代，剑已经彻底成为装饰类武器，如明代茅元仪在《武备志》中说："古之言兵者必言剑，今不用于阵，以失其传也。"可知明代战场上不用剑多时了。

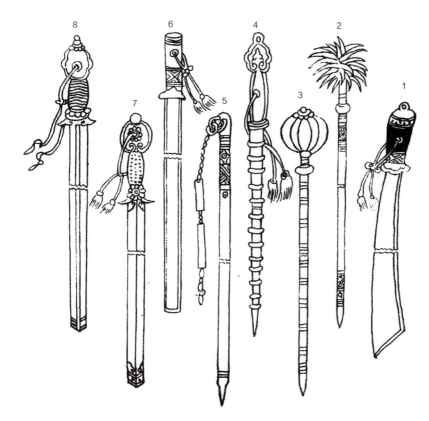

▲ 宋代短兵。1.手刀；2.蒺藜（亦称骨朵）；3.蒜头（亦称骨朵）；4.铁鞭；5.连珠双铁鞭；6.铁锏；7.铁剑；8.铁剑

▲ 印度坎达剑　　　　　　　　　　　　　　　　　　▲ 蒙古剑

剑的使用

说起剑法，很多人想起的可能是武侠小说或影视作品里那些神乎其技的描写。实际上，现实中的剑法并非那么奇妙，如明代吴殳在其著作《手臂录》中提及剑诀所说："长兵柄以木，短兵柄以臂，长兵进退手已神，短兵进退须足利，足如<ruby>猇<rt></rt></ruby>兔身如风，三尺坐使丈八废。"可见剑法的精髓在于步伐急促、近身而击，直来直去并不带一点花哨。吴殳在《后剑诀》中又说："剑术真传不易传，直行直用是幽元。若唯砍斫如刀法，笑杀渔阳老剑仙。"可见大开大合的劈砍与其说是剑法，还不如说是刀法更准确一些。剑法的关键在于如何迅速地接近对手，迫使对方无法脱离自己的攻击范围，进而压缩对方的移动和攻击范围。如果以日本剑道技法来形容的话，就是"切入—攻击—残心"的连续动作。突入合适的攻击距离是用剑的不二法门，畏惧退缩对于剑手来说是最为致命的弱点。不畏对方的刀刃，突破其防御尚能活命，而一旦退却便是万劫不复。

剑相对于其他武器胜在灵巧。尽管剑在劈砍方面并不落下风，但是其戳刺的威力却更在劈砍之上。同时我们应当注意，无论剑的形制和长度如何变化，可以单手或者双手灵活使用这点一直是剑类武器必备的要点。这便要求剑在刺击和斩斫两方面均需有优秀的表现。这一要求也被延续自汉环首刀的唐代横刀所继承，并流传至日本，融入日本剑道的技法之中。

除了传统的剑法外，从匕首演化而来的剑同样具有投掷这种出其不意的攻击方式。在战国时代，便已经出现了在匕首篇中说到的"兰子弄剑"的故事。"飞剑"在当时是一种独特的实战技艺，而非后世我们所谓"踏剑虚空"的幻想。与画圣吴道子、"草圣"张旭并称"开元三绝"的裴旻便擅长飞剑，《独异志》载："开元中，将军裴旻居母丧。诣道子（吴道子），请于东都天宫寺画神鬼数壁，以资冥助。道子答曰：废画已久。若将军有意，为吾缠结，舞剑一曲，庶因猛励，

中国的"豹头式"　　日本的"诸手上段之构"　　中国的"逆鳞式"　　日本的"中段之构"

中国的"敛翅式"　　日本的"协构"

◀ 马明达《说剑丛稿》中所载日本剑道与中国剑法起手式比较图

就通幽冥。旻于是脱去缞服，若常时装饰，走马如飞，左旋右抽，掷剑入云，高数十丈，若电光下射，旻引手执鞘承之，剑透室而入，观者数千人，无不惊慄，道子于是援毫图壁，飒然风起，为天下之壮观。道子平生所画，得意无出于此者。"可见裴旻剑术神乎其技，在走马如飞中，掷剑入云数十丈，依然可以稳稳地用剑鞘接住落下的宝剑。这等技艺也并非独见于此，在宋太宗时代，这种"舞剑"技艺多为鼓舞士气而在军中盛行。马端临在《文献通考·卷152·兵四》中记载道："太宗选军中勇士，教以剑舞，皆能掷剑凌空绕身，承接妙捷如神。每契丹使至，赐宴，乃出以示之。凡数百辈袒裼操梃刃而入，各献其技，霜锋雪锷，飞耀满空。及亲征太原，巡城耀武，必以剑舞前导，观者神耸。"可见在当时剑已经成为一种表演性的武器，而非用于上阵搏杀的实战兵器了。明代成宗猷的《单刀选法》中也记载有从日本倭寇传入的"扔刀入空"等技法，据称是唐代传入日本而后反向流传回来的。

　　上面说到的大多是个人剑法的使用，要论及在战阵中用剑，其作为战场主流兵器时战争的主要形态是我们不能不考虑的客观因素。

　　著名的《战国水陆攻战图》给我们展示了战国时代的战场。图上武士都佩戴剑作为副兵器，但站在后排的弓箭手或使用长杆兵器的战士并没有拔剑。使用长剑的都是在第一线进行激烈肉搏的勇猛士兵，甚至有手中双持戈剑或舍弃戈而只持短剑杀敌的画面。

　　因此可知，战场上用剑的基本都是一线最精锐的士兵，近身格斗是用剑的关键。剑

▲ 《信西古乐图》之弄剑，日本正仓院藏

▲ 战国武士复原图，摘自《中国古代军戎服饰》

的长度和便于戳刺等特性，对于勇猛而又技巧娴熟的战士来说，在对攻中甚至可以单纯依靠灵活的移动来制敌，舍弃戈而拔剑奋进的武士形象便是其代表。但搏命的突击并非什么情况都是如此，在攀梯而上的强攻中便需要配合盾牌来进行防御，并非仅靠悍勇就

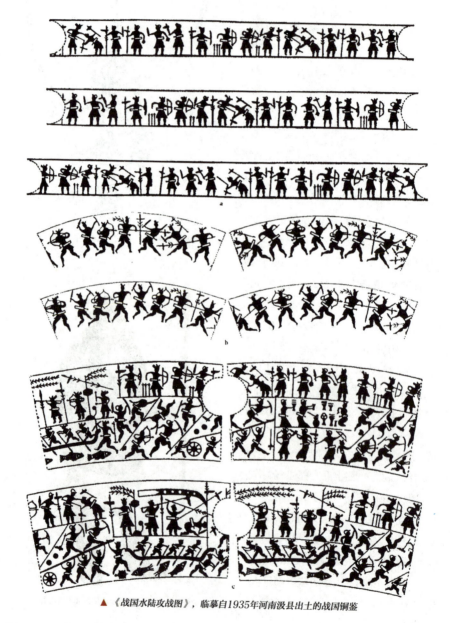

▲ 《战国水陆攻战图》，临摹自1935年河南汲县出土的战国铜鉴

可以成功。

就如《战国水陆攻战图》中所展示的一样，剑之利在险在疾。相对仅戈头有杀伤力的戈而言，剑的杀伤范围更广，使用也更为灵活，但是却需要更加贴近敌人。我们可以在图上看到，几乎所有拔剑在手的人都保持着一种前冲姿势。在这种姿势中，剑手使用刺击和砍削这两种格斗方式是最为有效的。《墨子·节用篇》说："为刺则入，击则断，旁击而不折，此剑之利也。"文章道出了剑的优势：可砍可刺，且不易被别的武器砍断。

剑又被称为"直兵"，《晏子春秋》中记载崔杼在杀了齐庄王后威胁其他将军、大夫时言道："有敢不盟者，戟拘其颈，剑承其心。"可见当时剑戳刺的威力更胜于砍削，一击便可以制敌。但是在战阵中这两种格斗动作都不能做得很大，持剑左右游走或者大开大合地劈砍都是不可取的，因为这样做不仅会导致周围同袍受到影响，同时闪开的空当极有可能被对方的锐卒突破而入，从而导致整个阵线的崩溃。因此"有进无退"便可以说是剑阵剑法的真谛。对剑手的掩护并非依靠剑手自身或手中的盾牌，而是依靠后面手持长柄武器同袍的支援。只有战阵整体配合紧密，前后一致直行而进才能攻破敌人阵线。另外我们也可以在图上看到，除了格斗外，割取首级的人也是持剑在手而非使用其他武器，可见剑在给予敌人最后一击上也是作用不小。

无独有偶的是，17世纪的欧洲战场上，同样出现过这样的战术。剑客在后方长矛手的掩护下，屈身突入对方阵形，杀伤敌人。这种致命而危险的战术，被戏称为"老鼠战"。以写实著称的史诗巨片《佣兵传奇》就描写过这种战术。

▲ 以剑客突入长矛阵列的欧洲"老鼠战"

<h1 style="text-align:center">斧、钺、锤</h1>

斧、钺、锤的发展与联系

斧、钺、锤应该是我国最为古老的武器了，甚至比前面介绍到的刀、剑等更为古老。旧石器时代使用的砍砸器其实便是斧钺的祖先，而石球和木棒则是锤的祖先。至新石器时代，石斧产生，而在石斧的基础上，新石器时代末期一种我国特有的斧类兵器——钺

殷墟妇好墓出
土的商代铜钺

河南郑州出土
的汉代钺斧

西周中期
青铜手锤

宋代大斧

▲ 斧钺（NEOSS绘）

便出现了。钺与现在世界上其他地区的手斧不太相同，钺的斧刃非常平整而轻薄。在同样重量下，钺的斧刃面积远远大于石斧，它相对于石斧，材质更为精良，工艺也更为考究。因此《说文解字》中称："大者为钺，小者为斧。"其实，钺就是一种放大的斧，但是钺同斧又有些不同，其装柄方式继承了新石器时代末期镶嵌法的技术，利用筋绳将宽大而轻薄的钺面固定在留有凹槽的木柄之

中，便形成了钺最原始的形态。

山东莒县陵阳河大汶口文化遗址出土的灰陶缸上，刻有钺的形象。钺方体，宽直刃，装短柄，柄的头端有籥，末端有类似鐏的突起。新石器时代最精美的钺是出土于浙江余杭反山良渚文化遗址的玉钺。这件钺整体呈"风"字形，两刃角外展。玉色浅青，有绿色络与褐色斑，体形很大，通长17.9厘米，刃宽16.8厘米。近本部透雕一个小圆孔，上

刃角处浮雕神人兽面纹。神人头戴羽冠，腰部为兽面，下肢蹲伏，兽爪。下刃角浮雕一团身鸟纹。全器琢磨光洁，纹饰细若发丝。同时出土的还有土黄色的玉制钺柄首和柄末。柄首到柄末距离为 70 厘米，可见钺柄较短。青铜铸钺始于夏，在河南偃师二里头遗址中就曾出土过类似钺的青铜器，不过因为援体较长，只把它称为"戚"（斧钺的同类兵器）罢了。二里头遗址的墓葬中还出土了一件玉钺，玉色清白，钺身作长方形，中间有一个大大的圆孔，两侧各有六个齿状扉棱。这种形状的钺开创了商代铜钺的先河。

到了商代，钺已经是士兵们惯用的武器之一，除此以外小型的斧与戚也常常在这一时期的出土文物中被发现。在反映和缅怀商汤伐夏的《诗经·商颂·长发》中则有"……武王载旆，有虔秉钺。如火烈烈，则莫我敢曷"的语句，描述的正是商汤伐夏时，士兵手中拿着斧钺无人敢挡的场面。在湖北黄陂盘龙

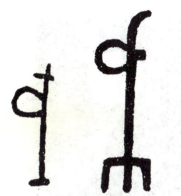

▲ 甲骨文和金文中的"钺"字

▲ 山东莒县陵阳河大汶口文化遗址出土的灰陶缸，其上有石斧图案

▲ 浙江余杭反山良渚文化遗址出土的玉钺及其纹饰

▲ 二里头遗址出土的玉钺

城李家嘴 2 号墓这座商代前期墓中，出土了一件长 40.5 厘米，刃宽 25.5 厘米的青铜钺。该钺长内，"风"字形援（钺身），援中间有一大圆孔，孔的顶部及左、右饰长身夔纹，钺刃呈圆弧形。这座墓重椁单棺，除随葬了青铜、玉器外，还有三人殉葬。墓葬附近就是同时期的城墙及宫殿遗址。因此，墓主也就是城池和宫殿的主人，铜钺是作为这一商王朝方国统治者的权力象征物随葬的。

此后，随着青铜铸造技术的进步，铜钺铸造得越来越精良，如河南安阳殷墟商代后期妇好墓出土的两件大铜钺。这两件钺的形制基本相同，扁长方形内，钺身略呈"风"字形，平肩，靠近肩部有两个长方形穿，援两侧透雕"丁"字、"一"字形扉棱。钺刃圆弧，宛若一枚新月。其中一钺钺身上部两面均铸饰双虎噬人纹，两虎张巨口相对而立，中间是一颗人头，纹饰的下方铸"妇好"两字铭文。这件铜钺形体巨大，长 39.5 厘米，刃宽 37.5 厘米，重达 9 千克。另一件形体较小，钺身饰双龙纹。这两件铜钺不是实战兵

器，完全是妇好作为商王朝统治者身份、地位的象征。

商代是钺发展的顶峰时期，不但铸造得精良华美，而且数量相对较多，在我国许多省份多有出土，除了上述的河南、湖北、山东之外，陕西、山西、湖南、北京、江西乃至青海都有发现。其形制虽多为"风"字形，但钺身、内的大小、长短不同，花纹装饰各异。有的内上装饰龙虎纹、鸟纹，有的钺身大圆孔内透雕龙纹、凤纹、蛙纹。在北京平谷刘家河、河北藁城台西还发现了同时期的铁刃（陨铁）铜钺。

西周时期的钺一方面承袭了商代"风"字形钺的遗风，另一方面受北方草原文化影响，出现了钺刃向后圆弧的"C"形钺。周代的钺一般体形较小，如 1964 年河南洛阳出土的青铜钺，长只有 15 厘米，长内，"风"字形钺身，大圆孔，钺身两侧透雕虎纹。陕西宝鸡竹园西周墓出土的钺长身短内，两刃角外展甚宽，在钺身和内之间有銎，铜钺满饰兽面纹、虎纹和蟠蛇纹。銎的上方还有一个人头形籥。以銎纳柄，柄首套人头形籥，其时代应为西周中期。甘肃灵台百草坡 2 号西周早期墓出土的铜钺整体呈"C"形，又像人的耳朵，长 23 厘米。钺身装饰如回身的虎形，弯弧的虎身作钺刃，折回的虎头作銎。钺身下接短胡，胡的一侧有两个长条形穿。装配时以钺的虎头銎纳柄，再通过胡上的穿将钺柄捆紧固定。而四川巴蜀文化的斧钺，其形制已经接近于援戈的造型，可以看出其与戈之间的关系。

斧钺在周代已经逐渐成为礼器和权柄的象征，及至汉代仍将这种传统延续下去，并

▲ 春秋时期的双肩铜钺

▲ 商代"妇好"铜钺

▲ 西周半环形虎纹铜钺

▲ 商代三孔銎铜钺

▲ 战国铜钺

▲ 雷台汉墓出土的铜斧车模型

▲ 汉代持钺骑士俑，雷台汉墓出土

▲ 汉代铁钺戟，河南郑州出土

同时将斧钺作为刑具使用。而斧钺也一度用于汉代骑兵，雷台汉墓中就曾出土过手执铁斧的骑士俑。另外，南阳汉代画像石中也出现过双手持斧的武士形象，可见其在汉代仍然是军队的常用武器之一。除此之外，汉代还有将斧与戟结合的铁钺戟。

唐宋元明清各代，也均有军队制式使用斧钺，但是斧钺之间早已没有具体的形制区别了。

说完斧钺，再来说说锤。"锤"这个字在古代通"椎"，两者其实指的是同一种东西。而"椎"的本意是指锥形木棒，又指用于捶打、捶击的工具，后来则发展为专门的兵器。作为兵器，锤为锥形木棒和石球结合

的产物，《考工记·玉人》及其注疏中明确指出，在木杆上套上如葵型的石制或金属制棒头，便是锤。甘肃武威皇娘娘台新石器时代齐家文化遗址中出土的一种圆环状带刺石器，便是这种武器的最好证据，其复原图与《考工记》中所说别无二致。这种武器被发现者命名为"多头石斧"，类似的棍头在内

蒙古赤峰新石器时代夏家店下层文化遗址和时代稍晚的河北围场金石并用时期的古代遗址中也有发现。因此有学者认为这种石制棍棒头，就是原始的骨朵，也就是锤。在陕西扶风发现的西周中期铜质"星状器"应属同一类别。在现在内蒙古北部，亦有发现草原民族从西周至战国末这一时期使用的扁圆球形铜质棒头。另外，在战国时代，锤也时常出现于史书中，无论是"窃符救赵"，还是张良博浪沙刺秦，都有沉重而威力强大的锤的身影。在汉代，羌戎和匈奴人用以和汉军作战的武器也是它们。而在宋代，骨朵这种武器则通过草原民族的入侵传入中原，并在宋军和辽军中广泛使用。

对普通士兵来说，锤与斧也是他们必不可少的生活工具。行军打仗需要扎营、做饭，也需要修筑营垒甚至掘土挖壕，这个时候斧和锤便是不可或缺的急先锋。而且在攻城或者守城作战时，锤与斧无论是破坏攻城器械还是防守城门都是极为有用的工具。同时斧钺和锤，也作为刑具使用，无论是甲骨文还是壁画中都可以看到用它们行刑的画面。而在武王伐纣中，钺就作为礼器斩下了纣王的头颅。

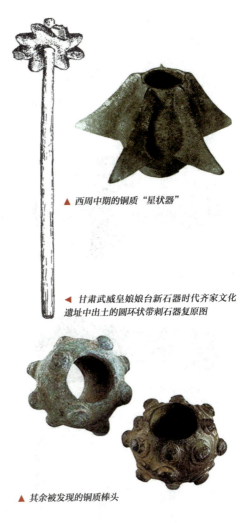

▲ 西周中期的铜质"星状器"

▲ 甘肃武威皇娘娘台新石器时代齐家文化遗址中出土的圆环状带刺石器复原图

▲ 其余被发现的铜质棒头

斧、钺、锤的使用
斧钺

在中国兵器中，钺和斧是分不开的，人们习惯地把它们统称为斧钺。钺又称"戊"，汉《释名·释兵》曰："戊，豁也，所向莫敢当前，豁然破散也。"可见钺在战阵中多用于突破之用。《史记·周本纪》记载，牧野之战后，武王攻占朝歌，到了纣王宫内，此时纣王和他的嬖妃已死，武王命人用黄钺斩纣王头，用玄钺斩其嬖妾头。次日除道、脩社，周公旦执大钺，毕公执小钺，分左右侍卫武王。在这里，钺既是刑具，也是护卫兵器、仪仗器。可见在商代早期用于实战的斧钺，在商代末期便已经逐渐转变为礼器和刑具了。

当然，这并不是说商之后的周不重视钺。

《尚书·顾命》云："一人冕，执刘（即斧）立于东堂，一人冕，执钺立于西堂。"这是钺用作仪仗器的记载。《尚书·牧誓》："王左杖黄钺，右秉白旄以麾。"而黄钺在这里则是王权的象征。此外，天子还可以将钺赐

▲ 内蒙古宁城小黑石沟出土的矛状铜管銎斧，时代为西周末至春秋初

▲ 内蒙古宁城小黑石沟出土的铜管銎斧，时代为西周末至春秋初

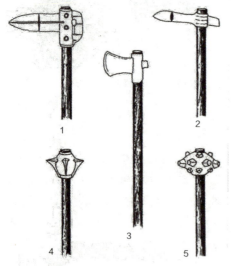

▲ 草原民族青铜兵器的复原图。1、2为銎装戈，3为銎装斧，4、5为带头锤棒

予诸侯，以表示授予杀伐权力。《礼记·王制》说："赐斧钺，然后杀。"陕西宝鸡出土的虢季子白盘，体形硕大，盘心铸有111字的长篇铭文，记载了当时的天子周宣王"赐用钺，用征蛮方"。君王诏令将军出征前，要在太庙授钺，《淮南子·兵略》描述为其过程是："凡国有难，君自宫召将……之太庙，钻灵龟，卜吉日，以受鼓旗。君入庙门，西面而立……亲操钺，持头，授将军其柄。曰：'从此上至天者，将军制之。'"可见仍以钺代表专杀之威、用兵之权。直到战国时，河北平山中山王陵出土之钺的铭文中还说"天子建邦"，作此"以警厥众"。钺之尊贵尤为世人钦重。时代更晚的汉代也持这种看法，并将它用于仪仗。《续汉书·舆服志》说："（乘舆大驾）后有金钲、黄钺。"黄钺即黄钺车，也就是在车上立大钺，它是皇帝卤簿中的后从之车。而县令以上公卿以下者出行时则以斧车为前导。斧虽比钺小，但斧车之状当与黄钺车相去不远。在汉代的沂南画像石及四川成都、德阳等地出土的画像砖上都能看到这种车。辽宁辽阳棒台子屯汉墓壁画中也有载斧之车，其斧特别大，有学者认为它就是黄钺车。《后汉书·郭躬传》载："永平中，奉车都尉窦固出击匈奴，骑都尉秦彭为副。彭在别屯，而辄以法斩人……帝曰：'军征，校尉一统于督，彭既无斧钺，可得专杀人乎？'"不过这里所谓"既无斧钺"云云，只是在援引典故，因为"命将授钺"的做法汉代已经不再当成制度执行了。

斧钺用作刑具的时间很早。商代金文中就有用钺砍杀人头的形象，《国语·鲁语》中"大刑用甲兵，其次用斧钺"的语句，便

是斧钺用作刑具的证据。汉代也继承了这点，一般以斧钺为刑具。孝堂山画像石的战争场面中，于对立两钺的兵器架上悬人头，即表示用它行刑之意。斧钺不仅用于断头，而且用于腰斩。《墨子·鲁问篇》："斧钺钩腰，直兵当心。"腰斩时以椹质承斧钺。《公羊传·昭公二十五年》何休注："斧质，腰斩之罪。"所以汉代记述中凡提到斧质，总是和腰斩相联系。《汉书·英布传》说的"伏斧质淮南市"，《王诉传》说的"诉已解衣伏质"，均是此意。斧钺用作刑具，一方面是尊崇传统，另一方面是其工具属性的必然结果。在青铜时代，厚实而坚固的斧钺，更适合处刑犯人，而不必担心会因为使用过多而导致武器损坏，这也是其作为刑具的重要因素之一。

据《周礼·考工记》记载，周人在很早以前，便对武器重量在行军后勤方面的影响有着深刻的理解。因此轻量化的戈在商周中原民族战争中成了当之无愧的主角，而在上古便诞生的斧钺就此沉沦，不再作为主要的格斗武器出现，而转为权力标志及专用的工具。

在后世的战争中，因盔甲技术的进步，斧钺这种重型武器依然有着一定的用武之地。在唐代，斧钺仍作为重步兵的格斗兵器而广泛出现于壁画中。同时因为重量因素，斧钺对使用者力量要求较高，这也限制了其在战阵普通士兵中的普及度。在宋代的应用中，斧钺也多为守城战中使用。因此在实际战争中，斧钺更多是以用于防御的专门兵器的姿态出现，而在火器大规模装备后，其价值便彻底地消失了。

▲ 商代青铜器上的持钺斩首铭文。

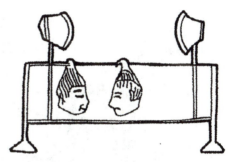

▲ 汉代孝堂山画像石中立钺悬人头的兵器架

▲ 《武经总要》中宋代斧类武器木刻图。1. 大斧；2. 蛾眉斧；3. 凤头斧；4. 剉子斧

斧劈铁浮屠。南宋初年金交战中，而对金军重甲骑兵，南宋步兵的斧手在长枪手挑开铁浮屠的头盔后，抓住战机迅速前出斧劈铁浮屠暴露的头部（杨翌绘）

138

▲ 天津市博物馆珍藏的宋代铁鎏银鱼龙纹斧

▲ 收录于《清会典图·武备》中的清前锋左翼斧

▲ 收录于《清会典图·武备》中的清绿营双斧

锤

先前我们说到锤与棍棒之间的联系，也提到锥在古代被统称为"椎"。"锥形木棒"是"椎"的本义，也是其原始形态，在西周和之后的春秋及战国时代，它便有了新的发展变化。长杆的"椎"在与钝刃结合后逐渐演变为殳及后世的棒类武器，而在宋代又演变出诸多形制，之后明代的刀棒或大棒也属此类。另外，短柄的"椎"则演变为后世的锤、骨朵等武器。在战国时期，锤并不常用于战阵，但是却有诸多使用记录，笔者便将其中最著名的两个例子记载如下。

其一，窃符救赵。

《史记·魏公子列传》记载：信陵君利用屠户朱亥，用铁锤诛杀了晋鄙，方才取得了军权救援赵国。"魏安釐王二十年，秦昭王已破赵长平军，又进兵围邯郸。……至邺，矫魏王令代晋鄙。晋鄙合符，疑之，举手视公子曰：'吾今拥十万之众，屯于境上，国之重任。今单车来代之，何如哉？'欲无听。朱亥袖四十斤铁椎，椎杀晋鄙。公子遂将晋鄙军。……得选兵八万人，进兵击秦军。秦军解去，遂救邯郸，存赵。"

其二，锤击秦始皇。

《史记·留侯世家》记载，秦灭韩，韩人张良为韩报秦仇，悉以家财求客刺秦始皇，"得力士，为铁椎重百二十斤。秦皇帝东游，良与客狙击秦皇帝博浪沙中，误中副车"。

可见当时锤这种武器比较沉重，可以挥击也可以投掷，都是非身强力壮的勇士不能使用。不过因为杀伤威力过剩，直到隋唐之前，锤并不运用于军中为制式武器。但是在唐代，《唐律疏议》记载的"狱官令"中则

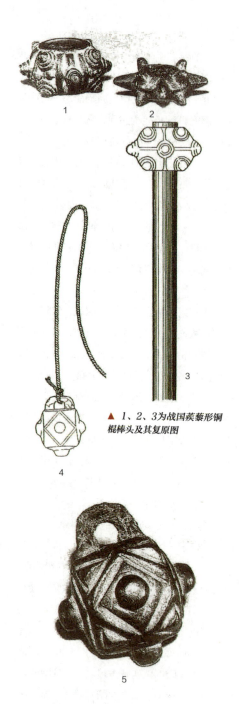

▲ 1、2、3为战国蒺藜形铜棍棒头及其复原图

▲ 4和5为战国铜流星锤及其复原图

出现了类似于带头短棒的刑具。而在五代时期，因盔甲技术的升级，同时受到北方游牧民族入侵的影响，打击类武器开始大行其道。最早出现"骨朵"记载的是宋代宰相曾公亮编纂的《武经总要》："蒺藜、蒜头骨朵二色，以铁若木为大首。迹其意，本为胍肫。胍肫，大腹也，谓其形如胍而大，后人语讹，以胍为骨，以肫为朵（其首形制不常，或如蒺藜，或如羔首，俗亦随宜呼之）。"

从史籍和考古资料来看，两宋时期，不单是宋朝，辽、金、西夏也都使用这种兵器，因为它本来就是草原牧猎民族自上古便常见的格斗兵器，最适合骑马作战。同时骨朵也常作仪卫兵器使用。《宋史·仪卫志》："凡皇仪司随驾人数，崇政殿只应亲从四指挥，共二百五十人，执檠骨朵，充禁卫。"河南禹州白沙北宋1号墓，以及内蒙古、辽宁或其他地区的辽、西夏、金墓壁画中，也都有手执骨朵的仪卫形象。在战场上，锤虽非制式兵器，但作为杂式武装，也多有士兵和将领使用。如《宋史·岳飞传附子云传》中记载："每战，以手握两铁椎，重八十斤，先诸登城。攻下随州，又攻破邓州，襄汉平，功在第一。"这段记载在后世也被小说、戏曲等采用并有诸多改编，如著名京剧《八大锤》等。

宋、辽以后的元代，锤、骨朵是骑兵擅用的兵器，近战肉搏，得心应手。此时锤的形状多为瓜形，六棱或八棱。明清两代仍沿用元代的瓜锤，有铜制的，也有铁制的。同时也把它作仪仗使用，装长柄，锤首鎏金鎏银，称之为"立瓜"或"卧瓜"。

除了用于普通肉搏外，就如《史记》记载的两个故事一样，锤还可以用于投掷，因

▲ 《却坐图》中持骨朵的武士

▲ 陈国公主墓壁画——持骨朵武士图

▲ 库伦1号辽墓壁画——持骨朵武士图

▲ 辽庆陵壁画——持骨朵武士图

▲ 明代流星锤

此也派生出一个变型。这种锤形状呈球形或方体，与骨朵大同小异，但没有装木柄的鎏孔，而在球体的顶端或方体的一侧铸有半环形钮。通过环钮系上绳索，投掷击杀敌人，时人形象地称之为"流星锤"，也叫作"飞锤"。流星锤一般多作暗器使用，对于战国时代只能掷出无法收回的缺点，也通过增加绳索进行改进。明天启年间茅元仪编纂的《武备志·军资乘·器械三》中记载了其使用方法："锤有二，前者为之正锤，后面手中提者为之救命锤。"意思是使用时，前面的锤用于击敌，后面的锤则用于防备。前一击不中，便用后面的锤以防不测。这种流星锤在先秦的鄂尔多斯草原牧猎兵器中也可以见到，有的呈球形，外面突出乳丁，有的作多面体，还有的呈秤砣状。不论其形状如何，都有一个共同的特点，就是有一个鼻钮。它们既可以穿上绳索作流星锤使用，还可系短索，索上之后再接短柄，作链锤使用，若甩动起来，其击打力度比普通骨朵更

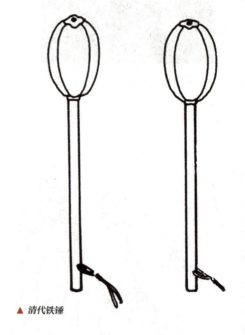

▲ 清代铁锤

强。元朝的蒙古骑兵也使用这种链锤，锤的形状多呈六角形。而在明代火器普及后，锤的作用和大多数的打击兵器一样日渐式微，尽管清代仍有使用，但多是充作表演或者礼仪所用了。

鞭、锏

鞭与锏的发展及联系

　　相较于前文，本篇所写的鞭与锏可以说是兵器史上的小辈。无论是刀剑、斧钺还是戈戟或者钩锤，其历史基本都可以追溯至上古，至少也可以追溯到夏商周三代末期。鞭与锏则不同，在上古时代的兵器中并没有它们的原型，甚至在上古时期，"鞭"、"锏"两字也并不是专指兵器。如"鞭"，其本意指的是皮质的鞭子，《左传·宣公十五年》中有"虽鞭之长，不及马腹"之语。而"锏"则是指当时车轴上的铁条，作用是减少轴与

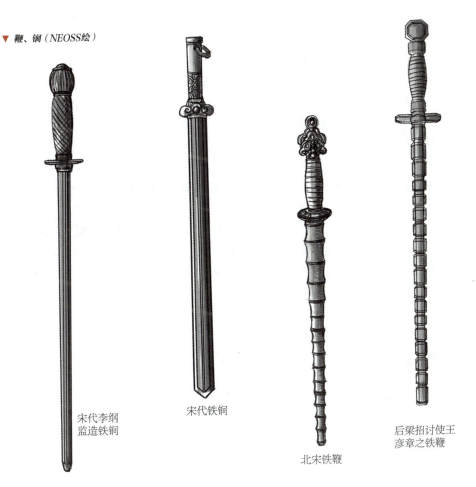

▼ 鞭、锏（NEOSS绘）

宋代李纲监造铁锏

宋代铁锏

北宋铁鞭

后梁招讨使王彦章之铁鞭

毂之间的摩擦。《吴子·治兵》中有"膏锏有余，则车轻人"之语。可见在当时，"鞭"、"锏"这两种名称并非专指武器。

就两种兵器而言，我们现在所谓的"鞭"其实算作硬鞭，与之相对的也有皮质马鞭衍生而来的长鞭，但本文不做讨论。铁鞭的来历，笔者认为最早发源于鞭笞刑具中的"笞"而非"鞭"，所谓笞，便是竹条或者荆条。现代我们看到的流传下来的铁鞭形如竹节，便是因此而来。

现知有关鞭的最早记录源自五代，据《新五代史·安重荣传》记载，五代时后晋的将领安重荣曾制大铁鞭，他诡称那大铁鞭有神，指人，人辄死，当时人称"铁鞭郎君"。有记载的五代铁鞭，见于清代冯云鹏、冯云鹓两兄弟所著的《金石索》。其中载有一幅五代后梁招讨使王彦章所使铁鞭的图像，并标注此鞭长汉尺六尺二寸（约140厘米），重清秤十五斤（约9公斤），凡十九节，每节以铜条束之，柄饰木而束以铜，柄端如锤，四面环列"赤心报国"四字，字色绿，似融铜铸就。因此这柄铁鞭亦名"赤心报国鞭"。此鞭旧时收在汶上西门外梁王太师庙中，清道光时，移贮汶上县库中。[1]王彦章武勇流

传后世，甚至《水浒传》中的好汉也拿铁鞭作为衡量武勇的标准。

同时，"鞭"这个字在唐代词义曾发生过变化，原本指的竹竿或者竹条被称作了"笞"，但是"鞭"在唐代末期也开始指代竹子，如唐代末期诗人张蠙所作《新竹》诗中言："新鞭暗入庭，初长两三茎。不是他山少，无如此地生。垂梢丛上出，柔叶箨间成。何用高唐峡，风枝扫月明。"可见当时已经将竹子的枝节称为鞭，并以此指代竹子本身。

鞭的形制较为复杂，一般分多节，《武经总要》中绘有十三节，同时尖端若锥，可以突刺。笔者认为铁鞭的形制就是参考了当时用作刑具或者马具的竹鞭而得名，铁鞭早期其实多作为威慑之物，后期才逐渐用于战阵。到北宋，关于鞭的记载多了起来，并在《武经总要》中留下了相关记录，且绘有图像。

锏是从鞭的基础上发展而来的。就如前文所说，锏最初指的是保护车轴和轮辐的铁条。锏同样在《武经总要》中留下了相关记录，并绘有图像。锏呈长条形，有四棱，无刃，上端略小，下端有柄，与鞭截然不同。宋代官造铁锏，现代亦有传世。

▲ 五代后梁招讨使王彦章所用的"赤心报国鞭"

---

① 《中国兵器史稿》图版五十九。

1985 年 6 月 29 日，福建省博物馆收到收藏家林忠干捐献的一把铁锏，系北宋尚书右丞、抗金名将李纲监造，制作精良。此锏身长 94.2 厘米，柄长 20.1 厘米，重 3.6 公斤，棱身前细后粗，长 74.1 厘米。锏柄呈瓜锤状，茎套花梨木，近首处穿孔，以便系索悬挂于腰间。锏柄与棱之间横隔四瓣状格板，直径 7 厘米，厚 0.4 厘米。棱身靠近格板处，阴刻篆文"靖康元年李纲制"七字，字体镶嵌金饰，至今清晰可辨。

需要说明的是，鞭、锏形制均无定制，可视使用人体能、用途而改变，因此并非制式的军队武装，而是个人配备的兵器。《武经总要》记载："铁鞭、铁锏二色，鞭，其形大小长短，随人力所胜用之。有人作四棱者，谓之铁锏，谓方棱似形，皆鞭类也。"明《武备志》亦同。清《兵仗记》中载："与剑相类者为铁锏，无刃起四棱，言方棱似也；有与为类者为铁鞭，纯铁为之，状如竹根节

▲ 李纲监造铁锏之锏柄

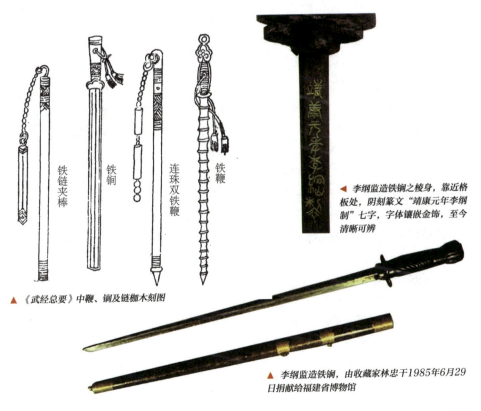

铁链夹棒　铁锏　连珠双铁鞭　铁鞭

▲《武经总要》中鞭、锏及链枷木刻图

▲ 李纲监造铁锏之棱身，靠近格板处，阴刻篆文"靖康元年李纲制"七字，字体镶嵌金饰，至今清晰可辨

▲ 李纲监造铁锏，由收藏家林忠干于1985年6月29日捐献给福建省博物馆

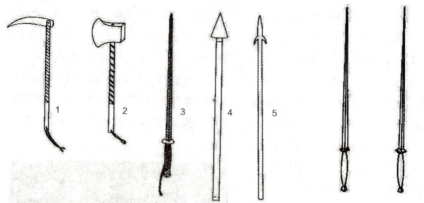

▲ 《清会典图·武备》中所绘铁鞭及杂兵器。1. 铁镰；2. 铁斧；3. 铁鞭；4. 犁头镖；5. 铁斗镖　　　　　　　▲ 《清会典图·武备》中所绘双铜

也。鞭、铜大小长短，各随力所胜用之。"

　　鞭、铜，步骑兵均可使用，是非常灵活的打击武器。不仅宋朝军队装备，西夏、辽朝及金朝军队也都使用。明清继承了宋代鞭、铜的形制，《清会典图·武备》中便绘有锐健营所用的铁鞭，长约 74 厘米。还有绿营所用双铜，形似剑，前有尖锐，长约 86 厘米，各重仅 0.82 公斤。可见鞭、铜在形制和重量上十分灵活，是对士兵尤其是骑兵卫体兵器的极好补充。宋代骑兵或将领上阵，一般多喜欢在马上携带数种兵器，以防损坏和丢失。同时这两种武器也算得上是我国特有的骑兵武器，因为西方骑兵的钝击兵器多用战锤，而非这种类似于剑的打击类兵器。

鞭与铜的使用

　　在宋代，军中善使鞭、铜的武将不少。《宋史》卷二七四《王继勋传》载："在军阵中，常用铁鞭、铁槊、铁挝，军中目为'王三铁'。"《宋史》卷三二五《刘平传（附王珪）》中

说王珪："少拳勇，善骑射，能用铁杵、铁鞭。"王珪在北宋康定元年（公元 1040 年）与西夏军在师子堡作战时，被敌兵左右夹击，其左手执杵，右手持鞭，所向披靡。次年他战死于好水川大战，战事激烈到甚至使其"铁鞭挠曲"。《宋史》卷二七九《呼延赞传》又道："雍熙四年，加马步军副都军头。尝献阵图、兵要及树营砦之策，求领边任。召见，令之作武艺。赞具装执鞬驰骑，挥铁鞭、枣槊，旋绕廷中数四，又引其四子必兴、必改、必求、必显以人，迭舞剑盘槊。赐白金数百两及四子衣带。"《宋史》卷二九零《狄青传（附张玉）》记载张玉于北宋康定元年，在延州清涧、招安砦等地与西夏骑兵交战，"单持铁简出斗，取其首及马，军中因号曰'张铁简'"。《宋史》卷三二五《任福传（附桑怿传）》记载，任福在好水川大战中"挥四刃铁简，挺身决斗，枪中左颊，绝其喉而死"。另有开封雍丘人桑怿，"勇力过人，善用剑及铁简"，北宋宝元元年（公元 1038 年）任"泾原路屯镇戎军"，最后与任福一

起在好水川战死。

除了宋军外，《宋史》卷三二五《刘平传（附王珪）》还记载北宋宝元元年，宋将环庆路马步军副总管刘平在延州同西夏军交战，西夏军将领"举鞭挥骑，自山四出合击"。最后刘平被俘，可见西夏骑兵中也多有使用铁鞭者。《金史》卷八六《乌延查剌传》中记载，金正隆六年（公元 1161 年）乌延查剌在信州同契丹人作战时，"左右手持两大铁简，简重数十斤，人号为'铁简万户'"。契丹军大败，乌延查剌率部追击，"以铁简左右挥击之，无不僵仆"。

鞭、铜在战场上多用于骑兵，因骑兵能利用战马的速度提升打击效能。明代火器开始普及后，鞭、铜也逐渐失去了其价值。不过在现代武术中，鞭、铜仍占有一席之地。

铜有单、双之分，通常情况练双铜者居多。而铜的击法有上磨、下扫、中截、直劈、侧撩、绞压等二十四法。招数有"横三竖四"，分蹦、砸、滚、挑、戳、架、挂等。鞭与铜使法相似，主要以挡、摔、点、截、扫、盘、板、戳、拦、撩、拨，以及绞压等为主。它要求演习者在身法上转折圆活，刚柔合度，步伐轻捷奋迅，与手法紧密配合。但是这已经不是古代战场上骑兵的使用方法，而仅仅是一种表演。

鞭、铜对于骑兵的价值，在于在盔甲得

▲ 宋代武士复原图，摘自《中国古代军戎服饰》　　▲ 辽代武士复原图，摘自《中国古代军戎服饰》

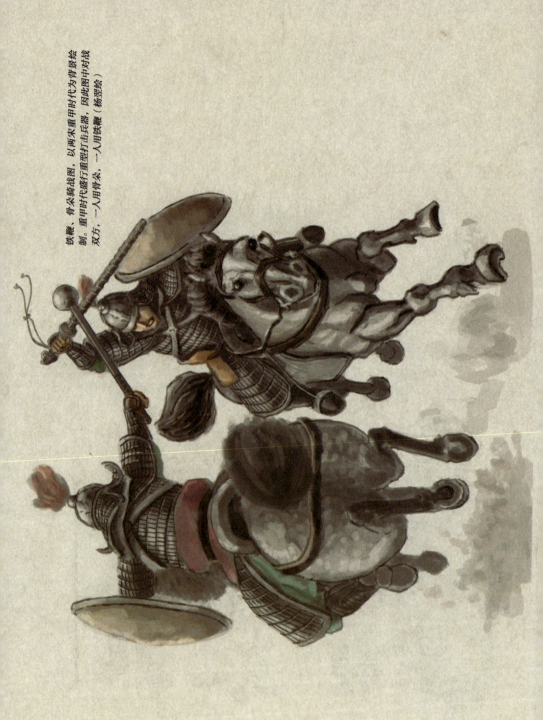

铁鞭、骨朵骑战图，以两宋重甲时代为背景绘制。重甲时代盛行重型打击兵器，因此图中对战双方，一人用骨朵、一人用铁鞭（杨翌绘）

148

到发展的同时，尽可能地在长时间的作战中减少对武器的损耗，并能够对敌人造成有效的伤害。鞭、锏尽管不是军队的制式装备，但是它们的出现标志着短兵已经到了另一个变革的关口。因为盔甲的进步，刀剑等旧时代的冷兵器已经跟不上战场需求，打击类兵器开始成为主流。相对于沉重的骨朵、大斧等兵器，灵活多变的鞭、锏其实更适合士兵进行攻守作战。但是热武器的发明打断了这一进程，我们也无缘见到鞭、锏如刀剑一般用上数百年的时间达到自己的巅峰，而只能看着其如流星一般划过，一瞬即逝，最终湮没于历史的洪流之中消失不见，这可能便是冷兵器无法逃避的命运吧。

附：唐代刀制纵谈

隋唐武器的发展背景

在讨论隋唐刀制之前，有必要对这一时期的钢铁、兵器发展情况及相关技术进行深入了解。

隋唐两代，上接两汉与魏晋南北朝，下启五代十国及两宋，是中国历史上极其重要的一个时期。公元 220 年，在"黄巾起义"的冲击下，四分五裂的汉王朝终于在三国乱世中颓然倒下。而在它的残躯上建立起的西晋，仅仅安定了三十余年便因"八王之乱"，导致大乱世再次降临中原，北方由此进入"五胡十六国"时期。此后直到北周大定元年（公元 581 年）二月，周静帝禅让帝位于杨坚，隋朝才总算登上了历史舞台。公元 589 年，随着隋文帝杨坚南下灭陈，近三百年的战乱终于被终结，中国重新进入大一统时期。

战争毁灭文明，但同时却也是文明的催化剂。数百年的战乱不但没有毁灭自两汉以来的钢铁冶炼及锻造技术，反而进一步推动了其发展。

两汉及魏晋南北朝时期的钢铁技术

我国古代钢铁冶炼及锻造技术前文已粗略介绍过。两汉时，炒钢法早已成为主流，即将生铁加热到完全熔化或半熔化时，不断在熔池中进行搅拌（即所谓"炒"），借助空气中的氧将生铁中的碳加以氧化，从而得到钢或熟铁。不过，受客观条件限制，当时

的匠人获得合格的炒钢（即有控制地将生铁沙炒炼到合适的含碳量）相对困难，通常获得的是熟铁和近似熟铁的低碳钢（即不加控制地"一炒到底"，含碳量极低）。而这种半成品材料依然需要反复锻造，才能成为制造兵器的合格材料。汉末武器及铠甲材料的典型工艺，便是在此基础上形成的，即折叠锻打钢材 5 ~ 10 次，正如诸葛亮在《作刚铠教》中所言："敕作部皆作五折刚铠、十折矛以给之。"在此情形下，成本更高、技术更先进的百炼钢技术衍生而出。这种锤炼折叠数十次、上百次的优质刀剑材料，其强度和韧性自然不是普通的 5 ~ 10 次折叠锻打钢材所能比拟的。汉代人把钢铁折叠锻打称为"辟涑攵"，而"涑攵"一般简写为"涑"，"五十涑"便是这么来的。在东汉至三国时期，时人又将此工艺称为"百辟"或"百炼"。每折叠锻打一次称为一"辟"，或一"炼"，数十次甚至上百次则称为"百辟"或"百炼"。而以此法产出的钢铁即所谓的"传统花纹钢"。曹植所作《宝刀赋》中便有"垂华纷之葳蕤，流翠采之滉瀁"之语，曹丕在《论典》中则用"文似灵龟"、"采似丹霞"来形容所造百辟宝刀，"光似坚水冰"、"耀似朝日"、"状似龙文"来形容所造匕首。西晋裴景声所著《文身刀铭》曰："良金百炼，名工巧展，宝刀即成，穷理妙尽，文繁波回，流光电照。"以上诸多形容宝刀名剑的诗词，足以说明这种传统花纹钢的成本之高和性能之先进。

进入魏晋南北朝后，钢铁技术得到了进一步发展和加强，具体表现在六个方面：第一，炼钢技术得到进一步完善；第二，复合钢铁兵器技术有所发展；第三，淬火技术有了提高；第四，极品刀剑及铸剑名家辈出；第五，兵器生产技术及质量不断提高；第六，知识分子直接参与铁器的锻造。

具体来说，这一时期的工匠不仅进一步完善了汉代的炒钢法，还在此基础上摸索出了灌钢法。灌钢法又称"团钢法"，即将生铁和熟铁混合炼钢。由于生铁熔点比熟铁要低，故两者混合在一起加热时，生铁先熔化，灌入熟铁之中，使熟铁渗碳。如此再经锻打，挤出杂质，使其质地均匀，就能成为质量较好的钢材。灌钢法的渗碳效率高于单纯依靠锻打熟铁渗碳的传统方法。率先用"灌"字描写冶铁的文字资料出自建安七子之一的王粲，他在《刀铭》中写道："灌辟以数，质象以呈。"其次则是西晋张协所作的《七命》："乃炼乃铄，万辟千灌。"由于灌钢法是在炒钢法的基础上进化而来，其所出钢材质量自然高于炒钢法。又由于灌钢法利用液态生铁使熟铁渗碳，而熟铁并不熔化，因此还是免不了需要反复煅打来去除杂质，这与传统的热锻成钢法并没有本质上的区别，是一脉相承。因此如果想获得高品质的精钢，仍需增加折叠锻打的次数，这在古代的物质和技术条件下是没有任何捷径的。虽然灌钢法的形成不晚于南北朝，但是"灌钢"、"团钢"等名词的出现却要晚得多，首次出现是在北

宋沈括的《梦溪笔谈》。

而在同一时期，因丝绸之路的开通，中亚、西亚的乌茨钢、大马士革钢开始输入中国，并被先民称为"镔铁"，亦作"宾铁"、"斌铁"。关于其产地，文献中有多种说法：其一，"波斯（今伊朗）说"，见于北齐《魏书·西域列传》、唐《周书·异域列传》、唐《隋书·波斯传》；其二，"罽宾（今克什米尔）说"，见于唐《一切经音义》、宋《太平寰宇记》；其三，"西番①说"，见于明《格古要论》、明《本草纲目》。而以上文献对镔铁的特征描述基本一致：质地精良，制品表面呈现花纹。虽然镔铁传入我国时间较早，但先民却一直未能掌握其生产技术，因此从汉代到唐朝，镔铁武器的价格远超一般武器。根据日本大谷考古队在新疆吐鲁番发现的《唐天宝二年交河郡市估案》的记载，普通钢和镔铁的价格为："钢一两，上直钱九文，次……""镔一两，上直钱三十七文，次……"可见两种原料价格悬殊之大。由于地利之便，中国西北地区的少数民族先于朝廷掌握了镔铁的生产技术，开启了唐代内地大规模使用"大食刀"及镔铁武器的时代。此后辽、金两朝同样炼制镔铁，契丹一族甚至本就以打铁出名。直到元代，朝廷在工部的"诸色人匠总管府"下设置"镔铁局"，才将镔铁的生产技术正式引入中原地区。

在复合钢铁的兵器制作技术上，早在汉代便有了成熟的"贴钢法"，即以熟铁为主制成兵器基体后，再沿其刃部贴上一条含碳

---

① 大致相当于汉代时的"西域"，包括今中国新疆和中亚、西亚一带。

量较高的硬钢，经加热锤锻，使两者结合牢固，直至成为一体。这样造出来的兵器既有坚硬耐磨的钢刃，又有韧性良好的基体。到了东汉初期，少数民族也掌握了这种技巧。在此基础之上，南北朝时期出现了更为先进的"夹钢法"，即将硬钢刃条嵌入熟铁基体内部，使两者结合得更为紧密牢固。具体做法是，将熟铁基本锻成后，烧至通红，然后用利斧等工具将熟铁基体刃部劈开，将硬刚刃条嵌入，再经加热锻合。此法相对贴钢法，钢刃与熟铁基体的结合更为牢固。北齐刀剑大家綦毋怀文造宿铁刀，便是以宿铁（灌钢）为刃，低碳柔铁（熟铁）为身，造成后来所谓的"嵌钢"刀。而这种钢、铁复合结构的技法被我国及周边各国使用了很长时间，可以说贯穿了整个隋唐时期。1974年江苏丹徒出土的南宋"咸淳六年（公元1270年）铁刀"是现存最早的有明确出处的夹钢刀，而这把铁刀仅仅是一把最普通、装备基层士兵的战刀，说明当时这种夹钢武器已经相当普遍。

再说淬火技术，我国早在春秋战国时期便已经发明并使用了，当时称之为"焠"。《说文解字》载："焠，坚刀刃也。"自汉代起，又出现了局部（刃部）渗碳淬火、背部维持低碳状态，从而获得同一武器上不同部位呈现不同金属特性的技术。古代常用的冷却剂是清水（日本刀直到现代依然坚持清水淬火），通过经验的累计，到三国时期，先民们开始发现，不同的水质淬火效果也不同。三国蜀汉的著名刀剑师蒲元精通此道，曾为诸葛亮打造过大量武器的他说："汉水纯弱，不任淬用，蜀江（岷江）爽烈。"为此，他命人去蜀江采水，但取水人为了偷懒

而在蜀江水中掺杂了涪江水企图蒙混过关，蒲元试淬后立刻就揭穿了其谎言。此外，晋《太康地记》记载："汝南西平有龙泉水，可以淬刀剑，特坚利。"至南北朝，北齐刀剑大家綦毋怀文再次创造性地使用了特殊的冷却剂，其所造宿铁刀"浴以五牲之溺，淬以五牲之脂"。由于牲畜的尿液中含有盐分，冷却速度比水淬快，刀剑可以得到比水淬更高的硬度；而用动物油脂做冷却剂，冷却速度比水淬慢，可以得到比水淬更强的韧度，并减少淬火过程中的变形和开裂。经过如此淬火的宿铁刀极为刚硬锋利，能"斩甲过三十札"。

魏晋南北朝时期因杀戮惨烈，各个政权内外压力都很大，于是，上位者为维护统治往往不计成本，命匠师为自己打造极品刀剑。这些刀剑通常在"百炼钢"的基础上精益求精，达到前所未有的锋利指标。其中，较为出名的有"魏文三宝剑"、"魏文三宝刀"及"魏文三匕首"，蒲元的"神刀"，赫连勃勃的"龙雀刀"，綦毋怀文的"宿铁刀"，刘僧用乌兹钢做的"刘僧钹"等。"刘僧钹"与"千牛刀"并称，名声很大。当时很流行麦芒试刃，"欲试刃之利钝，取中形芒数枚急束以一发，悬其抄、系于杖头，令一人执之，乃以剑一斫，芒断而发犹连。计芒多少为优劣"。由于麦芒质轻，悬于空中，无所凭借，必须极锋利的刀剑，才能凭空截断，而芒上密生小刺，一斩不断，必致悬芒的发丝受牵带断绝。《太平御览》称："刘僧钹、千牛刀，皆旧斫十三芒。又有一百炼刚刀，斫十二芒。国中唯称此为绝。"这些名载于史的极品刀剑数量虽少，却强烈地刺激了兵器生产技术

的提高，进而催生出许多著名刀剑家：三国曹魏的阮师、苏家及蜀汉的蒲元，晋代的刘憎，南朝齐梁的谢平、黄文庆，北齐的綦毋怀文等。

而生产技术提升的显著效果之一，便是兵器质量的普遍提高。蜀汉蒲元曾为刘备锻"神刀"5万口（一说5000口），其刀坚固，锋利异常，《太平御览》卷三四五引《蒲元传》称："刀成，以竹筒密纳铁珠满其中，取刀断之，应手虚落，若薙生刍（如同割生草一样快捷）。故称为绝技，誉为'神刀'。"蒲元所造的并非如"魏文三宝刀"一般，是为统治者私人定制的高端武器，而是用来大批量生产、装备基层官兵的。那么没有高效率的生产技术，这一生产任务是不可能完成的。因此其刀柄中"七十二炼"的铭文，未必意味着反复折叠、锻打72遍，而很可能蕴涵着一系列高效率、低成本的特殊技术。比如，前文提到的"百炼钢"，我们知道，钢材锤炼折叠数十次、上百次称为"百炼"，但自南北朝以降，"百炼钢"折叠、锻打的频率不再一致，而是加热锻打数次才折叠一次，但其总的折叠次数仍是相当多的。与前期相比，后期百炼钢的锻造省去了若干次不必要的折叠工序，效率有所提高；但实质并无改变，基本原料始终是炒钢或者熟铁，反复加热折叠锻打的作用机理也是一致的。

而同一时期，最为基础的单层折叠锻造法，即单一铁料呈横向或纵向反复折叠锻打，也进化为多层折叠锻造法，即选用多块材料叠在一起然后锻打，各层材料可以是单一成分的，也可以是不同成分的。锻打时，首先将原料叠在一起，反复加热锻打，使各层材

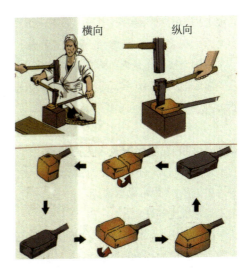

▲ 单一铁料横向及纵向折叠锻打流程

料充分黏合形成整体，然后进行正常的折叠锻打。1978年江苏徐州出土的"建初二年五十炼钢剑"，很可能就是以多层含碳量不同的钢材折叠锻打而成。而这种技术不仅节省了钢料，还能够缩减质量较高的刀剑的成本问题。

因此，随着以上技术的应用，在南北朝时期，质量不亚于帝王将相的宝剑、宝刀的量产型刀剑被大量应用于军中，呈现出优质武器生产效率提高、成本下降的趋势。

最后，由于战乱频生，不少具有文化基础的知识分子也投身于匠作，并发明了极多的先进技术。例如前文提到的北齐刀剑大家綦毋怀文，他在北齐高祖高欢麾下任职，曾官至信州刺史，这在后来将工匠视为贱役的朝代中，是不可想象的。而更为著名的则是"竹林七贤"之一的嵇康，他甚至以"好锻"而载于史书。《晋书·卷四十九》载："初，

（嵇）康居贫，尝与向秀（七贤中另外一位）共锻于大树之下，以自赡给。"可见嵇康、向秀的锻造技术还是相当不错的，甚至超过了一般职业铁匠的水平，能够通过这项技能很好地养活自己。

魏晋刀制的发展情况及古人刀论

频繁的战争、不断改变的战术以及钢铁技术的进步，不断推动着魏晋以来刀在应用、制造和标准上的进步。

这一时期，长剑尽管仍有制造，但早已脱离战场，成为身份的象征，其中最具代表性的便是班剑。班剑是一种以仪仗、护卫为主要职能的剑，通常是朝廷连人带剑拨给高级官僚、勋贵，以显示其排场和威仪，并保护他们的人身、府第安全。据《晋书》卷二十四《志第十四·职官》记载："诸公及开府位从公者，品秩第一。食奉日五斛……给武贲二十人，持班剑。"

东汉末期及三国时代，环首刀是战场上毫无疑问的统治者。由于冶铁技术的进步以及骑兵的使用需求，步骑兵的环首刀均较西汉时期有了明显改变。其显著特征便是长度的增加，西汉时期环首刀根据现有出土文物，普遍长度不超过90厘米。早在东汉中前期，环首刀就有了越变越长的趋势，到了东汉末年及三国时代，这种趋势发展到了极致，根据现有出土文物，这一时期的环首刀长度大部分超过100厘米，部分甚至超过了120厘米。如1981年四川忠县（今属重庆）涂井镇

西南卧马凼山出土的9件蜀汉环首直刀，通长101～124厘米。1994年湖北大冶河口镇砖瓦厂出土的六朝环首直刀，通长122.4厘米，时代为孙吴至西晋时期。另有魏文帝曹丕为太子时命人制造的"魏文三宝刀"，据记载它们分别被命名为"灵宝"、"含章"、"素质"，长度分别达到了四尺三寸六分（约106厘米）、四尺四寸三分（约107厘米）、四尺三寸（约104厘米），重量依次为三斤六两（约743克）、三斤十两（约798克）、二斤九两（约546克），可见其又长又薄。[①]

到了西晋末期及南北朝时期，则能明显地发现北朝出土的环首直刀开始有了变短的趋势。如1998年辽宁北票八家子乡喇嘛洞墓地出土的4件前燕铁刀，其中标本M49：16规格较大，通长78.7厘米，中宽3.6厘米，背厚0.6厘米，环径4.5～6.9厘米；标本M209：12的规格则较小，通长57.5厘米，中宽2.7厘米，背厚0.5厘米，环径3～4.8厘米。

另有十六国时期凶名赫赫的大夏国主赫连勃勃所造之"龙雀刀"。《晋书·赫连勃勃传》载，公元413年，赫连勃勃以残暴无比的叱干阿利为将作大匠，负责监造统万城，其在检验城墙坚固时命士兵以锥子刺墙面，刺入则杀工匠，不能刺入则杀士兵。叱干阿利的残酷在兵器制造上也表现得如出一辙，"又造五兵之器，精锐尤甚。即成呈之，工匠必有死者：射甲不入即斩弓人；如其入也，便斩铠匠。又造百炼钢刀，为龙雀大环，号曰'大

---

① 此数据出自沈融所著的《中国古兵器集成》，上海辞书出版社出版。

夏龙雀'，铭其背曰：'古之利器，吴楚湛卢。大夏龙雀，名冠神都。可以怀远，可以柔迩。如风靡草，威服九区。'世甚珍之"。南朝陶弘景在《古今刀剑录》中补充了一些关于龙雀刀件数、形制、规格、流传等方面的内容："夏州赫连勃勃以龙升二年（公元414年）造五口刀，背刃有龙雀环，兼金镂作一龙形，长三尺九寸（约94厘米）……宋王刘裕破长安得此刀，后人于梁。"此后在北宋仁宗年间，宋将种世衡筑青涧城，有人掘地得古铁刀献给官府，此刀"制作极巧，下为大环，以缠龙为之，其首鸟形（即环首做成缠龙形状，而龙首像鸟类头部）"。时任永兴军的刘敞鉴定曰："此赫连勃勃所铸龙雀刀，所谓大夏龙雀者也，鸟首盖雀云。"而青涧城正好位于当年大夏国的疆域内，但可惜此刀只有文字记载，并无图形及实物流传。

此外，1983年宁夏固原南郊乡深沟村北周李贤夫妇墓出土的北周漆鞘环首刀，所表现出的变短趋势则更为明显。它是目前发掘的北朝墓中出土的唯一一把完整铁刀，现存于宁夏固原博物馆，其标本编号为10。此刀刀身狭长，呈直条形，单面刃，以极小角度向前斜收。茎部亦呈直条形，包银，茎末置椭圆形环首。出土时刀身插在鞘内，已锈蚀不能拔出。刀鞘木质，外表涂褐色漆，鞘上装有"P"字形双附耳，一在鞘口，一在鞘中，均为银质。鞘下部包银，鞘末套有铜质刀珌。该刀连鞘通长86厘米。此墓葬形成年代为北周天和四年（公元569年），距离隋朝建立仅仅只有12年而已。由此可以看出，沿袭北周样式的隋唐刀制，必将根据其变迁趋势，发展出较短的实战佩刀来。

这种情况的产生，笔者认为主要在于北朝多以骑兵作战。这个时候的甲胄较东汉末期有了长足的发展，两裆铠乃至明光铠均已开始大规模装备军队，以往举大戟长刀的骑兵越来越多地被人马具装的重型长槊骑兵所取代。指望步兵通过大型长刀对重装骑兵造成有效伤害，越来越不可行。而且较长的环首刀对于需要灵活机动的重甲骑兵而言，不易在马上使用，因此较短的佩刀样式便又开始流行起来。

此外，在南北朝末期，双附耳佩带法也开始深远影响中原武器的佩带方式。当然，这种佩带法在我国并非没有出现过，1985年内蒙古宁城小黑石沟夏家店上层文化遗址（约公元前1000年~公元前300年）出土过一具带双附耳的铜刀鞘。然而这种昙花一现的超前形制并未给中国古刀剑的佩带法带来什么飞跃式的进步。在我国古代，璏式佩剑法，也就是"负剑"式佩剑法一直从东周

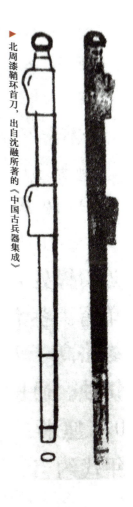

北周漆鞘环首刀，出自沈融所著的《中国古兵器集成》

流行到魏晋时代，期间没有太多改变，并通过西域推广到了北亚、西亚、南欧等地区。在波斯阿契美尼亚王朝（公元前558年～公元前330年）统治期间，当地出现了单附耳佩带法，即在鞘口斜出一耳，贯索悬挂在腰带上。由于只有一个支点，活动时佩剑依然会摇晃，动作越剧烈摇晃程度也就越大。短剑这样佩带还可以使用，故斯泰基短剑接受了此法，并通过草原游牧民族流传较广，甚至在五代十国时期的契丹画家胡瓌所作的《出猎图》中，打猎之人还用这种方法佩带随身武器。而百济甚至在公元6世纪初，仍使用这种方式佩带武器。较为公认的双附耳佩带法，出现于波斯萨珊王朝（公元226年～公元651年）中晚期，属于单附耳佩带

法的继承发展。此法约于6世纪传入中国，首先使用的是雄霸草原的柔然民族（即后来的阿瓦尔人），此后通过交战被东、西魏政权所掌握，并进一步被北齐及北周政权所继承，最终在隋唐时代绽放光彩。前面提到的北周李贤墓出土的漆鞘环首刀，就是国内最早的带双附耳刀鞘的长刀实物。

此外，不同于北方流行重装骑兵及与草原民族连番征战而形成的佩刀样式，南朝武器开始向类似后世步兵佩刀的去首直刃式发展。前文提到的江苏镇江桃花坞1号东晋晚期墓出土的那把有圆銎的异形东晋铁刀，长度仅有46.5厘米，是后来体系繁杂的长柄刀的前身。南方武器走上了与北方武器不同的发展方向，并进一步在隋唐之后，极大地

▲ 胡瓌的《出猎图》，现藏于台北故宫博物院

◄ 1985年内蒙古宁城小黑石河出土的双耳刀鞘，通长26.3厘米。此为中国历史早期双附耳佩带法实物证据，但仅有此孤例，此后并未流行

◄ 百济鬼面文三累环头大刀（公元6世纪～公元7世纪），可见此时的古朝鲜人还在使用典型的单附耳佩带法

◄ 百济鬼面文三累环头大刀的环首特写，其刀柄已不再使用银丝缠绕，而是改为表面有纹路的精美金属外壳为主，既美观大方，同时又兼顾使用的便利程度、刀柄的坚固程度，并增加了持握所需的摩擦力。此种装柄方式，当为唐横刀主要的装柄方式

影响了五代及宋朝的武器样式。沈融先生所著的《中国古兵器集成》认为，此种长柄刀即古之所谓"长刀"，并称魏文帝曹丕所造的百辟露陌刀即此种有鍱铁刀，为后来唐代陌刀之始祖。

不过，笔者并不这样认为。首先，所谓"长刀"并非仅仅专指长柄铁刀，此项解释，笔者已在前文针对陌刀的论证中有详细说明。其次，沈融先生之所以认为魏文帝曹丕所造的百辟露陌刀为长柄铁刀，在于其与众不同的形制，并在专门介绍的文章中，特意将此刀放在"魏文三宝刀"之外进行描述。在其看来，"露"是指刀身暴露在外，没有刀鞘，而在当时，钢铁战刀通常是带鞘的；加上唐军所装备的陌刀，多数旧论认为其为长柄刀，而大多数长柄刀是不带刀鞘的，因此两者具有相似性和关联性。笔者认为这种说法依然失之公允，其一，魏晋时期的钢刀未必一定带有刀鞘，尤其是步兵所持用于战斗的长刀，

如前文展现的河北邓州市出土的南朝画像砖上，走在官员前面的士卒卫士，便不是将长刀入鞘佩在腰间，而是将出鞘的钢刀扛在肩上以便随时能够战斗。其二，"百辟露陌刀"长三尺两寸（约77厘米），重二斤二两（约468克），长度虽明显小于"三宝刀"这种东汉晚期长刀的制式，但同样也不是如东晋有鍱铁刀一般，仅有46.5厘米。况且曹丕对其喜爱异常，并为其作《露陌刀铭》："于铄良刀，胡炼褰时，譬诸鳞角，廓斯任兹。不逢不若，永世宝持。利用卫身，以威弗治。"可见其主要作用是随身佩带用于自卫的，这不是长柄刀能够起到的作用。

魏晋时期除了刀剑之外，匕首也开始成为制式武器。但就如前文所言，匕首始终未能脱离卫体兵器的范畴，因此形制未曾统一，但它从未脱离过战场。《盐铁论》记载有："荆轲怀数年之谋，事不就者，以尺八匕首不足恃也。"可见汉代匕首的一般规格已达

到一尺八寸（约 41.6 厘米）。"魏文三匕首"的长度为 2.1 ～ 2.3 尺（约 48.5 ～ 54.1 厘米），并非我们现今推想的仅有十几厘米的短小武器。而考古实物也能起到很好的证明，1998 年辽宁北票市八家子乡喇嘛洞墓地出土的前燕铁匕首，通长 33 厘米，叶宽 3.7 厘米，脊厚 0.5 厘米。可见匕首尽管不是军队配发的武器，但却是战士随身必备的装备，因此在魏晋时期也得到了进一步的发展。

唐代刀制

在魏晋南北朝的基础上，隋唐的兵器锻造技术和形制有了新的变化。周纬先生在《中国兵器史》中总结道："唐代铁刀，想已有装长柄用为长兵者，或尚用铜为镖为环为饰，惜铁腐土中，殊鲜实物可示耳。""唐代短兵、刀剑并用，且有锤锏等杂兵出现。刀均铁制铜饰，剑与杂兵，则尚有完全铜制者。"尽管这个结论被日后考古证据证明略有失误，但大体仍是正确的，尤其是"刀均铁制铜饰"之论，不管是朝鲜半岛出土的相关文物，抑或是本土出土的文物，皆能证实。隋唐虽为我国钢铁武器全盛之时，却少有出土文物可以佐证，周纬先生亦感叹："两晋、五胡十六国，以至隋唐之世，其间铁兵早届全盛时期，各器必有可观，亦惜无藏器可资参考。资料缺乏原因，岂真铁兵均朽乎？实因其器无铭而不齿于金石之列，收藏家鄙弃弗录也。实物既感缺乏，载籍亦复寥寥，仅知晋代铁兵略如后汉，而短兵颇有新制而已。"其愤懑之意透纸而出，亦为我等中国古兵器爱好者之怨念矣。

因国内相关文物确属不足，接下来笔者只能参考周边国家所藏文物，结合相关史实，带领诸位一起领略绚烂的隋唐画卷。

隋唐沿袭北朝体制，长兵重枪与长槊，短兵则重刀，剑渐渐沦为贵族及将官配饰，又降为道家镇邪之器。（周纬《中国兵器史》）因此本质上，隋唐军队的主要格斗武器是长枪与长槊，几乎人手一支。而刀作为主要的卫体兵器，亦为全军制式装备。

《唐六典卫尉宗正寺·武库令》载，刀之制有四："一曰仪刀，二曰鄣刀，三曰横刀，四曰陌刀。"在这四种军用制式刀之外，另有弯刀通过西域流入中原，并被少量装备。那么下面，就让我们分别了解一下这些武器。

仪刀

仪刀是《唐六典》记述的第一种刀制，原注曰："今仪刀盖古班剑之类，晋、宋已来谓之御刀，后魏曰长刀，皆施龙凤环；至隋，谓之仪刀，装以金银，羽仪所执。"从名称及注文可知，仪刀便是前文提到过的"班剑"，也就是专门用于护卫高级官僚出行的仪仗用具。其本身并非用于战阵的武器，但仍可作为卫体兵器使用。国内学者有称其为木制，但结合史料可知，其必为钢铁武器。

隋唐以前，仪刀的前身班剑便已常见，在太原北齐娄睿墓（公元 570 年）甬道和天井东西两壁壁画的第三层，画的就是班剑仪卫图：西壁五人，东壁六人。西壁画面基本完整，能见全貌：队列相对疏散，高大魁梧的卫士双手扶班剑而立。画面中，剑的长度很长，剑镖拄地，剑首高达卫士胸部，推测不下 1.3 米。这些卫士除班剑以外，还携带

▲ 北齐娄睿墓壁画上的班剑仪卫图。可见实用班剑并没有华丽的配饰，且并不一定带有饰环。不同于唐代执刀仪卫，该班剑卫士除手执班剑外，亦佩有实战佩刀

▲ 唐长乐公主墓甬道东壁的甲胄仪卫图，此为领班将领。可见其所佩武器环首银装，但并不如一般仪刀双手持握，而仅仅如佩刀一般悬于腰间

▲ 唐长乐公主墓甬道东壁的甲胄仪卫图。可见领班将领与普通卫士的佩刀有所区别：虽均为环首银籍黑色刀鞘，但长短略有不同

有弓箭和佩刀，可见其并非只有仪仗功能，亦可进行战斗。

　　至唐代，所谓御刀及仪刀已经是专用于仪仗用途的礼器了，并与陌刀、横刀等野战武器明确区分，以至于需要专门制造。故有的学者认为，唐后期仪刀很可能已经不再有实战能力，甚至没有开刃以节约成本。学术界另有对仪刀的初步解读，认为仪刀仅为仪卫们做仪仗队时佩带的武器，并以《唐六典》中"皆施龙凤环"为证据，认为大多数唐代墓葬壁画中出现的仪卫所佩的长短刀均为仪刀。如此一来，就不应局限于长刀才为仪刀的传统观念，而应该先从佩带者的身份以及壁画背景来判断，并得出仪刀一定是环首刀

▲ 唐长乐公主墓第一天井东壁的仪卫图细节。可见其所持仪刀与魏晋时期不同，为椭圆形扁环，并仅有一人环内有蕨手形装饰

的结论。

仪刀是仪仗兵器不错，但并不是仪仗队的每位成员都能佩带，它对佩带者的职位是有一定要求的。《新唐书·卷二十三》载："唐制，天子居曰'衙'，行曰'驾'，皆有卫有严。"并用整整一卷的篇幅来讲述这两种制度的具体配置。其中，"居"篇中提到："每月以四十六人立内廊阁外，号曰'内仗'。以左右金吾将军当上，中郎将一人押之，有押官，有知队仗官。朝堂置左右引驾三卫六十人，以左右卫、三卫年长强直能纠劾者为之，分五番。有引驾佽飞六十六人，以佽飞、越骑、步射为之，分六番，每番皆有主帅一人。坐日引驾升殿，金吾大将军各一人押之，号曰'押引驾官'。中郎将、郎将各一人，检校引驾事。又有千牛仗，以千牛备身、备身左右为之。千牛备身冠进德冠、服袴褶；备身左右服如三卫。皆执御刀、弓箭，升殿列御座左右。"除此之外，其余仪卫并不执御刀，仅执普通刀剑。每逢元日、冬至大朝会、宴见蕃国使者等重要场合，仪仗的规模会更为宏大，但可以执仪刀的也仅有高级将领："左

右厢有主帅三十八人，平巾帻、绯裲裆、大口绔，执仪刀。厢有左右卫各三人，左右骁卫、左右武卫、左右威卫、左右领军卫各四人，以主受仗，被豹文袍、冒；领军卫、师子文袍。"而作为护卫的步甲队则没有这种荣誉："步甲队从左右厢各四十八，前后皆二十四。每队折冲都尉一人主之，被绣袍。每队一人，戎服大袍，带横刀，执旗；二人引，二人夹，皆戎服大袍，带弓箭、横刀。队别三十人，被甲、臂鞲、行縢、鞋袜。"此种装束基本与长乐公主墓壁画中的仪卫相同。

而在天子出行的"驾"篇中，仪刀的使用区分表现得更为明显。走在最前方负责清除游人、为出行队伍开道并在街边组成人墙的清游队便不带仪刀："次清游队。次左右金吾卫大将军各一人，带弓箭、横刀，检校龙旗以前硃雀等队，各二人持槊，骑夹。次左右金吾卫果毅都尉各一人，带弓箭、横刀，领夹道铁甲佽飞。次虞候佽飞四十八骑，平巾帻、绯裲裆、大口绔，带弓箭、横刀，夹道分左右，以属黄麾仗。次外铁甲佽飞二十四人，带弓箭、横刀，甲骑具装，分左右厢，皆六重，以属步甲队。"而在清贵大臣之后、御车驾前充当仪仗的"亲"、"勋"、"翊"三卫便只装备仪刀："次左右卫将军二人，分左右，领班剑、仪刀，各一人从。次班剑、仪刀，左右厢各十二行：第一左右卫亲卫各五十三人，第二左右卫亲卫各五十五人，第三左右卫勋卫各五十七人，第四左右卫勋卫各五十九人，各执金铜装班剑，繏硃绶纷；第五左右卫翊卫各六十一人，第六左右卫翊卫各六十三人，第七左右卫翊卫各六十五人，第八左右骁卫各六十七人，各执金铜装仪刀，

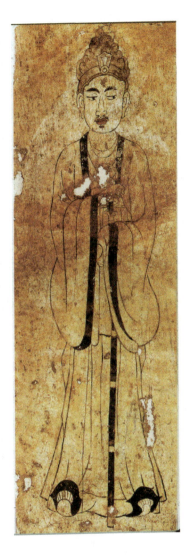

◀ 韦贵妃（公元597年～公元665年）墓中的门吏图，此门吏手中所持班剑并无环首，但有剑格

▶ 韦贵妃墓中的另一幅门吏图，此门吏手中所持的则为传统样式的环首仪刀

绿綟绶纷；第九左右武卫翊卫各六十九人，第十左右威卫翊卫各七十一人，第十一左右领军卫翊卫各七十三人，第十二左右金吾卫翊卫各七十五人，各执银装仪刀，紫黄绶纷。自第一行有曲折三人陪后门，每行加一人，至第十二行曲折十四人。"同时，在御驾左右厢贴身护卫的卫士，则为将领执仪刀，而卫士佩横刀，可见仪刀不仅有仪仗作用，同时也可以进行作战："次左右厢，诸卫中郎将主之，执班剑、仪刀，领亲、勋、翊卫。次左右卫郎将各一人，皆领散手翊卫三十人，佩横刀，骑，居副仗槊翊卫内。次左右骁卫郎将各一人，各领翊卫二十八人，甲骑具装，执副仗槊，居散手卫外。次左右卫供奉中郎

将，郎将四人，各领亲、勋、翊卫四十八人，带横刀，骑，分左右，居三卫仗内。"最后，在天子车驾周围贴身护卫的千牛备身等卫士，则"带横刀、执御刀"，全副武装："次玉路，驾六马，太仆卿驭之，驾士三十二人。凡五路，皆有副。驾士皆平巾帻、大口绔、衫从路色。玉路，服青衫。千牛卫将军一人陪乘，执金装长刀，左右卫大将军各一人骑夹，皆一人从，居供奉官后。次千牛卫将军一人，中郎将二人，皆一人从。次千牛备身、备身左右二人，骑，居玉路后，带横刀，执御刀、弓箭。次御马二，各一人驭。次左右监门校尉二人，骑，执银装仪刀，居后门内。"

由以上文字记载可以看出，唐代仪仗中，仪刀及横刀是混合装备的。并且，两者之间的区别表现得十分明显，执御刀及仪刀的均为驾前及贴身仪仗，而带横刀的则为负有实际护卫任务的卫士。可见，它们的用途并不一致。

同时，所谓"仪刀必有环首"之说，笔者认为也不准确。现有唐墓壁画中所持班剑及仪刀有环首者多集中于初唐。而在昭陵陪葬墓韦贵妃墓的壁画上，其门吏所持班剑、仪刀有环首者与无环首者皆有，并且班剑已有剑格，与前制不同。

而《唐会要·卷七十二》记载："开成元年正月敕：'坊市百姓，甚多着绯皂开后袄子，假托军司。自今以后，宜令禁断。'其年三月，皇城留守奏：'城内诸司卫，所管羽仪法物数内，有陌刀利器等。伏以臣所管地，俯近宫阙，兼有仓库，法驾羽仪，分投务繁，守捉人少。前件司卫，皆有刀枪防虞，所管将健，并无寸刃。其诸司卫所有陌刀利器等，伏请纳在军器使，如本司要立仗行事，请给仪刀，庶无他患。敕旨：'宜令送纳军器使，令别造仪刀等充替。'"开成元年为公元836年，已近晚唐，此时仪刀甚至需要专门制造以装备仪仗，可见早已不是实战用刀了。

此外，在仪刀的使用上，高句丽也沿袭了魏晋以来中原王朝的习惯。不过，根据朝鲜及我国东北出土的高句丽时期的墓葬壁画，可以看出，仪刀除传统的环首样式外，也会有别的样式存在。在盖马宫墓（即今吉林集安龙山高句丽古墓群）主室东壁有一幅高句丽高级军官出巡图，壁画中有楷书云："冢主着铠马之像。"描绘的是披有马铠的战马跟随在墓主人身后，而战马后面则又缀着三名执刀仪卫。这三名仪卫所执之刀远短

▲ 盖马宫墓主室东壁的"冢主着铠马之像"

▲ 高句丽墓葬中的持仪刀甲胄卫士图，
现藏于韩国国立中央博物馆

▲ 高句丽墓葬中的持仪刀侍从图，现藏
于韩国国立中央博物馆

于其他壁画中的仪刀长度，但装饰得非常华美，而且其环首与别的环首长刀样式不同，更类似鸟首，可视作所谓"龙凤双环"的前身。此外，该环首与刀鞘的颜色亦不相同，可见其材质必然是截然不同的。再者，从此壁画可以看出，仪刀也会因为墓主的身份，而有长短之别。

横刀

　　《唐六典》中记述的第二种刀制是横刀。原注曰："横刀，佩刀也，兵士所佩，名亦起于隋。"可见，横刀即为士兵随身佩带的武器。前文介绍仪刀时就提到，横刀是实战兵器，凡负有警戒、保卫任务的卫士都会装备。在战场上，横刀同样是士兵装备的主要武器之一。唐军步、骑兵配备的主要短柄格斗兵器便是横刀，但它不属于禁兵，允许私人持有。《新唐书·卷五十·兵志》曰："人具弓一，矢三十，胡禄、横刀、砺石、大觿、毡帽、毡装、行藤皆一，麦饭九斗，米二斗，皆自备；并其介胄、戎具（如弩、矟）藏于库。有所征行，则视其入而出给之。其番上宿卫者，惟给弓矢、横刀而已。"唐军装备的横刀基本由士兵自备，与介胄、戎具等禁兵一并库存保管。可见其并非由官方统一制造、统一装备的武器，因此在初唐制式并不统一。

　　横刀在军中的装备比例，初唐为人手一口。至中唐，据《太白阴经·器械篇》记载，装备比例为 80%，唐军一军 12500 人，配备横刀 10000 口。横刀是唐军不可或缺的随身兵器，《唐律疏议·卷八·卫禁》规定："兵仗者，谓横刀常带；其甲、矟（矟）、弓、箭之类，有时应执者并不得远身，不应执带者常自近身。"一般认为，隋唐横刀由南北朝环首佩刀发展而来，刀身通常为直形，隋代、初唐横刀多有环首，甚至还有沿用璏式悬挂装置者。盛唐以降，无环首者居多，悬挂装置统一为双"P"形附耳式，并开始受西域弯刀的影响。

　　而就考古实际情况而言，至少在北齐时代，部分横刀已经取消了环首。太原北齐娄睿墓壁画中的持班剑卫

▲ 北齐娄睿墓壁画中的骑士佩刀

▲ 北齐娄睿墓壁画中的吹鼓武士图，可见其佩刀以典型的双附耳悬挂法佩带

▲ 昭陵六骏石壁中，表现丘行恭为飒露紫拔箭的石刻，图中丘行恭佩带的横刀是无环首的

士、骑士及吹鼓武士的佩刀，均无环首，而是采用了双"P"形附耳式悬挂装置，应为隋唐横刀之前身。此外，在著名的昭陵六骏石壁中，飒露紫一图描述了唐军和王世充军在洛阳决战，李世民的坐骑飒露紫被弩箭射伤，丘行恭为飒露紫拔箭的场景。在这幅反映隋末真实战争场景的石刻中，丘行恭佩带的横刀是无环首的。可见，北齐至唐初，有环首与无环首的横刀是混杂装备的。其中，有环首的横刀装饰相对华美，为正式场合携带较多；而战场上的士兵以及需要执行实际护卫任务的人员，则佩带简朴的无环首横刀为主。

现今，唐横刀最有力的出土文物是1991年陕西长安县南里王村窦缴墓出土的一把唐代环首刀。但可惜的是，尚无对此刀进行相关研究的考古文献，无法准确断定其具体年代，只能推定为唐朝，不过因为它，我们对唐横刀总算有了一个粗浅的认识。此刀直刃平身，长约84厘米，刀柄为木制，两端有黄金箍环。其环首保存完整，但并不似隋唐壁画中常见的椭圆形环首样式，可见唐横刀并无标准制式。学术界大多认为，至唐中期，横刀才普遍去掉了刀柄的环首。但笔者认为，这个时间应至少前推至唐高宗及武周时期，现有考古证据足以支撑这一论点。

首先，在发掘于1987年山西太原南郊金胜村太原化工焦化厂的唐墓中，南壁墓门壁画里的两位门吏所持佩刀已经去掉了环首。根据《太原市南郊唐代壁画墓清理简报》的结论，可知此墓葬年代应为唐高宗至武周时期。其次，在乾陵陪葬之章怀太子及懿德太子墓的壁画及出土文物中，均可发现其

▲ 1987年山西太原南郊金胜村太原化工焦化厂发掘的唐墓南壁门吏图

武士所佩横刀已无环首。由此可知，无论民间还是皇室军队，在唐高宗及武周时期便以开始普遍使用无环首的横刀了。

这之外，民间尚有不少流传的所谓"唐刀"，但因无法明确考古学出处，本文暂不收录。关于唐横刀的制式，就如前文所说，因横刀非唐代禁兵，民间及军中多有装备，制式并没有统一。不过，隋唐沿袭北朝制度，而北魏以来佩刀有逐渐变短的趋势，到北朝末期其长度多不超过90厘米，故唐代实战横刀应也如此。

▲ 章怀太子（公元655年～公元684年）墓东壁的狩猎出行图，可见武士所佩横刀为无环首样式

▲ 懿德太子（公元682年～公元701年）墓出土的佩长刀的骑射俑。可见其佩刀也无环首

▲ 1991年陕西长安县南里王村窦缴墓出土的唐代环首刀，其环首并不类似隋唐壁画中常见的椭圆形环首样式

此外，笔者尚有一不成熟的推论。众所周知，古代兵器一般以刀的形状、用途以及其他相关事物进行命名，如宋代《武经总要》中所列各种刀制便是以刀形进行命名的，而唐代四种主要的枪制，三种以枪柄材质命名，一种以枪头形状命名。再看仪刀中的"仪"，顾名思义，是以用途命名的。以此来推断横刀，可以有两种说法：

其一，根据"横刀常带"，推测其以此刀在腰间悬挂的姿态得名。此种解释，为日本学者认同，将之视为《东大寺献物帐》中"横刀"一物的解释（《图说日本刀大全》）。

其二，如"横"字不做形容词，而以名词解释呢？如其仅仅为形容横刀相似物品的代称又将如何？《说文》曰："横，阑木也。字亦作桁。""阑木"指的是门框下部的横木，其形状可以说相当符合普通直刃刀的样式。参考明代《鲁班经》中关于门的记载："小单扇门宜开二尺一寸（67.2厘米），为义门。单扇门宜开二尺八寸（89.6厘米），为吉门。"而南宋《事林广记》认为，鲁班尺中的一寸（3.2厘米）为"财"，一尺六寸（51.2厘米）、二尺一寸（67.2厘米）、二尺八寸（89.6厘米）、三尺六寸（115.2厘米）、五尺六寸（179.2厘米）、七尺一寸（227.2厘米）、七尺八寸（249.6厘米）、八尺八寸（281.6厘米）、一丈一寸（323.2厘米）皆为吉利尺寸。唐代小尺约为24.6厘米，大尺为29.5厘米。（《唐代度量衡与亩里制度》）以唐尺计算，单扇门的尺寸在68.88~82.6厘米之间，这个尺寸与1991年陕西长安县南里王村窦缴墓出土的唐环首刀的长度惊人地接近，并与北朝出土的铁刀长度相近。因此，笔者认为横刀之所以

名为横刀，很可能并不是将形容词名词化，为"佩刀横陈"之意，而是以与横刀尺寸近似的阑木形容其长短，并最终被命名为横刀，进而与长刀彻底区别开来。同时，《新唐书·卷一百一十六》曰："高宗闻，赐绢百匹。除右千牛卫将军，帝曰：'以尔忠谨，故擢三品要职。群臣非搜辟，不得至朕所。尔佩大横刀在朕侧，亦知此官贵乎？'"千牛卫备身为唐皇的贴身护卫，所佩大横刀尺寸比普通横刀更长，这也与唐墓壁画中将官与普通士兵所佩刀剑不同相吻合。结合上述，笔者推断普通士兵佩带的横刀尺寸在小单扇门宽度与单扇门宽度之间，为67.2~89.6厘米，而将官佩带的仪仗用大横刀通过壁画中与普通横刀的对比，推测为90~115厘米。

再来看出土或保留下来的隋唐刀剑。日本保留的隋唐刀剑基本都属于大横刀，原因倒也不难猜测，毕竟它们基本都是贵族供奉在寺庙的物品，又或是皇室成员持有的佩刀，因此必然是装饰华美用于礼仪的长横刀。而在黑龙江宁安虹鳟鱼场渤海墓出土的唐铁刀，则并无环首，通长仅62.8厘米，刃宽2.6厘米。可见唐代渤海国（公元698~公元926年）之刀剑符合盛唐之后唐横刀的基本样式。而朝鲜半岛在隋唐更替时，有高句丽、百济、新罗等割据政权，史称"三国时代"。这一对峙局面直到公元668年新罗在唐朝的支持下一统半岛才被打破，之后其统治一直持续到公元901年，几乎贯穿了整个唐代。由于新罗得到唐朝的大力支持，与唐朝交往密切，因此参考其同时期流传下来的刀剑，可对唐横刀的相关制式有一个较为清晰的了解。

▲ 吉林省集安市北坡陵12号高句丽墓墓室南墙壁画的复制品，其描绘了墓主甲骑具装征战的场景。该图左侧一名着甲武士手持横刀将敌人斩首，其脚下还踩着下跪武士手中的横刀。两人所持横刀，均无环首，长度与人身高相比较短，可见高句丽的实战横刀也并不太长

▲ 黑龙江宁安虹鳟鱼场渤海墓出土的唐铁刀，其并无环首，通长仅62.8厘米，刃宽2.6厘米。现藏于黑龙江省文物考古研究所

▶ 韩国出土的百济环首刀（公元4世纪～公元5世纪），刀身均在60～70厘米之间。值得注意的是从上往下第四把刀，其环首呈椭圆形，已近似唐初环首的样式，且装饰华美。这四柄刀现藏于韩国首尔国立中央博物馆

▲ 韩国庆南道陕川玉田出土的金饰龙凤纹环首大刀，可见其虽无剑格，但由银丝缠绕的刀柄仍有较为明显的分割

▲ 百济龙凤纹环首大刀，刀长95.5厘米，现藏于韩国首尔国立中央博物馆

▲ 新罗三叶环首大刀（公元5世纪～公元6世纪）。新罗是与隋唐关系最为密切的朝鲜割据势力，其在朝鲜半岛的军事力量也最为强大。此刀的形制远比百济及伽耶同时代的武器更为先进，从刀鞘上已经可以看出双附耳悬挂的雏形，但不同于北朝末期通常采用的双"P"形附耳，而是在刀鞘靠近刀口的地方镶嵌一个与环首一样的环首。这种独特的双环首结构，让笔者产生了一个猜想，即所谓"龙凤双环"是否也有可能是类似的结构？不过由于没有相关的考古学证据，故无法证实

◀ 新罗三叶环首大刀的环首与刀鞘环首。此环首已不是简陋的铁环，而是一种装饰性的配件了，可见此为横刀去掉环首前的一种变种形态。此刀刀柄在木柄外贴有一层类似鱼皮或特制漆皮的护层，而在此层之外还可能有金属外壳。此种形制比百济的更为先进，很可能是吸收了中原技术所致

▼ 新罗环首刀。最下一柄是铭文为"尒斯智王"的三环头大刀（公元5世纪），其上为新罗三叶长刀（公元5世纪～公元6世纪），最上为一柄环首短刀。其中，新罗三叶长刀刀长94厘米，"尒斯智王"三环头大刀比其略短，而短刀仅有30～40厘米。现藏于韩国首尔国立中央博物馆

▲"尒斯智王"三环头大刀的环首及刀柄细节。此刀的刀柄仍为夹木，相比之后的夹木金属外壳刀柄，其坚固程度及美观程度存在明显差距

▲ 新罗三叶长刀的刀柄细节，可见环首的材质与刀身不同，为铜质

▲ 新罗三叶长刀的刀身细节，可见多层锻打的痕迹

▲ 采用双附耳佩带法的新罗凤纹长刀，刀长97厘米，现藏于韩国首尔国立中央博物馆

日本因岛国的特殊性，自形成统一政权后，便一直没有遭受过外敌的彻底性侵略，因此不同于中国或朝鲜，仅能根据考古学及文献记载进行推测和验证。其古代贵族进献于寺庙或由私人保存的隋唐时代获自中国的刀剑，均得到了妥善的保存，使我们得以一窥真容。

早在古坟时代（公元 4 世纪～公元 6 世纪）之前，日本便与中国及朝鲜有所往来，因此其刀剑既有典型中国风格的环首刀，又有其极具特色的头椎大刀。而随着小野妹子等遣隋使来到中国，新式刀剑再次传入日本。

日本在大化革新（公元 645 年）前，使用的主要武器为中国传来的环头大刀，以及在此基础上发展出的头椎大刀，并且基本遵循南北朝时期中国制式刀剑的标准：实战样式的武器基本与中国相差无几，而用于礼仪及供奉的长刀则追求长度及装饰华美。如美国大都会博物馆所藏的日本头椎大刀，长度超过 130 厘米，显然是礼仪用刀，与实战型头椎大刀从装饰到头椎制式均不相同。而日本橿原神宫收藏的金铜装头椎大刀，全长甚至超过了 160 厘米！不过这种趋势在大化革新之后，逐渐收敛，日本开始全面模仿唐代相关制度及武器装备，超长型大刀开始变得罕见。在日本保存的奈良时代（公元 710 年～公元 794 年）的唐大刀或大刀上，能够明显观察到这种变化。

根据以上列举的唐朝周边地区流传下来的刀剑情况，我们不难看出：朝鲜半岛的刀剑出土时间基本为北朝晚期至隋唐早期，其制式的一些细节可以视作同时代中土武器的特征；相比朝鲜，日本刀剑则呈现出更加鲜明的特点——现存大化革新之前的日本古刀剑，基本为考古出土，而大化革新之后的新式刀剑，基本为礼仪及供奉刀剑，在寺院及贵族手中得到了妥善保养，足以让我们见识到高级武器的华贵精美。

对于日本所藏唐大刀及横刀，国内有不

▲ 圣德太子佩带七星剑像。根据画像，可知其刀装及佩带样式与当时中土人士并无差别。此外，侍童也佩带有较短的刀剑，不过与圣德太子所佩长刀不同，应为某种类似当时被称为"横刀"的短刀。可见日本也存在身份不同，所佩刀剑长度不同的规矩

▲ 七星剑剑身，现藏于四天王寺宝物馆

▲ 日本古坟时代铁刀，长72.4 厘米，宽6.4厘米，美国纽约大都会博物馆馆藏

▲ 日本古坟时代铁刀，长96.5厘米，宽7.3厘米，美国纽约大都会博物馆馆藏

▲ 水龙剑及其刀身细节。水龙剑为圣武天皇佩剑，现藏于东京国立博物馆，是日本确定传世隋刀之一，但刀装为后世所配

少观点，但笔者认为尚有可讨论的余地。

首先，日本的唐大刀及横刀是否就是唐代横刀？现有观点认为，日本《东大寺献物帐》中所提到的横刀即为唐横刀出口日本的样式，代表如正仓院所藏金银莊横刀。但笔者认为，这种说法并不准确。第一，日本学者认为横刀与唐大刀并无区别，横刀不过是大刀作为外出携带和日常佩带时的叫法，而大刀则是作为礼仪佩带时的叫法。并且，还由此衍生出后来的"太刀"这一称呼，高级公卿及贵族外出时所佩带的大刀甚至还有"野大刀"的说法（此与后来的野太刀并不是一回事），而唐大刀在奈良时代末期及平安时代早期也有"唐太刀"的称呼。（《图说日本刀大全》）然而日本所谓的"横刀"全长基本在60厘米以下，甚至仅有唐尺一尺六寸左右，这与中国出土的可确认为唐代铁刀的长度相差过多，基本与朝鲜出土的环首短刀及魏晋时代的匕首长度相似。第二，日本所藏的唐大刀及横刀普遍年代均为奈良时代末期至平安时代，此时已经为唐朝中晚期，因此形制是否与我们现在留存较多的初唐及盛唐时期的刀制类似，是存有疑问的。因此我们可以得出这样的结论：日本所谓"横刀"、"大刀"及"太刀"，其实都是指同一种刀型的武器，但并不与唐制横刀同义。这也被日本学者的研究所证实：横刀、大刀及太刀尽管汉字写法不同，但是在日语中的读音均为"たち"（Tachi）。

其次，锋两刃造是否是唐刀所采用的造

型？国内大多数复原唐横刀或者唐剑的制作者及学者，一般多会参考日本金银钿庄唐大刀的锋两刃造的造型。但实际上，此种刃型传入日本的时间已经接近中晚唐，其形制颇受中亚及西亚刀制的影响。且国内墓葬发掘及相关考古研究，均没有发现相关样式的文物或记载。另在韩国庆尚南道昌宁的火旺山城出土的统一新罗时期（公元8世纪～公元9世纪）祭祀遗物中，便有相似的两刃造长刀出土，而其制式与日本同时期的唐大刀类似。由此可以推论，日本所藏两刃造唐大刀，

很可能是草原游牧民族传到朝鲜的同形制刀剑，而不是直接从中国传来的。但是也不能否认唐朝在与西域交往的过程中，借鉴了以上刃型，但尚无法证明这种刃型在唐朝被大量采用或者就是唐刀的通用形制。所以，很可能仅仅是朝鲜及日本共通的祭祀性武器而已。此外，日本传说中的名刀匠——大和国·天国曾为平贞盛制造过名为"小乌丸"的太刀，这把刀也采用了锋两刃造的造型，年代为奈良时代末期至平安时代早期，可见此种刃型并非直刀特有。

▲ 金银钿庄唐大刀，现藏于正仓院北仓38号。它通长97.8厘米，刃长78.2厘米，刀柄由白鲛皮包裹，国内刀商推出的仿唐刀基本都参考了这把刀的样式

▲ 金银钿庄唐大刀的刀柄及装具特写。虽然此刀被认为是奈良时代从中国直接进口的仪仗用刀，但其装具却继承了平安时代的剑饰样式，因此有说法认为其装具有后造之嫌

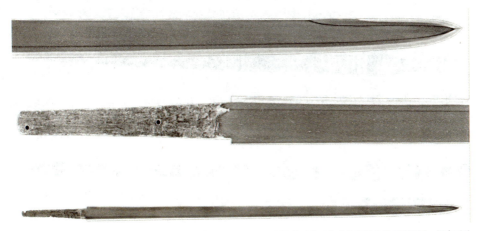

▲ 金银钿庄唐大刀的刀身特写。该刀采用的是锋两刃造，此种刃型在中国古刀的考古发掘中尚未有发现，但中亚及印度刀剑中均有发现，可见在中唐时，刀剑技术流动变化之大

▲ 金银钿荘唐大刀及刀身细节，现藏于正仓院中仓8号。此为正仓院所藏唐大刀之一，虽与前面一把较为著名的唐大刀同名，但其刀装与先前那把不同

▲ 金银荘横刀及刀身细节，现藏于正仓院中仓8号。此为正仓院所藏55柄直刀之一，柄长14.9厘米，鞘长39.1厘米，刃长35.2厘米，全长54厘米。刀鞘底部装饰，已从隋代大面积包铜改为云纹吞口。此刀虽名为"横刀"，正如前面所提到的，其形制与圣德太子像中侍童所佩带的短刀相同。此横刀是否能够等同于唐代横刀，笔者认为尚有讨论空间

▲ 黑作大刀刀身，奈良时代产物，藏于正仓院。它全长89.1厘米，刃长65.6厘米，刀柄和刀镡依然采用的是比较老式的刀装

▲ 黑漆大刀，现藏于鞍马寺。它全长94厘米，刃长76.7厘米，为初代征夷大将军坂上田村麻吕（公元758年～公元811年）的佩刀，其与正仓院所藏的仪仗用刀刀装并不相同，相对简朴，可见为实战武器

▲ 黑作蕨手横刀，奈良时代产物，正仓院藏。全长62.2厘米，刃长47.8厘米。蕨手刀是极具日本特色的刀制，被视作从直刀到弯刀的过渡产物，在奈良时代及平安时代早期较为盛行。其与唐横刀的样式并不相同，但刀刃也为锋两刃造，与唐横刀切刃造的形制完全不同。然而此两者被日本统称为横刀，可见其定义也与唐代横刀并不相同

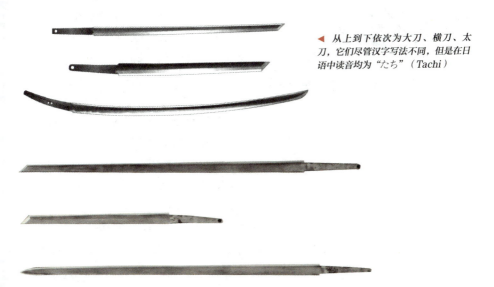

◀ 从上到下依次为大刀、横刀、太刀，它们尽管汉字写法不同，但是在日语中读音均为"たち"（Tachi）

▲ 从上到下为日本大刀（偏锋切刃造）、横刀（偏锋切刃造）、大刀（锋两刃切刃造）的刀条对比，可见其长度不同

▲ 日本直刀几种常见的刃造型，从上到下依次为：锋两刃造、切刃造、平造。该图可见，锋两刃造已经非常相似于后来太刀常见的镐造了

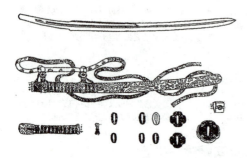

▲ 火旺山城出土的统一新罗时期祭祀遗物中的两刃造大刀，现藏于韩国首尔国立中央博物馆

▲ 伊势贞丈家藏小鸟丸太刀图，出自《集古十种》

最后，唐横刀是否带有刀镡？从现有文物及考古记载来看，刀镡在隋唐早期就已经诞生了，如美国纽约大都会博物馆中所藏隋刀便带有典型的小型刀格，但这种刀格的形制与现在刀剑一般采用的日式唐镡，是有区别的。而从柔然早期战刀的样式可以看出，与北朝交战的草原民族的刀上也有小型刀格。新罗三叶长刀中的镡口处，有比较清晰的、由不同金属材质形成的条状刀格，这与盛唐时期唐墓壁画中由护柄延伸而成的刀格有异曲同工之妙。此外，在韩国首尔国立中央博物馆还藏有一幅新罗统一时期的壁画，其上描绘有西部胡商与中原及朝鲜人交易的情景，其中大部分人所佩佩刀均有一字形的小型刀格。而韩国庆北道庆州忠孝洞出土的同时期金庾信墓中，有十二尊神像，其中，

午马神像手持之神刀，有明显的横状刀格。而在甘肃敦煌壁画第45窟描绘的持刀强盗图中，刀格狭小，不似日本唐镡。平安时代之后日本用来装饰剑和太刀的唐镡，则明显与以上形制都不相同。

唐代是中国兵器史上一个极其重要的发展阶段，很多武器在这个时间段里演化并最终定型为我们如今熟悉的模样，唐刀也不例外。横刀在唐代并不属于禁兵，因此充分融合了民间技术和周边民族与国家的智慧。因此，从初唐，到盛唐，再到中晚唐，横刀的形制均没有固定，一直处于演化之中。到了五代十国时期，其外形已与后世刀剑并无不同，如杭州刀剑博物馆私人收藏的唐刀，形制基本就是晚唐到五代的典型制式。同时，唐横刀对周边民族及国家的影响相当久远。北宋天禧三年（公元1019年），高丽与契丹爆发战争。在描绘高丽大将姜邯赞指挥赢取战斗的图画《龟州大捷》中，契丹人所持的兵器依然是唐横刀样式的直刀，而高丽则已改用与中原王朝类似的有圆盘刀镡的长刀。

在唐代，民间买卖横刀并不受阻拦。在《唐天宝二年交河郡市估案》的记载中，"镔横刀一口输石铰，上直钱二千五百文，次二千文，下一千八百文"，"钢横刀一口白铁铰，上直钱九百文，次八百文，下七百文"。"输石"可能为"鍮石"的通假字或误笔，鍮石

▲ 隋代刀剑及日本古坟时代刀剑，美国纽约大都会博物馆藏。自下而上依次为：日本龙纹环首刀（公元6世纪），刀长83.5厘米；日本头椎大刀（公元6世纪～公元7世纪），刀长139.7厘米；隋环首刀（公元600年），刀长99.7厘米；隋代佩刀（公元600年），刀长102.2厘米；日本直刀（公元6世纪），刀长85.4厘米；日本头椎大刀（公元6世纪），刀长83.5厘米；日本直刀（公元6世纪），刀长73.7厘米。其中两把为隋刀，是存世隋刀中较为著名的两把，也是很多国内刀匠模仿的范本。但可惜的是，由于文物外流，我们能够得到的资料相当有限，尤其是墓主等重要信息无法确认，仅能通过形制推测为高级官员或贵族的佩刀。其环首短锋的特征，与柔然人早期武器形制基本一致，可作为隋唐早期刀剑的样本。而同时展出的5把日本刀，最上面3把的刀鞘与隋刀刀鞘样式相似，因此基本可判断为6世纪末期的日本实战兵器。最为可贵的是，能直观看到实战头椎大刀与礼仪型头椎大刀的区别，可见在日本古坟时期部分礼仪已受到中国影响

▲ 在新罗三叶长刀的刀口处，隐约可见小型刀格的雏形，但其并不类似日式唐镡

◀ 江户时代的梨地螺钿金荘饰剑，现藏于东京国立博物馆。此即为后世仿唐大刀的饰太刀

▲ 新罗统一时期的壁画拓本。划红线的为胡商、东北汉民及朝鲜人，红箭头指向的带有羽饰的两人为古朝鲜人。红线最左侧缠头巾的是汉人，其腰间除了佩有带刀格的长刀外，还佩有一柄短刀。图中各族之人，所持刀剑均采用双附耳佩带法。此外，有环首刀剑与无环首刀剑都有人佩带，且大多数人的刀上有一字形刀格

◀ 新罗统一时期壁画中的朝鲜人，其佩刀的刀格、环首颜色并不同于刀鞘、刀柄，基本与新罗三叶长刀形制相同

▲ 金庾信墓出土的统一新罗时期的午马神像，现藏于韩国首尔国立中央博物馆。神像所持之刀，有明显的横状刀格。由于新罗与唐朝的紧密联系，其宗教造像基本与中土相同，因此可以将其视为当时刀剑的通用形制

▲《龟州大捷》局部，图中朝鲜人已改用中原王朝那种有圆盘刀镡的长刀

▲ 持刀强盗图，甘肃敦煌第45窟壁画。画中人所持之刀的刀格狭小，不似日本唐镡

▲《龟州大捷》局部，图中契丹人所持的兵器依然是唐横刀样式的直刀

▲ 梨地螺钿金庄饰剑的唐镡。可见其早已与一字形刀格有所区别

▼ 高丽时期的朝鲜佩刀，藏于韩国首尔战争纪念馆

是一种色泽美观的铜合金，在当时属于贵金属。而"鍮石铰"从字面意思及文献解析来看，应为档次较高的刀装，用于配备镔铁横刀；"白铁铰"则是普通的铁装具，用于装配刚横刀。天宝初年，"斗米（约合6公升）之价钱十三"，而一把下等钢横刀的价值便超过53斗米，至于镔横刀则更为昂贵，上等镔横刀甚至超过192斗米。根据《唐会要》记载，八品官员的月薪才2475文，刚够买一把上等的镔横刀。（《中国古兵器集成》）

陌刀

《唐六典》中记述的第三种刀制便是陌刀。原注曰："陌刀，长刀也，步兵所持，盖古之断马剑。"关于其形制，大多数国内研究者均采信《新唐书·阚棱传》："阚棱，伏威邑人也。貌魁雄，善用两刃刀，其长丈，名曰'拍刀'，一挥杀数人，前无坚对。"并以此拍刀作为陌刀。而在具体形制上，又参考宋代掉刀的外形，故现在流传的所谓唐陌刀的外形图，实际上并不准确。

现下学术界公认的陌刀装备时间为唐开元年间（公元713年～公元741年），事见《新唐书·李嗣业传》："军中初用陌刀，而嗣业尤善，每战必为先锋，所向摧北。"故，网上流传之陌刀于中宗时期装备的说法并不准确。同时，以上证据也直接反驳了将《新唐书·阚棱传》中的"拍刀"认为是"陌刀"的假设。阚棱为初唐人，卒于公元624年，可见其所用的拍刀，与80多年后才开始装备唐军的陌刀并非同一武器。至于宋代的掉刀，甚至都不是步兵武器。山西侯马出土的金代董氏砖雕墓中的砖雕上，生动地描绘了

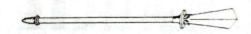

▲ 现代人想象的唐代陌刀图

▲ 在金代董氏砖雕墓中的砖雕上，两位骑马勇士正在相斗，其中一位手持掉刀，可见其并非步兵用刀，而是骑兵武器

两方斗将骑马搏斗的场景，其中一位武士手中持的便是掉刀，可见其并非步兵用刀，而是骑兵武器。

根据著于唐中期的《太白阴经》记载，陌刀在唐军中的配备比例为20%，每军12500人，配备陌刀2500口。而在《唐通典·卷一百五十七》的记述中，"队副一人撰兵后立，执陌刀，观兵士不入者便斩"，"诸军弩手，随多少布列。五十人为一队，人持弩一具，箭五十只，人各络膊，将陌刀、棒一具，各于本军战队前雁行分立，调弩上牙，去贼一百五十步内战，齐发弩箭"。可见，陌刀基本用于压阵，多是配给弩手和弓手的格斗武器。此外，在城市防守中，陌刀也经常被使用，《唐通典·卷一百五十二》载："又

于城上以木为棚，容兵一队，作长柄铁钩、陌刀、锥、斧，随要便以为之备。若敌攀女墙踊身，待其身出，十钩齐搭，擎入城中，斧刀助之。"再有，如前文仪刀部分中描述过的，晚唐时期震慑市井的京城近卫也会佩带陌刀。

需要强调的是，笔者前面说过，不能单纯将陌刀视为长柄刀，在笔者看来，它更类似一柄加长刀刃的双手长横刀。首先，陌刀主要是配给弩手和弓手使用的，但其兵种特点显然不太能允许携带沉重的长柄大刀。再者，弩手及弓手追求的是轻便灵活，假使必须携带如此沉重的长柄兵器，那装备唐军所通用的长槊更为可信。

同横刀一样，从字面上理解陌刀的"陌"字，笔者可以提出两种假说：

其一，"陌"一般指田间小路，那么陌刀可以解读为野战长刀或是外出携带的长刀。

其二，"陌"在唐代及之前尚有"百文钱"的意思，那么陌刀有没有可能是根据其外形命名的呢？唐代通行的开元通宝，平均直径为2.5厘米，假使100枚钱首尾相连，其长度为250厘米左右。这个长度与黑漆平文大刀的长度惊人的一致，而黑漆平文大刀相传

▲ 黑漆平文大刀，别名平国剑，相传制造于公元8世纪初，一说公元704年，现藏于鹿岛神宫。在传说中，它是鹿岛守护神的剑，附唐代装匣。其长度惊人，全长达256厘米，刃长223厘米

造于8世纪初，与陌刀在唐军中大规模装备的时间相同。

根据以上推测，笔者得出唐代陌刀是一种双手长刀的结论，而且其威慑力和作战能力十分优秀。再结合笔者前文所述，其长度很可能超过1.6米，平时由士兵将其扛在肩上行军。但也因为如此，其成本必然不可能支撑它成为大军的普遍装备，而只能作为一种极具威慑力的武器存在。

障刀

障刀是《唐六典》中记述的最后一种刀制。原注曰："鄣（同'障'）刀，盖用鄣身以御敌。"这句话异常简单，既没有提到具体形制，也没有记载相关典故。而在描述唐代兵制的《太白阴经》等兵书中，也没有相关记载。正因为资料缺乏，学术界对障刀的认识并不统一，部分观点认为其为一种长柄刀，用于护卫队列；另有观点认为，"障"便是要持此刀的卫士组成屏障，主要用于护卫要人，并不会下放战斗部队。但笔者认为以上解释均漏洞过多，并不足以解释这种独特的刀制。

首先，假使障刀为长柄兵器，势必沦为禁兵，若装备士兵则平时要收归武库之中。然而，隋唐历代文献均不见相关记载，可见此刀并非士兵必须配备的制式武器。但是其名列唐代四刀制之中，又见其装备颇广。综合来看，其必定是士兵手头不可或缺，但并不好列入禁兵的武器。此种描述不禁让笔者想起前文对卫体兵器——匕首的介绍。匕首这种武器，对战场上的士兵来说不可或缺，但因为其实在不起眼，因此历代兵书均不将

之列为军队的制式装备。

其次，如果"障"字以其字面意思——"阻挡、遮掩"作解，我们可以发现，"用鄣身以御敌"本意并非护卫他人，而是用于护卫自身。因此所谓组成屏障一说，便不攻自破。在唐代，有一种"障子"，指的是"上面题有文字或画有图画的整幅绸布"。按照唐代的规格，一匹绢长四十尺，宽一尺八寸；一匹布长五十尺，宽与绢同。假使障刀的命名，跟"障子"有关，那么它应是一种插于腰间，长约一尺八寸，用于卫体御敌的短刀。

根据这种推测，我们得到了这样的假说：障刀，是一种类似匕首的卫体短刀。笔者对此假说比较认同，原因有三点。

其一，前文提到过，隋唐刀制沿袭魏晋南北朝。而在三国时期，无论蜀魏，均非常重视匕首，蜀汉丞相诸葛亮就曾命人大量制造匕首以装备骑士，而作为用剑好手的魏文帝曹丕，则有著名的"魏文三匕首"流传青史。因此，"障刀类似匕首之论"符合魏晋刀制的发展趋势，并与其广泛装备军中而不被当作正式装备的特点相符合。

其二，假使障刀形如唐代的"障子"，则其长度当与唐代绢布的宽度相似。唐制一尺八寸为44.3～53.1厘米，这与汉代匕首的一般规格一尺八寸（约41.6厘米）或"魏文三匕首"的长度2.1～2.3尺（48.5～54.1厘米）是完全贴合的。

其三，在周边国家出土的文物中，也多能看到如此制式的短刀出现。如韩国战争纪念馆所藏的一柄高句丽时期的三叶环头短刀，它装饰华美，刀柄较长，几乎与刀刃同长，全长则将近同时出土的环首长刀的一半。在

韩国首尔的国立中央博物馆中，收藏着一幅《报死信使图》，其年代为高丽时期，画的是持长柯斧的武士，其装扮基本为唐代造型，而腰间佩刀却很短，并不是横刀的通常长度。唐代晚期有一部分装备有长柯斧及陌刀的武士并不佩带横刀，因此此图武士所佩的卫体刀具，笔者推测其为障刀。另外，前文提到的韩国首尔国立中央博物馆收藏的新罗统一时期墓葬的壁画里，那位缠着头巾的汉人，腰间除佩有带刀格的长刀外，还佩有一把短刀，此短刀也可视作障刀。而现藏于正仓院中仓8号的金银庄横刀，其长度完美符合唐障刀的推测长度，也可将其视为流传而出的装饰精美的唐障刀。此外，国内考古中也可见到辽代所出土的短刀，及胡瓌《出猎图》

▲ 高丽时期的《报死信使图》，现藏于韩国首尔国立中央博物馆

▲ 高句丽时期的三叶环头短刀，现藏于韩国战争纪念馆

▲ 辽代铁刀，黑龙江省博物馆藏

中所描绘的唐末五代时期的契丹人所持有的短刀。

通过以上论述，笔者推断，唐代障刀为匕首的一种变种武器。

唐代弯刀

唐代除以上四种主要刀制外，尚有弯刀曾少量装备军中。史籍有关西域兵器的记载，多较零散，考古发掘也少有实物出土，故而不为学术界所注目。但翻阅唐朝以来文人诗画、笔记小说，会发现西域兵器曾在中国历史上有着较高的知名度，亦曾产生过深远的影响。

大食刀，顾名思义，即来自阿拉伯地区的刀器。其何时传入中国的，史籍不详，但杜甫在《荆南兵马使太常卿赵公大食刀歌》一诗中写道："吁嗟光禄英雄弭，大食宝刀聊可比。"说明它至少在唐代就已经传入中国了。

大食刀以其精致、实用、锐利，而在古人心中有着无可比拟的魅力。除唐代，宋代也有使用，宋人释普济在《五灯会元》中谈

▲ 唐杨思勖墓出土的石雕士兵的线图，其手中所捧及腰间所佩均为弯刀（位于弓箭下方）

到"天台普请南岳游山"时，说："我且问你，还曾收得大食国里宝刀么？"此后，元、明、清历代，也多有大食刀的相关记载。

再看西安出土的唐代杨思勖墓中的两件石雕士兵像，它们通高 40.3 厘米，均佩有弯刀。此墓葬形成时间为开元二十八年（公元 740 年），石俑现藏于中国国家博物馆。杨思勖（公元 654 年~公元 740 年），唐玄宗

朝宦官，因跟随玄宗平定宫廷政变，升左监门卫将军。开元年间，他先后平定了安南梅叔鸾、五溪覃行章、邕州梁大海、泷州陈行范的叛乱，屡立战功，是玄宗的得力帮手。杨思勖非常勇猛，专管征伐之事，受宠程度与高力士不相上下；不过他性情凶狠，对待俘虏十分残忍。杨思勖一生征战均在西南，但其陪葬品中的兵士所佩刀剑多有弯刀，可见盛唐时已有不少弯刀装备于军中了。

可以说，弯刀的流入，直接刺激了中国传统的直刀形制，并间接催生了传统直刀与弯刀的融合。

唐代复原刀剑鉴赏

其实国内及国外均有唐代刀剑的复原作品，但大多是个人通过片面解读后进行的复原，其形制并不一定准确。下面笔者要给大家展示一下相对靠谱的现代复原的唐代刀

剑，让我们一起鉴赏那个辉煌的冷兵器时代留给我们的这抹余晖。

前面展示了不少朝鲜古代出土的刀剑，其中在韩国首尔战争纪念馆中有一柄基于百济6世纪凤纹环头大刀复原的单凤纹环头大刀，其刀鞘为黑漆镶金，刀柄为金饰，缠绕有银丝，环首为镀金龙纹凤首大环，极类似"大夏龙雀"。

国内民间对唐代刀剑也做了许多复原，这里只重点介绍指文图书的复原情况。指文通过大量的资料对比及考证，参考周边相关文物实物，以"凌烟阁二十四功臣"为主题进行创作的唐刀作品，全长90厘米，刃长64厘米，刃宽3.2厘米，刃厚0.6～0.7厘米，全重1260克，净重920克。刀身为单一的高性能高锰钢材质，既节约成本，又将刀身韧度和强度维持在与古代百炼钢基本持平的水平。刃口独特研磨出花口，刀锋锐利刚直。

▲ 单凤纹环头大刀，藏于韩国首尔战争纪念馆

▼ 刀柄及刀鞘特写。刀鞘为黑漆镶金，刀柄为金饰，缠绕有银丝，环首为镀金龙纹凤首大环，极类似"大夏龙雀"

鞘材以乌木制作，色泽乌黑，装具为古朴的纯铜材质制作，以唐代华丽的卷草纹装饰，并附有短小的"P"形双附耳悬挂系统，刀镡也基本为一字形刀格，符合唐初及盛唐战场将领所佩横刀的基本形制。可以说，在实战性与收藏美观上均具有很高的价值。

最后，以一首小诗作为本文的结束，以纪念那个刀光剑影又壮烈精彩的时代：

魏晋隋唐历数朝，

仪横陌障大食刀，

如今覆没寻何处，

尽在竹帛好墨膏。

▲ 以"凌烟阁二十四功臣"为主题复原的唐横刀

◀ 鞘材以乌木制作，色泽乌黑；装具为古朴的纯铜材质制作，以唐代华丽的卷草纹装饰，此与藏于正仓院中仓8号的金银庄横刀的刀装基本一致

▲ 刀身为单一的高性能高锰钢材质，既节约成本，又将刀身韧度和强度维持在与古代百炼钢基本持平的水平上

参考文献

[1] 沈融.中国古兵器集成 [M].上海：上海辞书出版社,2015.

[2] 宋捷.江苏高资咸淳六年铁刀 [J].文物,1983（7）.

[3]（宋）叶梦得.避暑录话（卷下）[M]// 四库全书,上海：上海古籍出版社.1987.

[4] 稻田和彦.图说日本刀大全 [M].东京：学习研究社.

[5] 周纬中国兵器史 [M].北京：中国友谊出版公司,2015.

[6] 西省考古研究所.太原市南郊唐代壁画墓清理简报 [J].文物.1988（12）.

[7] 胡戟唐代度量衡与亩里制度 [J].西北大学学报（哲学社会科学版）,1980（4）.

第四章

百步穿杨：弓弩

作者·肇英

左右驰射：弓

种类样式

相较于文字、车轮这些人类文明史上最重要的发明，弓箭的作用却时常为人们所低估。拉弦迫使弓身弯曲储存能量，再猛地松开弓弦，使弓身在恢复原状的同时将储存的能量迅速而激烈地释放出来，把搭在弦上的箭弹射出去，这就是弓箭。弓箭这种简单而又伟大的工具的发明，使得人类从此可以在远距离上准确并有效地杀伤目标，不必再冒着巨大风险近身肉搏。这堪称火器诞生之前，人类双手最伟大的一次延长。从旧石器时代晚期到16世纪这一相当长的时间里，弓箭以及由弓箭衍生出的弩箭，一直在人类战斗中，起着相当重要的作用。

世界上不少国家与地区，都有弓箭是由某位神抑或某个传说人物发明创造出来的故事流传下来，可人类使用弓箭的历史其实往往早于流传这些神话传说的年代。在世界各地的考古发掘中，都有发现年代为旧石器时代晚期至中石器时代（Mesolithic，又称作"细石器时代"）的抛射体尖头。在南非，甚至发现过6万年前的属于旧石器时代中期的抛射体尖头。根据研究，这些尖头极有可能就是箭镞，也就是箭头。但由于缺乏可供进一步佐证的证据，因此也不能完全排除其另有他用的可能性，比如飞镖的尖头。目前，可以确凿证明与弓箭相关的证据，出自德国汉堡附近的一个遗址。该遗址具有阿伦斯堡文化（Ahrensburg culture）的特征，考古人员在这里发现了距今11万年左右的箭杆和箭杆毛坯。眼下已发现的世界最古老的弓，乃是出自丹麦候姆皋（Holmegaard）附近沼泽，距今8000年左右的榆木单体弓。

▲ 在杭州市萧山区跨湖桥新石器时代遗址（距今7000~8000年）中发现的弓身。这张弓残长121厘米，中部（弣，也就是弓的把手处）宽3.3厘米、厚2.2厘米，残存的两端宽3厘米、厚2厘米。整张弓用桑木削制而成，弣用树皮包裹，外涂漆。树皮仅见一层，并多有脱落。这是迄今为止发现的中国最古老的弓，同时也是世界最古老的漆器

▲ 于候姆皋附近沼泽地发现的弓身之一。因其处于沼泽高密度淤泥的缺氧环境中，以致8000年过去依然保存得相当不错

186

人类最初使用的弓，用单根木材或竹材做弓身，装上植物纤维、动物筋或皮条充作弓弦。而箭矢，只是一支把一头削尖了的细木棍或细竹棍。这正是《易经·系辞传下》中所谓的"弦木为弧，剡木为矢"。这样的弓箭，是原始人类长期智力发展与经验累积的结晶，但也相当粗糙落后。随着弓箭制作技术和使用技巧的不断提高，先民不仅学会了在箭的一端装上石片或骨头的箭镞，以提高箭矢的杀伤力；还学会了在另一端装上鸟类的羽毛，以增强箭矢飞行的稳定性；甚至还掌握了制作早期复合弓的方法，增强了弓身的强度和韧性。

弓的常见分类诸如：单体弓，弓身基本用一根材料加工制造而成；加强弓，用相同或相近材料叠合而成；复合弓，弓身使用多种不同材料复合制造而成；长弓，短弓；直拉弓，弓身较直；反曲弓，弓身弯曲……这都是相对概念。一般而言，单体弓多长弓、直拉弓，复合弓多短弓、反曲弓。但这并不

意味着绝对没有长的、直的复合弓，抑或短的、弯的单体弓。早期的复合弓与其说是多种材料复合制造的产物，不如说是对单体弓强化改良的结果，可以说是介于单体弓和真正复合弓之间的存在。因此自19世纪末以来，世界上有不少弓箭研究者采纳英国考古学家奥古斯都·皮特·里弗斯（Augustus Henry Lane-Fox Pitt Rivers）的三分法：根据弓身构造，将弓箭分为单体弓、加强弓、复合弓三种。

弓箭的常见发展演进轨迹，一般为：单体弓—加强弓—复合弓。单体弓虽然制作简便，可由于单一材料的弹力有限，多数情况下张力不足。故而单体弓需要加大体积以资弥补，但也导致了形制笨重，不便使用、携带。长期盛行单体弓的欧洲大部分地区面对这一问题，通过形态上的设计改进，以及在选料、加工上的精益求精来加以应对。在英法百年战争中的阿金库尔战役（Battle of Agincourt）中，造就辉煌胜利的英格兰长弓手们所使用的英格兰长弓（严格来说，称"威尔士长弓"可能更准确）便是欧洲单体弓的杰出代表。

反观亚洲多数地区与

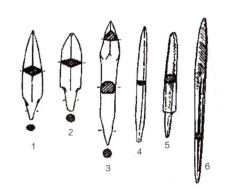

▲ 在中国各地新石器时代遗址中，历年来出土了大量的箭镞，包括石镞、骨镞，以及少量用贝壳制成的贝镞。相比旧石器时代的石镞，这些新石器时代箭镞磨制得更光滑，形态也更规整，并已经有了便于装配，且让箭镞更牢固的一些设计。图中1～3为石镞，4～6为骨镞

▶ 和弓（日本弓）就是一种非常长的加强弓。常见和弓中最大一档的规格，弓身长约233厘米，可算是世界上最大的一种制式弓了

欧亚草原地带上的各个文明，却通过对单体弓的强化改良，逐步发展出了复合弓。直至现代，我国部分少数民族依然保留着传统的制弓工艺。比如赫哲族，他们用水曲梨木做弓身，成形后，以鱼鳔胶将鹿筋粘合于弓身。再如鄂伦春族，他们是以落叶松或榆木制造弓身，再以鹿或犴的筋加强。而鄂温克族，则用黑桦木做弓身的里层、落叶松木做弓身的表层，两层之间夹垫鹿或犴的筋，并以鱼皮熬制的胶粘牢。这些都是留存下来的，典型的加强弓（或早期复合弓）实例。至于中原地区，则早在商代晚期便已开始使用比较成熟的复合弓——双曲反弯复合弓了。

公元前7世纪，随着斯基泰人（Scythians）的崛起，一种弓身双曲反弯的更为成熟的复合弓，逐渐取代了之前盛行许久的三角形复合弓，它在亚洲中西部地区流行起来，并传入古希腊。所谓斯基泰弓，即双曲反弯复合弓，它在外形上有两个基本特点：一是弓身上弦后，其弣（握把）的部位向后缩，弓臂上下（两个渊）形成对称的弧曲，弓臂的两个萧（末梢）反向弯转；二是把弓弦拆卸下来成"弛弓"状态时，弓臂会整个大幅度反向弯转。

但这种"斯基泰弓"未必是斯基泰人发明的，更不可能是斯基泰人独创的。早在公元前11世纪，欧亚草原地带上的一些民族就已经开始使用双曲反弯复合弓了。而中国开始使用这种弓的时间，则可能还要更早。

总之，到了春秋时期，以干（多层叠合木材或竹材，用以制作弓身的主体）、角（一般为牛角）、筋（动物筋）、胶（用动物的皮与组织等制成的胶）、丝、漆为六种主要

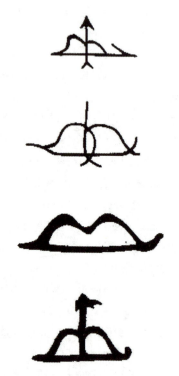

▲ 在商代晚期的甲骨文与铜器铭文中，有大量与弓有关的象形文字或图形符号出现，其形状几乎皆为双曲反弯。这些象形文字最终演化成了现在使用的"弓"字，它仍依稀保留了几分双曲反弯的形状

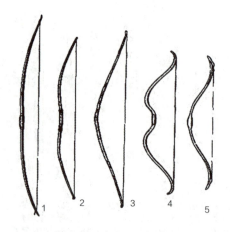

▲ 1.威尔士长弓；2.苏族印第安人的加强弓；3.三角形复合弓；4.斯基泰弓；5.17世纪的土耳其弓

制弓材料的中国复合弓制造技术已经相当成熟。在成书于春秋战国之际的《考工记》中，有《弓人为弓》一篇，对当时的制弓技术做了详尽的总结。材料选择、加工方法、部件性能、装配流程等诸多方面在书中都有详细要求和规定。另外，书中还对应注意事项，以及"怎样的弓适合怎样的人"之类的问题，也进行了分析。世界上对复合弓制造技术的详细记载，最早便见于此。在以后的两千多年里，不仅中国的制弓技术，甚至整个亚洲的复合弓制造技术，与《考工记》中的记载内容相比，都没有发生根本性的变化。

需要注意的是，《考工记》之《弓人为弓》一篇，虽然反映了当时弓的规范化制造流程和标准，但也有着地域和时代上的局限性。这本书主要是根据春秋战国之际齐国的情况来写作的。其实由中国各地考古发掘的实际情况来看，春秋战国时使用的弓，既有复合弓，亦有单体弓。复合弓里，弓身以被《考工记》视为最次等的干材——竹所制成的，为数甚多。从弓身长度来看，短的70 ~ 80厘米，长的则超过210厘米。在此范围内，各种尺寸的弓都能见到，远不止《考工记》所言的上（152厘米）、中（145厘米）、下（138厘米）三种规格。这些正体现了地域上的差别。

时代上的差别，则可以从制作时间直观地反映出来。《考工记》所记载的那样繁复的工艺流程，从准备材料到最终制成一张弓，往往需要跨越三年时间。在制弓作坊中，由于各项工作可以交错进行、流水作业，故而定期都会有一批成品出炉。特别是在弓箭还作为主要兵器，具有重要地位的中国古代，

即使是一家规模较小的弓箭作坊，每批次生产几百甚至上千张弓也都是可行的。但单就一张弓而言，其耗时是难以缩短的。此后，随着时代的进步，用材上的要求提高与细节上的精益求精，导致制弓耗时更长。譬如清代八旗弓匠制作的官弓，从准备材料到最终制成，跨越四个年头亦属正常。当然，到了20世纪末21世纪初，由于开始将电动机械和工具投入传统弓的制造，让依旧遵循传统流程的制弓工序，耗时得到了明显的缩短，但通常也要一年多时间才可制成一张好弓。

箭作为必须与弓弩配合使用的武具，在弓发展演进的同时，自然也在同步发展。从河南偃师二里头遗址、河南郑州二里岗遗址、河北藁城台西遗址、河南安阳殷墟遗址出土的一连串自夏文化晚期到商代后期的箭镞来看，随着青铜冶铸技术的不断发展，青铜箭镞由笨拙、不规则的原始形态迅速进步，两翼的夹角逐渐加大，后锋（两翼尾部的倒刺）也逐渐尖锐。这样的变化使得射入人体后的创伤面积更大，并且不易被拔出。此外，在台西遗址还曾出土过一支几近完整的箭。其箭镞与木质箭杆连接完好，尾羽虽已朽坏，但其在泥土中留下的痕迹仍清晰可见。该箭的长度为85厘米，与考古学者推测的商代箭矢普遍长度87厘米相当接近。

从各地的考古发掘中，我们还能知道更多商代箭矢的情况。比如商代青铜箭镞的长度一般在5.5厘米到9.5厘米之间。比如商代每个箭箙（装箭的箭囊）装10支箭。还比如虽然青铜箭镞已经得到了广泛的应用，但商代仍在同时使用石质和骨质箭镞。这是青铜冶铸技术依然不够发达，导致青铜箭镞

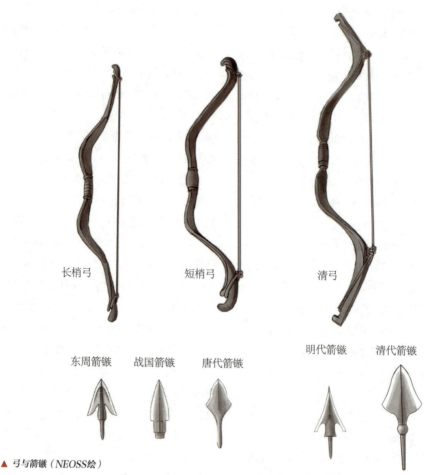

长梢弓　　　　　短梢弓　　　　　清弓

东周箭镞　　战国箭镞　　唐代箭镞

明代箭镞　　清代箭镞

▲ 弓与箭镞（NEOSS绘）

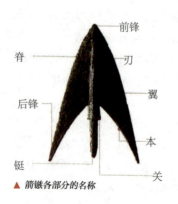

前锋

脊　　　　　　刃

　　　　　　翼

后锋

　　　　　　本

铤

　　　　　　关

▲ 箭镞各部分的名称

制造成本高且费时费力的表现。由一些完整的成套弓箭，譬如殷墟内几个车马坑中的成套兵器观之，铜镞与石镞、骨镞的比例几乎一半一半。通过郑州紫荆山商代早期遗址里，人骨在骨器成品、半成品以及骨料中占了相当一大部分的发现，我们又能得知当时用来制作骨镞的材料，除了牛、鹿等动物骨骼外，人骨竟然也是相当常用的材料。

春秋战国时期，频繁的战争促使防护装

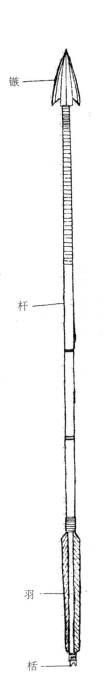

镞

杆

羽

栝

▲ 一支箭各部分的名称

备进一步完善，甲胄的性能不断提高，流行了许久的扁平双翼式铜箭镞已经不能满足需要了。于是，穿透力与杀伤力上了一个台阶的新式镞——锥体三棱式铜箭镞很快问世并普及开来。在河南三门峡上村岭发现的西周晚期至春秋早期的虢国墓地中出土的青铜箭镞证明：春秋早期锥体三棱镞已经出现，但扁平双翼镞仍未式微。而秦始皇陵兵马俑坑统共出土了41万枚铜镞，其中99.76%是锥体三棱式铜镞，反映了战国末期锥体三棱镞一统天下的局面。相较侧棱呈直线的早期锥体三棱镞，兵马俑坑出土物的侧棱呈微凸的弧线，三棱的截面呈等边三角形。被精细地磨砺后，这些箭镞的穿透力与杀伤力无疑更大。然则，兵马俑坑里的箭镞出土物内还有更重大的发现，那就是仅出土1枚的铁镞。这正可谓是箭镞步入铁器时代的象征。

在铜镞、铁镞开始交替的秦末汉初，铜箭镞也并没有停止进化。含锡量增加到22.1%后，铜镞的硬度增大了。表面经过铬化物处理而不易腐蚀，可能用来放置毒药，以增加杀伤力的三角形小药槽普遍出现。期间青铜箭镞依然占据着主要地位，直到在西汉武帝时期铜镞、铁镞的地位才发生了急剧变化。

对比西汉不同时期的考古发现，我们可以得知在武帝时期，汉王朝开始大量使用铁质箭镞。譬如对河北满城中山靖王刘胜墓的发掘研究便是一处重要证明。刘胜是在汉武帝元鼎四年（公元前113年）去世的。在他的墓中共出土了箭镞441枚，其中铁质箭镞371枚，其余为铜质箭镞，铁镞与铜镞之比为5.3∶1。可见随着铁器在汉代的普及，铁质箭镞也得到了迅速普及。这一点，也能从西汉末年至东汉初期遗址的考古发现中明显看出，彼时铁镞与铜镞之比大约已经拉大到了10∶1。

之后的三国两晋南北朝乱多治少，实战中使用的各种弓、箭逐渐有了更明确的分工，也更具有针对性。及至唐代，实战用弓有了长弓、角弓之别。长弓多以桑木、拓木制成，弓身长大，适合步兵使用；角弓重在筋与角的加强，弓身短小，便于骑兵在马上使用。唐代实战用箭中有一类所谓"射甲箭"，箭体长大，装有锋利的钢质箭镞，用以破重甲。另有一种箭镞如针的穿耳箭，则是专门对付抗穿刺效果良好的锁子甲的。

唐代建立在强大国力基础上的弓箭制造业十分发达。唐军中，弓箭的装备率几乎为100%，譬如唐军步兵一军的编制通常为12500人，弓箭装备计有"弓一万二千五百张，弦三万七千五百条，箭三十七万五千支"，即每人1张弓、3根弦、30支箭。

这里要提到的是，弓弦相对弓的其他部分是最脆弱的，在使用中很容易损坏。而在激烈的战斗中，断弦更是常有之事，所以弓弦的配备数量肯定要多。另外，给弓换弦，将弓弛放等工作，视弓力强弱需要两至数人。只有一人的情况下，只能徒手下弦，上弦则必须借助一定的工具。而在不使用的时间里，将弓下弦、弛放，是对弓的一种保护。

此外，《考工记》里没有提及的弓袋与箭箙（又称箭壶、箭袋、箭囊等）也是弓箭的重要配件。由于雨雪的侵袭，甚至温度、湿度的变化，都会影响弓箭的正常使用，削弱弓力，严重时还会导致完全损坏，所以弓箭不论存放还是使用都得保持干燥状态。除了在弓箭表面刷漆以增加强度，防止雨水、雪水对内部的侵蚀之外，还需要采用不透水的皮革或木材来制造携行用具。弓装于弓袋中，箭装于箭箙中。它们或悬于战车上，或挂在马鞍上，或系在射手的腰上。

▲ 新疆塔克拉玛干沙漠尼雅遗址出土的弓袋、箭箙

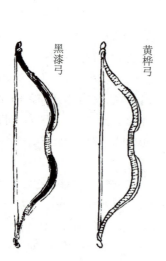

黑漆弓　黄桦弓

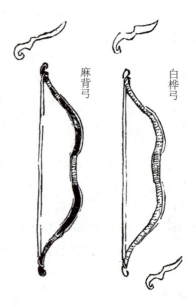

麻背弓　白桦弓

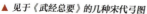

▲ 见于《武经总要》的几种宋代弓图

箭箙不光能起到携行用具的单纯作用，野外宿营时充作枕头亦是它的附带作用之一。而它最主要的附带作用，则是充当探音装置——敌人的骑兵可能尚在数里之外，你却已经通过箭箙发现他们了，这可要比直接用耳朵贴地面，效果来得更好。

到了宋代，实战用的黄桦弓、白桦弓、黑漆弓、麻背弓之间并没有多大区别。然而箭的种类却更趋多样，比如箭镞四周带尖刺的狼牙箭，箭镞如鸭嘴的鸭嘴箭，箭镞呈四棱锥体的出尖四棱箭，箭镞如凿子一般的一插刃凿子箭，箭镞呈扁平蛇矛状的乌龙铁脊箭，虽箭镞形状不同，但大都是用于破甲的"点钢箭"与"铁骨丽锥箭"，以及在战场上用来传递信号的"鸣铃飞号箭"等等。种类丰富的趋势自宋元到明清，一发不可收拾。明代《武备志》中记载的箭种多达二十种：透甲锥箭、菠菜头箭、凿子头箭、两开肩箭、狼舌头箭、月牙箭、艾叶头箭、柳叶箭、三叉箭、菱叶箭、眉针箭、铲子箭、兔叉箭、小朴头箭、铁朴头箭、四扣马箭、攒竹箭、无扣箭、荞麦棱箭、半边扣箭，多半因其形制而得名。清代常见的箭种更是多达三十余种，但与其繁盛相悖的是，弓箭在实战中的地位进一步衰落。

实战沿革

张弓射箭的手法，主要有三大类，西方学者分别将之命名为"捏箭式"（Pinch draw and release）、"地中海式"（Mediterranean draw and release）和"蒙古式"（Mongolian draw and release）。

多数人在第一次射箭时会不自觉地用食指与拇指捏住箭尾，这便是"捏箭式"。这种手法的优势在于撒放动作干净利落——当射手拉到某个极限时，摩擦力无法再留住箭，箭就自然射出。然而，这种手法是难以用于稍强之弓的，除非射手拥有超常的指力。所以实际上常见的手法只有两大类：流行于盛行单体弓的西方世界的"地中海式"——由食指勾弦位于箭尾之上，中指和无名指勾弦位于箭尾之下；以及流行于盛行复合弓的东方世界的"蒙古式"——用戴着扳指的拇指勾弦，食指和中指压住拇指以加强力道。这两种不同的手法，源于单体弓与复合弓不同的特性。单体弓的弓身一般较长而弹性差，拉满时弓弦的角度比较大，适合用多个手指勾弦；复合弓的弓身一般较短而弹性好，拉满时弓弦成锐角，只适合用拇指单个勾弦。

保护拇指并帮助勾弦的扳指，或者能起到类似功能的道具（比如日本弓道中使用的特殊手套——弓悬，也称"弽"或"韘"），

▲ 殷墟妇好墓出土的玉质扳指。扳指上的孔用来穿绳，系在手上以免脱落，凹槽则用来扣住弓弦

"蒙古式"射法示意图,以明代人为形象绘制。该军人着贴里,使用角弓,佩戴扳指控弦。图中以射手左手持弓、右手控弦为例,使用"蒙古式"射法时,箭搭在弓身右侧。左上角为"蒙古式"射法的控弦手法(杨翌绘)

"地中海式"射法示意图，以英格兰长弓手为形象绘制。图中以射手常见的左手持弓、右手控弦为例，使用"地中海式"射法时，箭搭在弓身左侧。左上角为"地中海式"射法的控弦手法（杨翌绘）

▲ 湖北武汉东湖落雁景区清河桥头的养由基（？～公元前559年）塑像。养由基为春秋时期楚国将领，是中国古代最著名的神射手之一。"百步穿杨"和"百发百中"两个成语都源自于他的事迹

对于"蒙古式"手法来说是必不可少的。扳指是晚些时候的俗称，古称则多为"韘"或"玦"。日常使用的扳指，多以皮革、兽骨、兽角等制成；而作为把玩的饰品，则多以玉石、玛瑙、象牙、翡翠等制成。1976年，河南安阳殷墟妇好墓中，出土了一件玉质扳指，年代为公元前13世纪末至公元前12世纪初。这是迄今为止中国发现的最早的扳指实物。这不仅证明了中国早在商代晚期便已经运用"蒙古式"手法，同时也是中国早在商代晚期便已经使用复合弓的一个间接证据。

到了春秋战国时期，各诸侯国之间军事冲突不断，兼并战争频发。在巨大的军事压力之下，军事组织、作战方式与战术水平相较殷商与西周时期，都有了普遍的飞跃。商代晚期以至西周，精熟射艺成了对贵族子弟抑或精锐部队的要求。而战国前期的魏国，时任上地守的李悝（公元前455年～公元前395年）为了激励（或者说逼迫）辖下民众

精熟射艺，居然颁布法令：当发生不容易判决的诉讼时，以原被告双方之间的射箭比赛来决定官司输赢。以至上地郡民把大量精力花在练习射箭上，几乎人人都到了精熟射艺的地步，待到与秦国作战时，还因此大败秦军。这个例子便是春秋战国时期全民皆兵、全民习射的写照。在赵国，则发生了一项影响更深远的改革。

地处北疆的赵国，与楼烦、林胡、匈奴等游牧民族为邻。面对北方游牧民族灵活机动的骑射兵种，延续自商周的"左人持弓，右人持矛，中人御"的呆板兵车战术难以对抗。因此主要依靠传统的车兵、步兵来进行作战的赵国陷入了不利的境地。为了改变这一状况，公元前307年，赵武灵王下令国人改穿胡人的服装，练习骑射，是为"胡服骑射"。与人们的固有观念不同，"胡服骑射"并非是中国骑兵的骑射之始。至少早在赵国尚未完全立国的赵襄子时代（在位时间为公元前475～公元前425年），赵氏便已拥有骑兵。可是，时人的服装上衣、下裳（即遮蔽下体的裙）、宽袍、大袖，根本不便骑马射箭，所以想要掌握娴熟的骑射技术就必须改穿北方游牧民族的服装。事实证明，骑马本是习惯于乘车的中原人所不熟悉的，在马背上使用弓箭射中目标更是中原人一时难以掌握的。但只要愿意向"北方的老师"模仿、学习骑射技术，并勇敢地革除弊病，就完全能够取得成功。果然，改革十分有成效，赵国骑兵很快得到了空前的发展，渐次足以与胡骑相对抗。

秦统一六国后，迫于蒙恬（？～公元前210年）率30万秦军北伐的兵锋，头曼单于

▲ 赵武灵王（约公元前340年~公元前295年）胡服骑射复原图，摘自《中国古代军戎服饰》

▲ 山西忻州九原岗北朝墓葬壁画。画中这名射手转身向马后，引弓待射

率匈奴迁徙到了漠北。秦末战乱时，头曼率众南下回归故地，建立了北方游牧民族的第一个国家政权。到他儿子冒顿单于（公元前234年~公元前174年）时，匈奴陆续击败月氏与东胡，成了蒙古草原上最强盛的国家。汉朝建立后，匈奴对中原的压力远超战国时期。为了适应与匈奴作战，汉朝统治者对兵种设置、军事训练、武器装备均进行了大幅度改革。到汉武帝时，骑兵得到了进一步的发展，练习骑射成了军事训练的主要内容，而铁质箭镞取代铜质箭镞成为主流。正是在这样的条件下，卫青、霍去病才得以多次率领数万骑兵，深入敌后，大破匈奴。

汉匈战争中的汉朝骑兵有大量来自于边地六郡——陇西、天水、安定、北地、上郡、西河。这六郡边民所处靠近游牧民族，因此剽悍好战，精于骑射。汉武帝出于培养骑兵骨干的目的，曾经长时期只在"六郡良家子"的范围内挑选羽林骑士。出身六郡的两汉将领更是数不胜数：李广、李敢、李陵、李蔡、李息、甘延寿、上官桀、傅介子、赵充国、赵昂、公孙贺、公孙敖、辛武贤、辛庆忌、廉褒、廉范、皇甫规、皇甫嵩……甚至连"膂力过人，双带两鞬（弓袋），左右驰射，为羌胡所畏"的那个董卓，都是边民善骑射者的典型。

自东汉开始，毒箭被广泛地应用于军事用途，增强了弓弩的杀伤力。例如东汉明帝永平十八年（公元75年）三月，北匈奴以两万骑兵进攻汉戊己校尉耿恭屯兵数百的金蒲城时，耿恭就是依靠毒箭才得以在兵力差距悬殊的情况下击退敌军的。

三国两晋南北朝时期，割据纷立，战乱频仍。这一时期涌现了大大小小的匈奴、鲜卑、羯、氐、羌等少数民族国家，国民们多为游牧民族出身，曾长期过着逐水草而居的马上生活，自然精于骑射。譬如匈奴"士民力能弯弓，尽为甲骑"，又如鲜卑"人人善射，以战为乐，以战死为荣，预战时，族人操弓箭飞身上马，欢呼相应"。他们普遍推行"取士选材，必先弓马"的选举标准，进一步促进了中国北方社会骑射风气的兴盛，也使得军队的主要作战方式由秦汉时期的步弩为主转变为骑射为主。隋唐的军事风格很大程度上正是北朝的延续。

为了对抗"控弦之士多达百万"的突厥，李唐王朝从立国之初便强调加强箭术训练的重要性。府兵"居常则皆习射"，并定期考试，如"有教习不精者"，就要将该府兵所属折冲府的军事长官折冲都尉问罪，有时甚至连该府兵所处州的地方长官刺史也要一并问罪。唐代箭术理论的风格倾向，从《射经·马射总法》中"势如追风，目如流电；满开弓，紧放箭"的口诀即可一窥。此外，武周长安二年（公元702年）武则天创设了与文科科举考试并列的武举，九项考试科目中射箭类独占五项（马射、步射、平射、筒射、长垛），唐代对箭术的重视由此可见。因此唐朝也涌现出许多射箭的行家里手。"将军三箭定天山，壮士长歌入汉关"诗句中所夸赞的"将军"薛仁贵（公元614年～公元683年）便是个中典型。他是唐代出名的善射者，在唐高宗

的测试中，曾以劲弓钢镞一箭洞穿五层铠甲。与九姓铁勒（回纥、仆固等九个铁勒部落的总称）在天山作战时，曾依靠"三箭射杀三人"的气势，迫使敌军投降。

宋代对箭术的重视，相较唐代似乎更胜一筹，有所谓"军器三十有六，而弓为称首；武艺一十有八，而弓为第一"的说法。北宋神宗元丰二年（公元1079年）九月，朝廷颁布了《教法格并图像》，其中对步射、马射等各类箭术，以及执弓、发矢之类的细节，均有文字说明和图解，同近现代的军事操典很相似。由于弓弩是主要兵器，故而当时衡量一个人的武艺优劣，主要是看他能挽多大弓力的弓与弩（弓力越大射程越远、杀伤力和穿透力越强，当然是非线性的），以及射击的精准度。由此，选拔士兵，尤其是选拔精锐士兵时，对他们的箭术水平自然也会有比较高的要求标准。北宋仁宗时制订的《禁军选补法》载："凡入上四军者，捧日、天武，弓以九斗（弓力约68.36公斤），龙卫、神卫，弓以七斗（约53.17公斤）；天武，弩以二石七斗（约205.09公斤），神卫，弩以二石三斗（约174.71公斤）为中格。"选补班直（相当于近卫部队）的要求标准更高，"弓射一石五斗（约113.94公斤），弩跖三石五斗（约265.86公斤）"才算合格。到了南宋宁宗时，选拔精锐士兵的标准则为穿着甲胄后，"射一石（约75.96公斤）力弓，三石（约227.88公斤）力弩为上等；射九斗（约68.36公斤）力弓，二石八斗（约212.69公斤）力弩为次等"。

同时，宋朝皇帝也时常对军队提出教阅、测试的要求标准。譬如南宋孝宗时就规定，

骑射示意图，以北齐壁画为蓝本绘制（杨翌绘）

弓箭手在六十步（约 93.6 米）开外射 8 箭，射中 5 箭为合格。南宋光宗时，对殿、步司诸军的要求则是："弓箭手带甲，六十步射一石二斗（约 91.15 公斤）力，箭十二，六箭中垛为本等（即指合格）；弩手带甲，百步（约 156 米）射四石（约 303.84 公斤）力，箭十二，五箭中垛为本等。"另外，在与敌国接壤的边地、战区，甚至不光要求军人拥有娴熟的箭术，还希望民众也能够精于弓弩，以备不时之需。譬如种家将的第一代——北宋将领种世衡（公元 985 年～公元 1045 年）在陕北与西夏作战时，就曾经使出类似战国时魏国李悝的方法来激励当地民众精熟箭术——"常课史民射，有过失，射中者则释其罪；有辞谋事，请谋事，辄因中否而与夺之。人人自励，皆精于射，敌数年不敢近"。

契丹人崛起时，已是半游牧半农耕民族，但契丹全民几乎从小就开始训练骑射。即使建立政权后，契丹人依然把骑射视为根本，从辽军骑兵通常每人携带弓 4 张、箭 400 支这一侧面即可一窥。与"儿童能走马，妇女亦腰弓"的契丹相比，建立西夏政权的党项人不仅精于骑射，还出产良弓强弩。党项人崛起时，亦是半游牧半农耕民族，但是他们国力相对较弱，人数也相对较少。在高军事压力的环境下，形成"人人习骑射，乐战斗，耐饥渴，其亲冒矢石，蹈锋刃，死行阵，若谈笑"的尚武好战之风不足为奇。西夏出产良弓强弩，很大程度上是因为西夏国内盛产牦牛，拥有质地很好的牦牛角等作为制造弓弩的材料。《昨梦录》云："西夏竹牛（牦牛），重数百斤，角甚长，而黄黑相间，制弓极劲。"要知道，牛角、牛筋的质量对弓弩成品的质量是能够起到决定性影响的。高档角材价值不菲，一只牛角就相当于一头寻常好牛的价格，所以被称为"牛戴牛"。成吉思汗（公元 1162 年～公元 1227 年）在征讨西夏时，还曾专门对西夏出产的弓给予了特别的赞扬，并征集不少西夏工匠专门为蒙古帝国制造弓弩。

取代契丹、与宋对峙的，是女真人建立的金政权。女真人崛起时，乃是半渔猎半农耕民族，但他们也有如契丹一般重视骑射教育的传统，这是"狩猎"在女真人社会经济生活中占据重要地位的直观体现。金朝对骑射的重视，除了反映在武举考试和一些官员升迁将骑射作为基本考核以外，还有趣地反映在文科的科举考试中。譬如金章宗明昌四年（公元 1193 年），曾昭告"敕女直进士及第后，仍试以骑射，中选者升擢之"。女直进士科，创设于金世宗大定十一年（公元 1171 年），"初但试策，后增试论"，即所谓策论进士，是专为女真人设立的科举考试科目。然则，这无论如何都是选拔文官的渠道，金朝皇帝居然还要在这里面添一道"骑射"测试，可见其对骑射的重视。

再后来，蒙古乞颜部孛儿只斤氏的铁木真统一了蒙古各部，结束了草原上似乎会"永无宁日"的自相残杀，作为"成吉思汗"创建了蒙古帝国。随后，这个"马背上的民族"成为一股不可阻挡的力量，连续灭掉西夏、金、大理、南宋，更征服了吐蕃地区，建立起版图辽阔的元朝。而元朝的建立，依仗的正是蒙古军队的强大战斗力。蒙古军队之所以战斗力强大，其主要原因之一，恐怕便是从小学习"男子三艺"。

蒙古男子认为立身处世有三项必须掌握的技艺——骑马、射箭和摔跤，是为"男子三艺"。这与蒙古人长期游牧射猎的生活密不可分。残酷的生存环境与频繁的内部战争，迫使蒙古人自幼便得开始学习、掌握骑射技术。在"追、围、捕、杀"的狩猎中，在"分析、判断、进攻抑或后撤、包围抑或迂回"的实战中，蒙古骑兵练就了非常灵活的骑射战术：或迅速冲到敌军近处，从四面八方暴风骤雨般地放箭袭击，然后忽然遁去；或先在较远距离以强弓攒射，尽可能地杀伤敌人并破坏敌人的阵形，然后依靠自己的快速机动能力巧妙地拉开距离，如此不断往复，直到消灭敌军。

明朝初年，统治者对骑射能力的重视很大程度即是蒙古骑兵余威的体现。然而曾经的情况——军人普遍骑射娴熟，文儒之士善射者亦不鲜见，到明中期时已经为之大变。这主要是火器制造与应用的大发展导致的。虽然弓箭在射击频率上有一定优势，因此尚且可以作为与火器互补的兵器留在中国战争舞台上，而不是像弩一般几乎完全被排挤出中国战争舞台，但弓箭的重要性仍是难以避免地不如以往了。明代名将戚继光（公元 1528 年～公元 1588 年）在他的军事著作《练兵实纪》中记载，当时的步兵中大约只有十分之一的人装备弓箭，骑兵装备弓箭的略多于二分之一。明军主要装备的远程兵器已变成了各色火器。这样的情形同唐代近乎100% 的弓箭装备率形成了巨大的反差。因此，明代弓箭制造技术不再强调弓力需要达到如何的高值，明代士兵的选拔与训练，也不再强调弓力必须达到怎样的标准。

▲ 元世祖出猎图里的蒙古猎手

▲ 蒙古战士画像

不过，明代的射术理论与历代的射术理论相比也有进步，甚至形成了南北两派。当时南派认为倘若使用硬弓（指弓的拉感生硬），刚刚拉满弦就必须发射，无法持久瞄准，命中率反而降低，不如索性持软弓（拉感柔和的弓）射长箭，反而更加实用。戚继光的另一部军事著作《纪效新书》也认为，"莫患弓软，服当自远"。以边军为代表的北派用弓拉距会大些（拉距大能让箭获得更高的初速），用的弓多是较长大的弓，不但稳定性好，而且拉距大，可以较好地配合重箭。

明代除了继承自宋代的黄桦、黑漆、白桦、麻背等弓，还有开元弓、小梢弓、交趾弓、进贤弓、二意角弓、西番木弓等多种名目的弓。

清朝，作为中国历史上的最后一个封建王朝，其创立者女真人作为我国东北地区的少数民族，从肃慎、靺鞨、女真一路传承下来的骑射之风依然极盛。骑射作为清代军事实力的重要组成部分，以及满族文化的核心内容，渗透在生活的方方面面。清朝统治者亦将"骑射"与"国语"（满语）并列，当作支撑国家的八旗根本。为保持骑射传统，清室采取了各种措施，比如规定八旗子弟参加科举，需先考步射、骑射，合格者才可继续参加乡试、会试考试。又比如武举考试无论乡试、会试、殿试，考试顺序皆为第一场骑射，第二场步射，第三场才是军略，前一场考试不合格者，不能参加接下来的考试。

再比如建立考封制度，给没有爵位继承权的宗室通过考试获得一定等级爵位的可能，考试内容为骑射、步射、满汉翻译三项。

然而弓箭毕竟已经落后于世界武器发展潮流了。特别是清中期开始，军队日益腐化堕落，基层八旗军官与士兵渐渐难以正常维持生计——上不理军务，只知克扣饷银、骄奢淫逸；下不事操练，只知胡作非为、扰乱治安。"射箭，箭虚发；驰马，人坠地"的情况司空见惯。以致嘉庆十四年（公元1809年），清廷对曾经的精锐部队——健锐营、火器营进行弓箭考核时，27000名士兵，骑射能够挤进头等的居然只有区区60人。嘉庆十八年（公元1813年），当数十名天理教徒攻进紫禁城大内，"官兵空手遮拦，立被杀害。皆由经年累月不修军器，弓无弦、矢无镞、刀枪钝敝、火药潮湿。日前击贼，皆用瓦砾，言之可羞。军威不振，毫无纪律"。1840年，中国的大门被西方殖民者以坚船利炮轰开之后，清帝国逐渐建立的新军队，已经不可能再以弓箭为主要武器了。弓箭，这种在中国军事实战中占据了几千年重要地位的武器，很快就被枪炮等近现代兵器所取代。失去了主要需求来源——军事用途，弓箭制造业也就此日薄西山，逐渐衰落了。而到了抗日战争期间，全中国仍有弓箭制造作坊在营业的地方，便只剩下北平（北京）和成都两处了……

国之利器：弩

种类样式

弓重量轻，拉力要求相对较低，它使用灵活，构造简单，技术含量与制造成本也相对较低，便于大量制造。使用起来，上箭、张弓、瞄准、发射一气呵成，可以有相对较高的射击频率，而且不论马上马下都能方便使用，泛用性强。不过，弓的杀伤力、穿透力、射程都相对有限。而且，张弓瞄准时，需要维持姿势，手不能松劲儿，这需要良好的臂力与训练。在颠簸的马背上进行骑射，则更需要高超的技术，否则难以命中。

两相比较之下，弩相对更重，构造复杂，技术含量与制造成本比较高，要想大量制造需要有相应的经济实力和技术实力。使用起来，张弦上弩时的拉力要求较大，而且耗时偏长，当然射击频率也就不会高了。弩不如弓箭方便，尤其在马背上张弦极为困难，但是杀伤力、穿透力、射程都优于弓箭。而且张弦之后弩不再需要使力，可以从容地专心瞄准，因此命中率通常更高，要想集中火力打击目标，弩比弓更合适。另外，弩的使用也不需要太多训练，更便于掌握，以致有所谓"朝学而暮成"的说法。事先装填好的弩，还可以用来应付突发状况，先下手为强，这也是弓不具备的功能。

"弩生于弓，弓生于弹"，《吴越春秋》上所载的这一说法是有道理的。弩与弓原理相同，是由弓发展演化而来的兵器。通过将

黎、独龙、景颇、苦聪、哈尼等少数民族使用的木弩上的骨质悬刀（即扳机），与在数个仰韶、龙山文化遗址中发现的骨片做比对，考古学家认定这些骨片就是骨质悬刀。也就是说，中国最原始的弩可能早在4500年前的新石器时代晚期便已诞生。但是，在之后相当长的时间里，由于技术条件极大程度地限制了性能，弩一直只能作为狩猎用具来使用。直到春秋时发明了青铜弩机，才使得弩的性能有了不小的改善，足以作为兵器投入战争使用。

青铜弩机是一种转轴联动式的装置，一般包括牙、望山、悬刀、牛、键等部分。"牙"为左右对称两片，中间容纳箭栝（箭尾扣弦的部位），用于卡弩弦；"望山"用于瞄准，与"牙"铸为一体；"悬刀"就是扳机；"牛"（又称"钩心"），用以销住"悬刀"卡口；"键"就是轴销，用来将各部件合成整个装置，并固定在弩臂后端的空间里。

一般认为，弩箭上弦有两种方法：

一是在张弦装箭前，用手扳起望山，使牙上升、与弩臂垂直，牛被带起，牛的下齿卡入悬刀卡口内，弩机进入待机状态。接着将弩弦张开，扣在牙上。

二是直接拉弦到牙，压倒牙即自动使钩心进入悬刀刻口，形成闭锁待发状态。

弦上好后，将箭放入弩臂上方的槽内，箭栝在左右两片牙之间顶在弦上。然后弩手借助望山、箭镞与目标三点一线瞄准，扳动

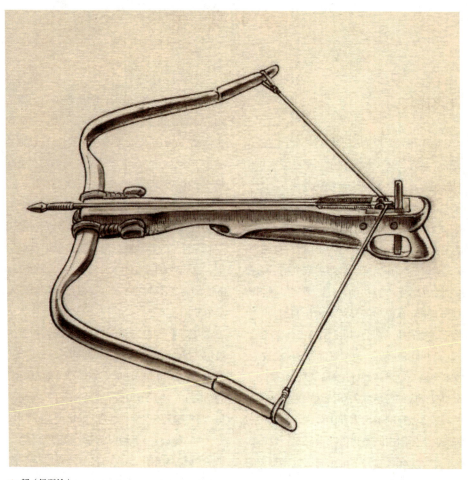

▲ 弩（杨翌绘）

悬刀，牛脱离悬刀卡口，牙前倾下缩，弦瞬间失去阻力，将顶在其上的箭弹射出去。即便再怎样强力的强弩，只要扳动弩机，立刻便会发射，正可谓"四两拨千斤"。

三棱箭镞装填上弩之后，其中一棱垂直于弩臂，可以起到准星的作用，更方便进行三点一线的瞄准，因此成为弩箭的一种常见形制。

根据实际应用的不同，箭矢不光会有截然不同的外观形制设计，还会有不同的重量与重心设计，如重箭通常用来破甲，轻箭则可用来射鸟。又比如近战用箭，重心在前三分之一处；守城用箭，重心则在前五分之二处。由于张弓与张弩的拉距不可相提并论，箭矢的飞行速度也不同，于是弓和弩所使用的箭矢长度一般也不同，弩箭相对要短一些。不过通常情况下，除了一些派特殊用场的军用箭矢外，常见军用箭矢不论是配弓使用的还是配弩使用的，在要求杀伤力更高、穿透力更强、中箭后难以拔出处理等方面都是一致的。

到了战国时期，弩的使用已经普及，长铤箭镞的出土越来越多。这是因为弩的发射力道比弓要大，若继续使用通常的箭镞，容易造成箭在飞行过程中因体轻而轨迹弧度过大，命中率不高，或者命中目标时箭杆折断等现象。为克服上述弊端，适当增加铤的长度，提高箭体重量就成为必然的选择。秦始皇陵兵马俑坑出土的许多箭镞长度约为38.4～41.9厘米，铤长则为33.9～37.7厘米，说明这些箭镞是为了适应弩的使用而制造的。而兵马俑坑里出土的弩，更是表明秦弩是战国制弩技术的集大成者。相比各地考古发掘中出土的战国弩，秦弩的弩臂要长十到二十几厘米。弩臂的加长，增大了弩弓的张力，也增加了弩的射程。另外，通过研究秦青铜弩机的铭文，可以看出当时弩的制造生产已具有了一定的标准化水平，虽然还不

能做到零件完全互换，但同一零件之间的标准误差已经以毫米计了。

随着冶金技术的不断发展，以及频繁战争导致的需求，弩在实际应用中得到了持续发展。到汉代，军队中大量装备强弩，这些弩在汉匈战争中发挥了巨大作用，构成当时汉军在装备上的明显优势之一。汉代弩性能愈发优异，使用更加普及，可以说是建立在两项重大构造改进之上的。

其一是汉弩普遍应用铜质"郭"（弩机匣）。战国弩与秦弩的弩机是没有郭的，各个零件直接装到弩臂上去。这样的结构不够牢固，同时削弱了弩机和弩臂的强度，拆装也很不方便。而有了郭之后，就可以先将各个零件牢固地安装在郭中，再将郭整个嵌入弩臂上的弩机槽里。弩机和弩臂的强度因此得到了增加，为日后弩的力量和射程不断加大创造了条件，拆装也比以前方便。铜质郭出现后，迅速流传开来，甚至连在西汉同时期的云南滇族墓中发现的弩机都带有郭了。

其二是望山这个弩的瞄准装置在西汉时期得到改进。从现在少数民族所使用的木弩来看，原始弩是没有望山这个部件的。至战国时期的青铜弩机上，才有了望山。望山的作用有二：一是用手扳起望山，就能使牙上升与弩臂垂直，并带起牛，让弩机进入待机状态；二是射击时，可以利用高耸的望山进行三点一线的瞄准，提高命中率。可实际上，望山瞄准的这项功能是有瑕疵的。由于箭在飞行过程中，不可避免地受到地心引力的作用，运动轨迹会呈抛物线，如果瞄准时完全平视目标，箭每次都会击中目标的下方。距离目标很近时，这种误差可以忽略不计，但

▲ 秦始皇陵兵马俑坑出土秦弩的青铜弩机，可见弩机部件上的铭文

距离越远，误差也就越大。这个问题对于以射程为卖点的强弩而言是致命的。古人可能很早就发现了这一问题，却只能仰赖射手丰富的经验在射击时进行临场微调，校正箭的飞行误差。随着使用经验与科学知识的不断丰富，到西汉时这一问题终于得以基本解决：一方面，大幅度增加望山的高度，也就是加大瞄准时的可校正范围，使得射击可以在较大距离内达到较高准确性；另一方面，则是在望山上增加了刻度，使得原来只能依靠经验来进行大致校正的射手，可以按照刻度进行更精确的校正。迄今为止，在望山上增加

刻度的弩机，最早一例样本是在河北满城中山靖王刘胜墓里发现的。但是，这类带有刻度的望山弩机在两汉的出土物中相当少见，显然属于数量稀有的先进器具。

魏晋时期的弩，仍沿袭汉代弩的形制与结构。西晋灭亡后，北方匈奴、鲜卑、羯、氐、羌等少数民族先后进入中原，建立政权。他们长于骑射，喜欢使用弓箭，却不大用弩。因此，在十六国与北朝墓葬的大量考古发掘中，几乎很少见到弩的踪迹。偏安江左的东晋与南朝，则沿袭着秦汉以来的传统，依旧普遍使用弩。在东晋与南朝墓葬的考古发掘

▲ 弩射击示意图。图中虚线为瞄准线，射手通过望山—箭头—目标，构成三点成一线（杨翌绘）

中屡屡发现弩，便可资证明。

南北朝时期，还曾经制造过威力巨大的大型弩。如《宋书·武帝纪》里记载，刘裕（公元363年~公元422年）平定卢循（？~公元411年）起义时，有使用过"所至莫不摧陷"的"万钧神弩"。所谓"万钧神弩"（又称"万钧弩"、"神弩"）在《晋书》、《南齐书》中多有提及，但恐怕不会真的有1万钧（约66000公斤）那么大的弓力。这种弩大约在东汉便已出现，只是到西晋时才得到推广，有了"神弩"的称呼，并被列入皇室仪仗。通过在江苏南京秦淮河中出土的一件南朝铜弩机硕大的郭（长39厘米，宽9.2厘米，高30厘米）来推断，这种大型弩的弩臂应有180~226厘米左右，弩弓则应有430~540厘米左右。如此巨大的弩，靠个人力量是不可能张弦发射的，而只能是利用绞车等机械来张弦发射。又如《北史·源贺传》里记载，北魏文成帝时，源贺都督三道诸军屯漠南，使用的大型强弩，需要六头牛来拉绞车张弦。这也是史籍第一次把"弩"和"床"联系起来，清楚地说明这弩是安装在床（即发射架）上使用的。

大型重弩，至晚到战国后期，就应当已经出现了。《墨子·备高临》中提到的"连弩之车"，《六韬·虎韬·军用》中提到的"绞车连弩"，还有《史记·秦始皇本纪》里始皇帝（公元前259年~公元前210年）用来射杀海中巨鱼的所谓"连弩"，应当都是发射巨型箭矢，力道极为强劲的大型重弩。巨型箭矢系有绳索，可以回收。这些弩往往需要多人或多头牲畜，一起拉动绞车，才能张弓引弦，以起到"在攻坚与城防战中，破坏

城防结构、攻城器具、大型设施"等作用。到了唐代，军队所装备的弩只占弓的五分之一，一大原因恐怕就是因为自两晋之后，弩的发展渐趋巨大化。

唐代的弩，主要有八种形制：单弓弩、

▲ "蹶开弩"方式一，膝上上弩法，或用于骑兵

▲ "蹶开弩"方式二，脚踏上弩法

臂张弩、角弓弩、木单弩、大木单弩、竹竿弩、大竹竿弩、伏远弩。其中，比较弱的单弓弩、主要由步兵装备的臂张弩、主要由骑兵装备的角弓弩，属于单兵装备的轻型弩，其余五种皆为大中型弩。譬如大木单弩，需用绞车张弦。箭的尾羽以铁制成，发射时"声如雷吼"。又如伏远弩，射程三百步（约466.5米），威力巨大。此外，还有一次可同时发射七支箭，专用于攻城拔垒、无坚不摧的"绞车弩"（又称"车弩"）。

▲ "腰开弩"，上腰开弩法

单兵装备的弩，主要有三类张弦上弩的方式："臂开弩"、"蹶开弩"、"腰开弩"。而弓力更大以及体积更大的强弩，就需要用到滑轮、绞车等机械工具来帮助张弦了。

靠个人臂力张弦的方式——"臂开弩"适用于较弱的弩，而两种"蹶开弩"方式之一的膝上上弩法同样适用于较弱的弩。另一种"蹶开弩"方式——脚踏上弩法，以及两种"腰开弩"方式——上腰开弩法和腰绊上弩法，则都适用于较强的弩。宋代单兵装备的弩中，既有臂开的跳蹬弩、木弩等弱弩，也有踏张的黑漆弩、白桦弩、黄桦弩、雌黄桦梢弩、神臂弓等强弩。其中神臂弓特别值得一说。

▲ "腰开弩"，腰绊上弦图

神臂弓名曰"弓"，实为"弩"。弩臂长约98厘米，弩弓长约140厘米，弦长约77厘米，是一种单兵装备的脚踏张弦强弩，由投归宋朝的党项酋长李定（李宏）于北宋神宗熙宁元年（公元1068年）献上。该弩由单兵携带操作，可轻而易举洞穿铠甲，能"入榆木半笴"，即箭杆的一半深透榆木，射程为二百四十余步（超过372米），其威力可想而知。宋神宗（公元1048年～公元

1085年）立即决定将这种弩量产化，用以装备军队。到了南宋初期，"中兴四将"之一的韩世忠（公元1089年～公元1151年）对神臂弓进行了改良，研制出了克敌弓。这依然是一种单兵装备的脚踏张弦强弩。相比神臂弓，其弩臂增长，最大射程可远至三百六十步（约553米），针对骑兵效果更好，向金军的重骑兵发射，每每"一发应弦而倒"。之后，又衍生出威力胜过克敌弓的神劲弓，但由于张弦搭弩的耗时约为神臂弓的三倍，

开弩示意图。上为战国至秦汉时期的蹶张开弩法，那时尚未有干镫装置，蹶张开弩为坐地张弓，双脚抵住弩弓的弓干，从而发力上弦。下为宋代的踏张开弩法，用脚蹬直立开弩，弩身前头有环形干镫，射手的脚可踏住此处，站立开弩（杨翌绘）

这种弩的泛用性也就相对有限了。总而言之，神臂弓以及由神臂弓改良衍生而成的这几种弩，可谓单兵弓弩中威力最大的一系。

宋代的大型重弩在唐代的基础上又有了进一步的发展。宋人一般统称其为"床子弩"（又称"床弩"），作为量产的常见形制，各种规格都有：轻量级的，如自神臂弓衍生而来的"神臂床子连城弩"，单人即可操作，同时可发射数支箭；中量级的，如双弓床弩、大合蝉弩、小合蝉弩、斗子弩，都是一正一反装两张弩弓，利用多弓合力发射箭矢，并且需要4~7人转动绞车张弦才能进行操作；重量级的，如手射弩、次三弓弩、三弓弩（又称"八牛弩"），都是两正一反装三张弩弓，力道更是"前无古人"，并且需要少则二三十人，多则七十人转动绞车张弦才能进行操作。这个等级的床子弩，所发射的箭矢

也与众不同：有所谓的"一枪三剑箭"，状如大型标枪，箭羽为像三把剑一般的三片铁翎；有所谓的"踏橛箭"，发射后钉在城墙上，可供攻城方踏脚以攀援而上。宋太祖时，专司兵器制造的作坊使魏丕（公元919年~公元999年），在晋王（即后来的宋太宗）心腹陈从信（公元912年~公元984年）的帮助下，设计制作了巨型床子弩——"千步弩"。在一次试射时，落地距离曾远及三宋里（约1800米），可算是冷兵器时代弓弩武器射程的最远纪录之一了。后来，制造这些床子弩的工匠，以及擅长使用这些床子弩的"床子弩手"，有许多在宋蒙战争中被俘后为蒙古帝国所用。当蒙古第三次西征时，旭烈兀（公元1217年~公元1265年）数次用发射火箭的八牛弩攻破阿拉伯城市，以致阿拉伯人直接将各种源自中国的床子弩统称为"牛弩"。

▲ 神臂床子连城弩

至于蒙古人对神臂弓等单兵轻型弩的制造与使用，则是元朝初年通过南宋降将而掌握的。

明代前期，传承自宋元的神臂弓和克敌弓之类单兵轻型弩还能够作为军事装备的重要一环存在，明军也还使用双飞弩之类的轻量级床子弩守城，可多数中、重量级重弩却明显已经没落了。到了明中期以后，由于火器制造技术的发展，以及一些先进火器的传入，弩已经很少被用于军事用途，出现在战场上了。待到戚继光抗倭时，戚家军依旧保留的弩类装备已然只剩下"伏弩"（又称"窝弩"、"耕戈"）了。

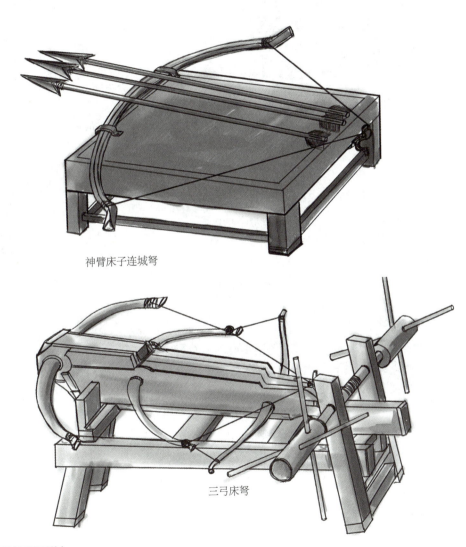

神臂床子连城弩

三弓床弩

▲ 床弩（NEOSS绘）

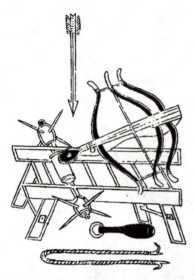

▲ 使用踏撅箭的次三弓弩

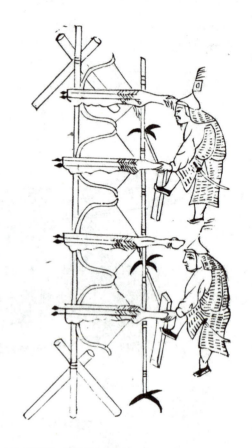

▲ 双飞弩。将数具弩放置于一个简易发射架上，相邻两弩拉弓上弦的绳索共同拴在一块木板上，这样，靠脚踏就能同时为两具弩张弓引弦，而发射也只需要用脚一踩，"去箭发远三四百步，射人极准"

伏弩是一种专门用来设伏的弩具，其实就是一种触发式装置。这种弩问世很早，虽然也用于战场设伏抑或预防敌军偷营劫寨等军事用途，但更常见的地方却是坟墓。自秦始皇以降，无数王侯将相、达官显贵都在自己的墓中设置了防备盗墓贼的伏弩陷阱。至明代中叶，东南沿海倭患猖獗，为了对付倭寇这种可零可整、来去难料的非正规武装，很多地方的军民纷纷开始使用伏弩这一手段。但一来二去，狡猾的倭寇开始指派人手先用大竹竿在安全距离外触发伏弩，以排除威胁。于是，将伏弩大量集中使用的戚继光，在使用伏弩时特意改进了设置方法。他将许多伏弩连成数丈，交错设置。当倭寇试图用竹竿排除时，不同位置数弩齐发，倭寇便难以避开。同时，他还将一处的伏弩分成几组设置，每组各自有一根触发线，倭寇

排除一组后正松一口气时，很容易再触发另几组。

明清时期，还有一种极少会派上军事用途的"诸葛弩"。这是一种连发弩，通过将张弦、触发等功能汇聚到一个大型扳机上，来实现连续发射。中国历史上的所谓"连弩"

绝大多数分属两类：一类是发射系有绳索可以回收的箭矢的连弩；一类是同时可发射数支箭矢的连弩。裴松之（公元372年～公元451年）曾引《魏氏春秋》注《三国志·蜀书·诸葛亮传》，说诸葛亮（公元181年～公元234年）"损益连弩，谓之元戎，以铁为矢，矢长八寸，一弩十矢俱发"。因此中国民间往往认为连发弩是诸葛亮改进或者发明的，故而将这种连发弩称作"诸葛弩"。奈何，就目前的考古出土与研究而言，远不能对诸葛亮改进的连弩是否是连发弩（抑或是同时发射十支箭矢的连弩）下断言。但这种诸葛弩的渊源，倒是已在考古发现中得到了证明。湖北江陵秦家嘴战国楚墓中曾出土了一具可连射二十支箭矢的连发弩，它的结构和原理同明清时代的诸葛弩极为相似。由此可见，连发弩的发明，至少能够上溯到战国时期。然而，受制于其结构，战国至明清这许多年，连发弩一直只有至远二十余步的射程和只能用来射鸟的威力，以致在明清时代沦为民众把玩或打猎的玩物。虽然明代的《武备志》认为，可以将箭镞涂上剧毒的诸葛弩，交给骑兵在

近身冲突中使用，但这只是聊备一说而已，实战效果到底会如何，颇为存疑。

从文献记载来看，早在先秦时期中国古人就已经习惯使用"石"之类的重量单位作为弓力的单位了。比如《荀子·议兵篇》说，魏国的精锐武卒"操十二石之弩"。这"十二石弩"的弓力，大约就是360公斤。孙武（约公元前545年～公元前470年）为吴国选拔武卒时，也要求"能操十二石之弓弩"。秦汉时期亦是如此。常见的汉弩，通常有"一石弩"到"十石弩"，其中"九石弩"的弓力大约是267.84公斤。到了魏晋时，弓力依然是选拔士兵的主要标准。《晋书·马隆传》记载，西晋武帝咸宁年间，马隆为讨伐河西鲜卑秃发部而选拔勇士，要求至少"腰引弩三十六钧、弓四钧"。折算弓力，大约就是需用"腰开弩"的方式拉开237.6公斤的弩，用徒手的方式拉开26.4公斤的弓才算合格。由于中国不同时期度量衡的差别，西晋时期三十六钧弩的弓力，同西汉时期九石弩的弓力相差了不少（四钧为一石，三十六钧即为九石）。《北齐书》上记载，北齐猛将綦连猛在一次与梁国使节比拼力道中，曾瞬间爆发，同时拉开了四张"力皆三石"的弓。折算之后，与魏国精锐武卒要求的十二石弓力相比，却是633.6公斤对360公斤的巨大差距，如此看来綦连猛简直是怪物一般的存在。相较之下，《金佗稡编》中"生而有神力，未冠，能引弓三百斤（大约189.9公斤），腰弩八石（大约607.68公斤）"的岳飞（公元1103年～公元1142年），以及《元史》中"猿臂善射，挽弓三石（超过227.88公斤）"的木华黎（公元1170年～公元1223年），似

▲ 一具连发弩，弩上的大型扳机每前推、后扳一次便会发射一支箭矢

乎就显得稍逊一等了。

直接把重量单位转用为弓力单位的方法是相当简单方便的，可是到了明清时期，不知缘于何种原因，以"石"、"钧"、"斤"、"斗"等单位表示弓力的情况变得越来越少，转而流行使用"力"来作为弓力单位。明末尚有宋应星（公元1587年~约公元1666年）的《天工开物·弧矢篇》，以重量表示弓力——"凡造弓视人力强弱为轻重，上力挽一百二十斤（70.8公斤）"。到了清朝康熙十三年（公元1674年），恢复顺治十七年（公元1660年）停止的武举"技勇"考试之时。重新制定的考试内容，明确以"八力、十力、十二力"为三档弓力标准。然而我们至今不能确认，明清时所谓的"一力"，到底是折合九斤四两还是九斤十四两。

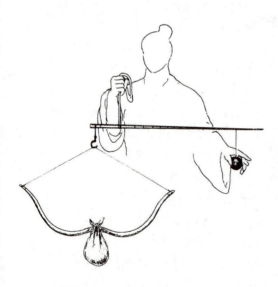

▲ 测量弓力。弓力的测量方法主要有两种：一为杆秤称量；一为坠以一定分量的重物。弓力会随着季节与时间的变化有较为明显差别。冬天干燥时，弓力最强；夏天潮湿时，弓力最弱。另外，同一张弓，早间与中午的弓力也是有些许差别的

实战沿革

春秋中后期，在青铜弩机渐趋常见的带动下，越来越多的弩开始符合军用标准，各诸侯国军队也因此较多地使用弩了。但列国军队开始较大规模地装备弩，则要待到春秋末战国初。战国前期的著名军事家孙膑就非常重视弩的应用。《孙膑兵法》经常提及弩：《威王问》一篇里，将"劲弩趋发"列为六种战斗队形的第四种；《八阵》一篇里，又称"易则多其车，险则多其骑，厄则多其弩"，强调在险恶地形中要善于发挥弩的作用；在《兵情》一篇里，更是将士卒与将领的关系，比作矢和弩的关系，说"矢，卒也，弩，将也"。这些记载同时也在一定程度上反映出战国时期战略战术与兵种构成的变化，步弩兵种开始形成。步弩兵种独立编队的出现，一方面是弩兵器的特点使然；另一方面，也是战国时期战争激烈程度升级，军事水平提高的结果。战争规模的扩大，参战人数的增加，战争持续时间的延长，武器装备的变化，作战形式的丰富，战略战术的复杂化，都促使了新兵种的形成。

战国时期用弩的著名战例，莫过于公元前341年的齐魏马陵之战，这也正是孙膑所"导演"的军事教育范本式战役：齐国孙膑利用魏军向来轻视齐军，以及魏将庞涓求胜心切的弱点，以"减灶"之计，制造齐军士气低落、逃兵众多的假象，引诱魏军追击，终将魏军诱入以大量弩兵设置的伏击圈，"万弩齐发"给予魏军重创，迫使庞涓自杀。接着齐军乘胜追击，大破魏军，前后歼敌十万余人，从根本上削弱了魏国的军事实力。

在战国时期通常的军队编成中，弩兵的比例提高了不少。阐述战国晚期军事实践的《六韬》，认为万人之军，至少应配备"戎车四百八十四乘，强弩六千，戟盾二千，矛盾二千，修治攻具，砥砺兵器巧手三百人"，可见当时使用弩箭兵器的士兵在实战中的重要性。

另外，战国时期还出现过另一种弩箭兵器的应用思路——在战车上使用劲弩。为了在高速移动中的战车上，也可以像踩在平地一样张弦上箭，战车需要牢固地装上两个"弩軓"。有了弩軓紧紧扣住弩弓，站在车厢左侧的弩手便可以用尽全身力量向斜上方拉弦，如身处平地般完成装填。河南洛阳中州路战国中期车马坑就曾经出土过这种载有弩具的战车。但迄今为止发现保存最完好的，是陕西西安秦始皇陵西侧铜车马陪葬坑里出土的一具铜弩。铜弩架在车厢前左侧的两个

长12.3厘米的弩軓之上，亦是一号铜马车的一部分。经过研究，发现这辆马车当是按二分之一比例缩小制作的，那么，假使把将这件铜弩模型复原，将会是一具弩臂长78.4厘米、弩弓长140.4厘米、弩弦长132厘米的劲弩。

由秦始皇陵旁的三个兵马俑陪葬坑所展现出的秦代军事情况来看，相较手持矛戟的重装步兵，正在逐渐走向没落的战车兵，以及方兴未艾的骑兵，弩兵在这一时期显然成了主要兵种。而到了两汉时期，在汉朝政府试图以骑射对骑射，以此对抗北方游牧民族的同时，弩兵的重要性也得到了进一步提高，强弩已然成了"国之利器"。西汉元狩二年（公元前121年），"飞将军"李广（？～公元前119年）率领的4000骑兵被匈奴40000骑兵包围。在汉军死伤过半，箭矢耗尽的危急时刻，李广亲自操部下装填的"大黄弩"（"色黄而体大"的强弩）连续射杀数名匈

▶ 秦始皇陵一号铜马车，以及车上搭载的铜弩。铜弩包括弩弦在内，所有的部件都是用铜制成的，车厢前左侧的那两个弩軓则是银制的。整个铜马车包括铜弩，都是当时实际存在的御用马车以及车载秦弩的二分之一比例模型，作为明器陪葬始皇帝

奴将领，解除了危机。再如东汉安帝元初二年（公元115年），虞诩（？～公元137年）率领汉军与羌人作战。敌众我寡之下，他向部队下令，不许使用强弩，只许使用小弩。羌人误认为汉军弓弩力量很弱，不构成威胁，便蜂拥而上。汉军随即改用强弩射击。陡然上升的威力与命中率让羌人大为震恐，纷纷退下。虞诩乘胜出击，斩获甚多。这两个事例，都可证明汉代兵器制造技术的发达。

为了保证军事优势，汉朝政府对于兵器的贸易与出口管理甚为严格。比如设置"马弩关"，禁止高于五尺六寸（约129.36厘米）的马，以及弓力十石（约297.6公斤）以上的弩出关。然而，"技术扩散"即便在古代亦是难以避免的，先进兵器还是从各种渠道传播了出去。西汉成帝时，陈汤与汉成帝（公元前51年～公元前7年）谈及此事，说："夫胡兵五而当汉兵一，何者？兵刃朴钝，弓弩不利。今闻颇得汉巧，然犹三而当一。"随着时间流逝，周边少数民族与汉朝部队的军事技术力量差距逐渐缩小。

两汉时期，人们对弩的重视可以从各地出土的汉简中一窥究竟。尤其是汉代边塞烽燧遗址中出土的，记录了武器装备情况的简牍，其内记录内容大体包括：弩的编号、种类、目前的拉力、目前的射程（使用一段时间后，拉力和射程都会有所降低）、损坏情况等等，可见汉军对弩的重视。并且他们还制定了比较严格的管理制度。

三国两晋南北朝时期，魏蜀吴三国，以及随后统一中国的西晋，都拥有不少弩兵，弩在军事上的地位没有多少改变。但再往后，在中国北部接连建立政权的少数民族长于骑

▲ 魏国于正始二年（公元241年）制造的铜弩机。与春秋、战国以及秦代的铜弩机相较，这个铜弩机的"郭"是一个鲜明的特征

射，钟爱使用弓箭，对在马背上不好使用的弩则没有多少兴趣。在北方变为珍稀物种的弩兵，在南方的东晋和各个南朝政权的军队中自然仍是主力。不过就算只为了对抗在中国北部迅速发展起来的重装骑兵，即所谓"甲骑具装"，弩兵也只有加强升级的份儿，而没有多少被削弱的空间。4世纪上半叶，北方各个割据政权在互相争战中，缴获具装铠马尚是以"千匹"计，到了4世纪末，兼并战争中缴获的具装铠马，已经变成以"万匹"计了。这样的趋势，决定了无论南方的弩箭、弓箭，抑或北方的弓箭，都非有一定的发展进步不可。

到了唐代，由于就军事而言，李唐王朝

▲ 北朝浮雕砖。砖上两匹马中的一匹是全副武装的具装铠马。骑兵与战马的铠甲越来越厚，相当程度上是弓弩性能不断发展导致的结果。而甲骑具装的问世、普及，又反过来进一步促使弓弩提升性能

主要是北朝军事制度与战争风格的继承者，再加上对弩兵原有重要地位的现实需求不足，因此在唐军部队中，弩的装备量只有弓装备量的五分之一，这个比例可能还包括了各种多人操作的大中型弩具。然而，数量上的明显减少，并不意味着质量上的妥协。《新唐书·兵志》记载，唐玄宗开元十三年（公元725年），诸军招收弩手，"凡伏远弩自能施张，纵矢三百步（约540米），四发而二中；擘张弩二百三十步（约414米），四发而二中；角弓弩二百步（约360米），四发而三中；单弓弩百六十步（约288米），四发而二中：皆为及第。诸军皆近营为堋，士有便习者，教试之，及第者有赏"。这样的招收标准，无论如何是不算低的。即便单从"及第者有赏"这点来看，合格者的数量想必还是相对有限的。

另外，在唐代，火箭也开始成为一种战术兵器。用弓固然可以发射火箭，但用射程更远的弩来操作，其实战效果应该会更好。比如《神机制敌太白阴经》中记载："火矢，以臂张（弩）射及三百步者，以瓢盛火冠矢端，以数百端候中夜，齐射入敌营中，焚其积聚，火发，挥乱乘便急攻。"

在大型绞车弩的发展方面，隋末至唐末，可谓是按部就班、中规中矩。唐高祖武德四年（公元621年），秦王李世民（公元598年~公元649年）围攻洛阳宫城，遭到了城中坚决抵抗。王世充的郑政权使用"箭如车辐，镞如巨斧，射五百步"，可同时发射八支箭矢的"八弓弩"抵御唐军。后梁太祖朱温（公元852年~公元912年）晚唐在汴州做宣武军节度使时，曾选拔剽悍有力的富家子弟组建"厅子都"，使用一种俗称"急龙车"的巨型连弩作战。这其实是以一具巨型重弩和十二具大型强弩组合成的联动武器装置，巨型重弩带动十二具大型强弩一起发射。一次发射，射出的箭矢好像寒鸦群飞一般，"连珠大箭，无远不及"，令人畏惧。这两个大型重弩的应用实例都有亮点，但又怎比得过北宋"澶渊之盟"事件中，那个一定程度上起到历史性作用的大型重弩呢？

北宋真宗景德元年（公元1004年）秋，辽圣宗（公元972年~公元1031年）与萧太后（公元953年~公元1009年）亲率大军南下攻宋。在北宋军民的顽强抵抗之下，辽宋两军陷入相持局面。当此关头，恰逢辽朝名将萧挞凛在澶州城下被宋军床子弩射中，重伤而死，辽军士气受挫。辽朝趁此机会就坡下驴，派人向宋朝政府释放了愿意罢兵息战、进行和谈的意愿，这才有了澶渊之盟，以及此后宋辽两国百余年的大体和平。北宋床子弩写下的这一笔"浓墨重彩"，恰似大型重弩于两宋发展至顶峰的写照。

人们常用"箭如雨下"之类的词汇来形容战场上的对射场面，就不难想象——古代

战争中的箭矢，正如现代战争中的弹药一样，会大量消耗。西汉时李陵（？～公元前74年）遭遇匈奴军队围攻，在拼命抵抗中，"一日五十万矢皆尽"，箭矢消耗速度令人叹为观止。唐代的张巡（公元708年～公元757年）在安史之乱中守雍丘时，在用完城中储备的箭矢后，在晚间用草人伪装成下城偷袭的部队引诱围城敌军放箭乱射，一夜便得到来自敌方的数十万箭矢补充。在北宋前期，光是有千余工匠专门制造箭矢的中央机构——弓弩造箭院（前身为南造箭库和北造箭库）一处，每年承担的制造箭矢任务就至少是1650余万支，这还不算各州军的"作院"、"都作院"等地方兵器工场，以及民间造箭作坊每年的产量。就连北宋徽宗政和七年（公元1117年）这样没有发生较大规模战事的年份，

尚需要箭矢5000万支。弓弩作为主要作战兵器使用之时，对箭矢的庞大需求由此可知。

弓弩造箭院制造的箭矢中也包括曾经的战术兵器——火箭。到了宋代，火箭被运用地异常娴熟。南宋高宗绍兴三十一年（公元1161年）十月，南宋水军将领李宝在胶西陈家岛附近海域对准备由海路攻向临安的金朝水军发动了突然袭击。宋军以轻舟火箭环射金军战船上的油布船帆，并对未起火的金船实施跳帮肉搏，结果烧毁、俘虏敌船数百艘，金军几乎全军覆没。李宝敢于以寡击众，率3000人的兵力袭击70000人的金朝舰队，除了事先得知这支"水军部队"兵力虽多但普遍不识水性外，更重要的是，他手中掌握着火箭等足以消灭敌军的利兵。当时在诸如火箭、火砲（发射火弹的抛石器）之类技术

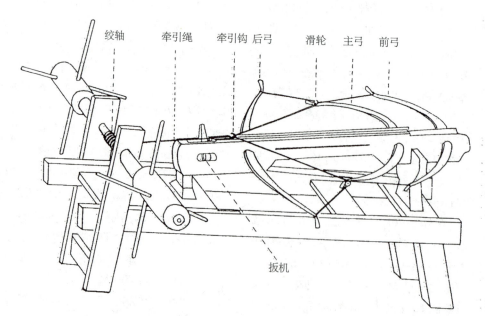

▲ 宋代三弓弩示意图。三弓弩的部件既包括"床"（发射架），又包括"车"（绞车）

兵器的使用上，宋军相比金军要有经验得多。另外，双方在具体的兵器制造上也存在技术上的差异。

面对北方少数民族的大量骑兵，宋军最主要的抵御兵器无疑是弓弩，尤其是诸如神臂弓之类的强弩。两宋不仅在弩具的制造技术上获得了不小的进步，在弩具的实际运用上也获得了不小的突破。以守城战为例。宋代的城防工事中建有专门的弩台，与城齐高，上建有棚，突出城墙立面之外。每台可容纳25名弓弩手，不但可以从此射击正面之敌，而且可以射击侧面城墙火力死角处的敌人，大大提高了防守的韧性。

而类似《墨子·备穴》中记载的"转射机"那样的重弩应用方法，也继续受着宋军青睐。所谓"转射机"，乃是一类"将大型弩设在可以进行一定角度旋转的发射架上的"防御设施，犹如"炮塔"一般。可以给过于笨重、难以移动的床子弩，带来更宽广的射界。且只要在城防上的位置设置巧妙，还能让敌人的还击难以奏效。

就野战来看，考虑弩的实际有效射程和射击频率，训练有素的骑兵可以利用两轮射击之间的装填间隙迅速冲到弩兵面前，破坏弩兵阵形，并完全冲垮弩兵阵列。因此，唐代发展出了"张而复出，射而复入，则弩不绝"的弩兵"二段击"、"三段击"轮流射击战法。可这毕竟不是"拥有多样化选择"的唐军的主要战法。而反过来说，宋军多数时候也不可能像唐军一样，具备实施多样化战法的条件（譬如说由于缺少军马，宋军通常就没有实施大规模步骑协同配合的可能性）。这种情况下，就必须把弩兵的作用发挥到极致。

宋轮流射击战法作为宋代主要战法之一，继承发展出了三种模式：

一种承自唐代。即弩手排列成若干阵线，张弦、准备、射击，周而复始，变换阵线，进行射击间隔很短的连续强弩攻击。另一种则是将士兵以三人一组编成，最后一人专门负责张弦搭箭，中间一人专门负责传递，前排一人则由射艺较高的弩手专司射击。同样是进行射击间隔很短的连续强弩攻击。还有一种乃是南宋名将吴璘（公元1102年~公元1167年）创立的"叠阵法"："每战，以长枪居前，坐不得起；次最强弓，次强弓，跪膝以俟；次神臂弓。约敌相搏至百步内，则神臂先发；七十步，强弓并发；次阵如之。凡阵，以拒马为限，铁钩相连，俟其伤则更替之。遇更替则以鼓为之节。骑出两翼以蔽于前，阵成而骑乃退，谓之'叠阵'"。这不再是单纯的弩兵战法，而是以弓弩为主的多兵种混合协同作战。

以上战法，不论何种模式，都对将领排兵布阵的能力、基层军官临场指挥能力，以及官兵的纪律有较高要求。因此，不论何种模式，都需要长时间的训练，才能保持正常发挥。

两宋是中国弩箭制造技术与运用能力的巅峰时代。宋亡之后不到三百年，弩箭便淡出了多数军事家的视野，退到它"奋战"了两千余年的中国战争舞台的幕后去了。此等情状固然有些可叹，但却又是历史车轮滚滚向前的正常结果。直到进入现代，弩箭才首先在西方，进而在全世界，作为一类特种用途兵器，重新获得一席之地。这也算一个令人欣慰的结果了吧。

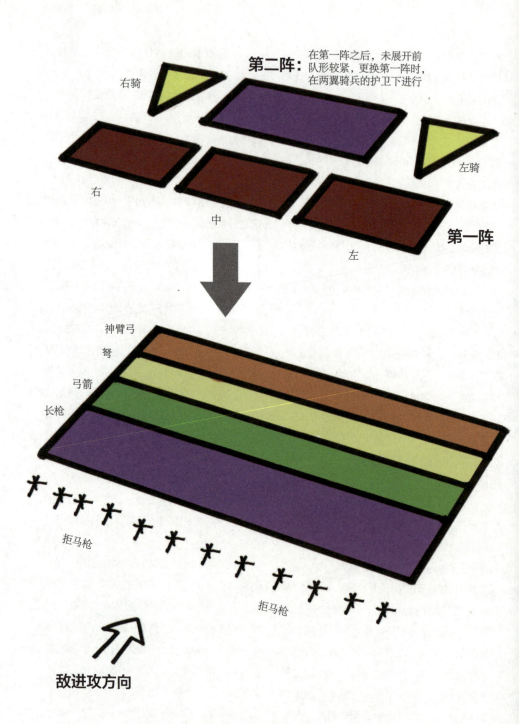

第二阵：在第一阵之后，未展开前队形较紧，更换第一阵时，在两翼骑兵的护卫下进行

右骑

左骑

右

中

左

第一阵

神臂弓

弩

弓箭

长枪

拒马枪

拒马枪

敌进攻方向

▲ 叠阵示意图。右页为叠阵兵员侧视图（杨翌绘）

220

长枪

弓箭

弩

神臂弓

军国重器：甲胄

作者：席符 巨侠

第五章

甲，躯干以及四肢防具的总称，似物有孚甲以自卫也，亦曰介（古军礼有"介胄不拜"之说），亦曰函（制甲匠人古称为"函人"），亦曰铠（铁甲谓之铠），皆坚重之名也。胄，即头盔，"兜鍪，胄也"。二者结合才可称为甲胄，它们是古代军人在战场上最可靠的伙伴。

在古代，甲胄的数量与质量都是国家实力最直观的体现，其重要程度还胜过进攻性兵器。在中国古代各家经典中，更是直接将"甲"作为战争行为和军队的代名词，如《孙子兵法》以"带甲十万"的描述来特指军队；而在《荀子·王制》那句"以不敌之威，辅服人之道，故不战而胜，不攻而得，甲兵不劳而天下服，是知王道者也"的著名论述中，又以甲兵指代战争。由于能够轻易影响战争胜负，故此中国历史上的每一个朝代都将甲胄作为军国重器严厉管制，私人拥有一律视为居心叵测，必定严惩不贷。以中国封建时代最具代表性刑法典《唐律疏议》为例，其规定："若有矛、矟者，各徒一年半，旌旗、

幡职及仪仗，并私家不得辄有，违者从'不应为重'杖八十。"但这些惩罚与私藏甲胄者将面临的刑罚一比就不算什么了。"弩一张，加二等，甲一领及弩三张流二千里，甲三领及弩五张绞。私造者各加一等。甲，谓皮、铁等。具装与甲同。即得阑遗，过三十日不送官者同私有法。"此后的《宋刑统》、《大元通制》、《大明律》，也基本秉承"一甲顶三弩，三甲进地府"的原则，对私藏甲者的惩处全部非流即死。因为这个原因，中国古代甲胄流传于世的极少，著名的山纹甲甚至就此失传。绝大多数现代人对中国甲胄的印象都遥远而模糊，加之一些文艺作品的不严谨，使很多人对国甲产生了各种错误看法。实际上，我国甲胄曾经先后采用过石、骨、皮、青铜、铁、竹、木、纸、布、棉等为材质，在编织方式上，又有札甲、鳞甲、锁子甲等形制。而本章将结合材质与编织形制，将皮甲、铁甲、棉甲三种在我国古代运用最多，最具实战价值，最具代表性的甲胄种类逐一进行脉络梳理。

皮甲因造价低廉、质地坚韧、易于加工、原材料获取便利等特点，在我国甲胄史上时间跨度最广。从有史可考的殷商直到清代，中国军队中都有它的身影，使用规模以商、周、秦、汉、元为最。

先秦时期的皮甲

在中国历史上，三皇五帝时期和夏、商、周（含西周、东周）三朝统称"先秦时代"，著名历史学者黄摩崖先生将之比作中华文明

▲ 《中国古代军戎服饰》中的商代武士

的头颅。由于夏朝以前的历史太过久远，在甲胄方面目前还未有任何考古发现，现今中国最早的甲胄实物出自商代。

在 20 世纪 30 年代发掘的殷王廪辛墓中，发现了迄今年代最早的古皮甲残片，最大直径 40 厘米，其上以黑、红、黄、白四色绘有云纹与不明几何图案。根据残片尺寸分析，这两领残甲应该是便于加工的整块式胸甲，以前后片的形式穿戴，防护胸腹要害。结合当时的皮料材质与生产工具分析，商朝军队装备这种工艺简陋的皮甲属于低生产力条件下的无奈抉择。由于青铜打眼工具在面对犀牛皮等坚硬皮革时力不从心，制作小片拼接

的札甲并不现实。

皮料面积太大，势必使其加工弹性极小，无法制作两臂以及下半身防护组件。同样，在整个商代的墓葬和遗址中，出土的全是浇铸一体成型的青铜盔，而没有皮质头盔，很可能也是由于大块皮料无法加工出曲度的原因。据此，在刘永华先生所著的《中国古代军戎服饰》一书中，一位头戴饕餮青铜胄，身穿彩绘皮甲的商代贵族军人形象跃然纸上。

历史的车轮缓慢而坚定地转到了公元前 1046 年，在那一年，武王灭商，建立了国祚延续近 800 年之久的周朝。这是一个在中国历史上具有深远影响的朝代，它确立了天子概念以及宗法制度，而《周礼》更是成为后世所有朝代严格奉行的圭臬。可以说，这是一个承前启后的时代。同样，在中国的甲胄发展史上，周代皮甲亦具有承前启后的作用。

作于战国时期的《周礼·考工记》，详细记载了当时皮甲的选材与制作过程。"函人为甲，犀甲七属，兕甲六属，合甲五属。犀甲寿百年，兕甲寿二百年，合甲寿三百年。凡为甲，必先为容，然后制革。权其上旅与其下旅，而重若一，以其长为之围。凡甲，锻不挚则不坚，已敝则桡。凡察革之道，眡其钻空，欲其丰也；眡其里，欲其易也；眡其朕，欲其直也，橐之欲其约也；举而眡之，欲其丰也；衣之，欲其无齘也。眡其钻空而惌，则革坚也；眡其里而易，则材更也；眡其朕而直，则制善也。橐之而约，则周也；举之而丰，则明也；衣之无齘，则变也。"

此话翻译成白话即："甲匠制甲，使用犀牛皮，一副甲需要七片甲叶连缀，采用兕

皮需要六片，如犀兕皮合用，则五片即可。犀甲寿命百年，兕甲寿命二百年，犀兕复合甲寿命三百年。但凡制甲，必先量人体型，而后裁制皮料，称量甲衣、甲裳重量是否相等，甲围应等于甲长。甲衣皮料鞣制不熟，则甲脆不坚。鞣制太熟，则会使得皮料桡曲软弱，失去防护力。制作中，应注意观察连缀甲片的穿绳孔，孔眼以小为佳；又看甲片内层，应当平整光泽，再看甲衣接缝，上下应该对直；甲衣装进口袋，体积要小；举起展开，防护面要大；穿到身上，甲片不会相互磨切。当看到连缀洞眼很小，就能知道这领甲肯定很坚固。看到甲片平整光滑，就知道它用料很好；接缝平直，则代表做工上佳。装入袋子占用空间小，说明缝制精细；举起展开面积宽大，甲叶相续显得整齐分明，穿到身上甲片不会互相磨切，行动起来就会很便利。"

通过这些记载我们能够发现：

第一，在先秦时代，由于犀牛种群和一种传说中名叫兕（一说是雌犀牛）的动物大量存在，它们成了当时皮甲材料的主要来源，而牛皮、马皮并不是主流。这一点还有大量的古籍能够佐证，如《国语·齐语》中记载"制，重罪赎以犀甲一戟"，又如《吴越春秋·阖闾三年》所载"越王中分其师为左右军，皆被兕甲"。楚国著名辞赋家屈原在他的不朽名篇《九歌·国殇》中也有"操吴戈兮被犀甲，车错毂兮短兵接"的吟诵，足以说明《周礼·考工记》所载的准确性。

第二，随着生产力的发展，皮甲片的制作工艺由整块使用向着小片打孔连缀进化，"札甲"这种在中国乃至世界甲胄史上占有重要地位的铠甲编织形态正式出现。"札"是在纸张出现以前中国古人用来记录文字的木片。顾名思义，札甲即矩形片状甲材连缀而成的铠甲。在宋末元初学者马端临所著的《文献通考》中，对皮札甲这个概念有了详细解释："一叶为一札。七节、六节、五节其数也……革脆则札短而节多，七属是也。革坚则札长而节少，五属是也。寿之长短亦如之。"即一片甲叶为一札，多以七片、六片或五片之数组成甲衣长度。皮革质脆的，

▲ 画家王可伟先生笔下身披犀甲浴血奋战的春秋军人

甲叶就只能做短一点，制作甲衣时相应需要的片数就多一些，上下要连缀七片长度才够。皮质坚韧的，则甲片能做得较长，制作甲衣时只要上下五片连缀长度就够了。甲衣寿命长短亦和皮料的坚韧程度成正比。

第三，札甲的出现使皮甲进化出了“上旅”和“下旅”，即甲衣和甲裳。中国古代衣物腰以上称“衣”，腰以下称“裳”。可见相对殷商时期，周代军人的裆臀部以及下肢防护开始初步得到加强。

20 世纪 50 ~ 70 年代，两湖地区出土了大量春秋战国时期的楚系墓葬，随葬品中几乎都有皮甲的身影，成为今天人们了解周代皮甲的最直观的窗口。1978 年，湖北随州发现了战国初期曾国国君乙的墓葬，在随葬品中除了震惊世界的编钟、冰鉴、尊盘等国宝外，还有大量保存完好的皮甲以及皮胄，达十三件之多，数量在目前出土的楚系墓葬中堪称翘楚。这些甲胄外覆漆料，以六片矩形甲片连缀构成整甲身长，形制与《周礼·考工记》所记暗合，甲片也变得复杂化。墓中皮甲所用甲片出现了二十三形，共三十九种式样，需要数十种模具进行加工。值得注意的是，这一时期的皮甲进化出了立领式护颈“盆领”和玉璜形皮片连缀而成的“披膊”。此外，出土的皮质头盔带有护额和顶部加强筋，工艺相当繁杂。这些出土的皮甲，标志着早在东周时期，中国皮甲制造业已经具备了较大规模，在加工水平上达到了一个新高度。这些皮制甲胄对比商代同类产品，制作规范，配件增多，防护面积扩大，奠定了直到两汉时期皮铁甲胄形制的大体雏形。

秦代皮甲

“捐甲徒裎以趋敌，左挈人头，右挟生虏。”这是《战国策》中关于秦军的描述。再加上秦代皮甲没有专门的古籍文字记载，让很多人产生了秦军轻视防护的错觉。但是，随着对秦始皇陵兵马俑的发掘和研究，逐步扭转了这种观念。

在秦始皇陵兵马俑坑中，共发现七类十种着甲俑，他们分别是将军俑、军吏俑、骑兵俑、步兵并弩手俑、驭手俑以及车左车右俑。这些秦俑根据军阶和兵种的不同，所穿皮甲形制各有不同。

▲ 将军俑

先说将军俑。此俑头戴鹖冠，所着皮甲分两种制式，一种身甲不带披膊并且无背片，由两根肩带在背后呈 X 形将身甲交叉固定；一种带披膊，带背片。身甲由胸部的大片皮革和横 17 排纵 10 列的小片皮札共同构成。其中上旅 9 排，下旅 8 排，逐步过渡到锥形，在双肩以及前胸后背分别打有 8 个花结以表明军阶。

军吏俑，此俑所穿皮甲分三种形制。

第一种军吏俑。皮甲无批膊，甲下旅包边呈明显椭圆形，

秦甲士示意图。该甲士身披的皮甲胄为秦陵出土的石甲胄款式，配长青铜剑。此时的甲胄，身甲、披膊、胄的设计防护科学，但腿部仍缺乏防御（杨翌绘）

甲片以札甲形式编织，上旅 9 排，下旅 3 排。形制与骑兵样式接近，推测是骑兵下级军官。

第二种军吏俑。皮甲有批膊，但是身甲较短，同样以札甲形式编织，形制与步兵甲接近，推测应是步兵下级军官。

第三种军吏俑。所穿皮甲双肩带披膊，胸部为整块皮革。自胄部开始，整块皮革结合由 11 排小甲片编织而成的皮札组成整副身甲，在右胸留有开合口方便平时穿脱。由皮甲做工和防护面积推断，这应该是一位中级军官。

着甲步兵以及弩手俑。这两种俑所着皮甲款式一致，甲衣分为披膊和上旅、下旅三部分，上旅 4 排，下旅 4 排，甲片较大。

骑兵俑，骑兵俑为便于马上作战，所穿皮甲无披膊，以 5 排甲片构成上旅，3 排甲片构成下旅防护胸腹。

车兵俑。它分为两种。

第一种驭手俑。此俑所穿皮甲带盆领，整个上肢都被披膊完全覆盖，在披膊最前端还有马蹄状甲片防护双手，是兵马俑皮甲中防护最为完善的一种。

▲ 军吏俑

▲ 跪射弩手俑

▲ 步兵俑

▲ 骑兵俑

第二种车左俑与车右俑。所着皮甲带批膊，由5排甲片构成上旅和4排甲片构成下旅，形制与普通步兵接近。

其实，从实战角度上讲，纠结于甲片数量没有多大意义，关键是通过对这几种俑的观察，我们能够发现，秦代的皮甲对比周代，再次发生了四点进化。

第一，军阶化。不同衔职的军人所穿皮甲的款式各不相同，级别越高者皮甲制作越精良，防护面积越大。士兵也更容易在战场识别军官以便指挥，加强了部队的凝聚力。

▲ 驭手俑

▲ 车左车右俑

第二，专业化。不同兵种的军人，衣甲形制根据实战需要被区别开来，这是秦军从实战中总结出来的宝贵经验。

第三，精细化。为了获得更好的灵活性，皮甲甲片再次缩小，编织更为细致，使其在实战中不畏刀剑，更为牢固，并且在部分皮甲边沿出现了织物包边（也有说法认为织物包边的为铁甲），使甲片不易磨损和脱落，寿命相应延长。

第四，轻便化。由于从战国开始，车兵逐渐被淘汰，战争方式发生了变化。军队对于着甲后的灵活性要求大大提高，皮甲不再如周代那般以宽大为上，也不再如周代那样以笼套方式穿着，而是通过侧开的方式进行披挂，然后以绳结固定，变得适体贴身，便于官兵行动。

以上标准，在秦以后都被保留了下来，为其后的两汉皮甲发展指明了方向。

两汉至两宋时期的皮甲

在两汉时期，甲胄的制作和装备规模都出现了井喷式发展。这一时期，铁铠已经逐渐占据主流，但皮甲依然在生产装备部队，并被称为"革甲"。

1993年，西汉东海郡功曹史师饶墓葬在江苏连云港东海县温泉镇尹湾村被发现。随葬文书中，有一片名为《武库永始四年兵车器集簿》的木牍，记载当时东海郡武器库中，有"甲十四万二千三百廿二，铠六万三千二百廿四，鞮鍪九万七千五百八十四"。除整领外，库中还有大量未编成的甲札，"甲札五十八万七千二百九十九、革甲十四斤"。

可见在当时，皮甲所占比例仍然很大。

另外，考古学界在汉代墓葬中也发现了大量皮甲实物。

1942年，在朝鲜石岩里的汉朝乐浪郡属官王根墓中，出土一领皮甲残片，由大小两块整皮组成，表面涂有黑漆。

1955年，湖南长沙出土一领西汉皮甲残片，以黑漆为底，绘有红、黄、白三色花纹。

1975年，广西贵县汉墓中，出土一册《从器志》，上面详细记载了随葬器物和数量，在兵器部分，有"被甲瞀各一缯缘"，这里的"被甲"便是皮甲之意。

以上这些记载及出土物，都证明了在汉代，皮甲依然是军队的主要防护装备之一。

汉代皮甲制作工艺基本沿袭前秦，但制作更加精良，一般以黑棕漆皮片为材料，用红革绳穿缀，甲札绝大多数呈方圆形或椭圆形，面积比周秦时期再次缩小。汉代皮甲普遍采用叠编法进行编织组合，这样的好处是甲札重叠可以达到两层皮革的防护效果，并且方便活动。

汉亡晋兴后，中国又很快进入了南北朝分裂混战时期。各方势力"你方唱罢我登场，城头变幻大王旗"。由于战乱频仍，中国甲胄在这一时期得到很大发展，但在皮甲方面史料却语焉不详，不过可以确定的是，南北朝的实战经验教训，对隋唐甲胄的发展功不可没。而隋唐时期，中国皮甲以一种全新的面貌登上历史舞台。

隋朝国祚虽短，但是国力极其强大，中国历史上昙花一现的重骑兵"甲骑具装"在隋朝成熟。《隋书·礼仪志》中，有一段对征辽具装骑兵军容的记载："众军将发，帝御临朔宫，亲授节度。每军大将、亚将各一人。骑兵四十队。队百人置一纛。十队为团，团有偏将一人。第一团，皆青丝连明光甲、铁具装、青缨拂、建狻猊旗。第二团，绛丝连朱犀甲、兽文具装、赤缨拂、建貔貅旗。第三团，白丝连明光甲、铁具装、素缨拂、建辟邪旗。第四团，乌丝连玄犀甲、兽文具装、建缨拂、建六驳旗。"根据这段文字描述，可见当时隋朝重骑兵中，皮甲的装备量也相当可观。皮甲呈红、黑二色，饰以虎纹，人马披挂统一，衣甲鲜明。

隋灭后，在唐代颁行的《六典》中，明确规定了唐军装备铠甲的十三种形制，包括明光甲、光要甲、细鳞甲、山纹甲、乌鎚甲、白布甲、皂绢甲、布背甲、步兵甲、皮甲、木甲、锁子甲、马甲。说明在唐军中，皮甲依然占有一席之地。

2011年10月12日，韩国在公山城百济时期的畜蓄水设施遗址内出土了一领髹漆的皮铠甲，上有汉字楷书朱漆铭文，依稀可辨为"××行贞观十九年四月二十一日"字样。此甲甲片呈牌九状，以右压左形式叠加编缀，属于典型的札甲形制，与唐代绘画中铠甲形制相同，将当时皮甲的模样直观地呈现在了现代人眼前。

到了宋代，皮甲的制作更为规范化。在宋代军事百科全书《武经总要》中，明确了宋军制式甲胄由铁、皮、纸三种材料制作而成。《文献通考》记载："京师所造兵器十日一进，谓之旬课，上亲阅之，制作精绝，尤为犀利。……南北作坊岁造涂金脊铁甲、素甲、浑铜甲、黑漆皮甲、铁身皮副甲、锁襜兜鍪、金钱朱漆皮马具装、铁钢朱漆皮具装等，凡

三万二千，诸州岁造黄桦黑漆弓丁弩……皮
甲、兜鍪、铁甲叶、箭镞等凡六百十余万。"
可以看出在宋代依然有皮甲的存在，而且人
马甲俱全。并且这是一个装备高度制式化的
朝代，铠甲采用流水线方式制造，皮甲工坊
被细分为"生叶作"、"漆衣作"、"造数作"、"打
线作"、"打磨麻线作"，分别负责相应甲
胄部分的制造，使得皮甲质量十分精良。

总之，在南北朝至唐宋时期，皮甲的组
成早已不再是披膊、上旅、下旅简单的三部
分。随着生产力的进步，钢铁剪裁刀具与打
眼工具广泛使用，这让一领皮甲甲札数量大
大增加，演化出了过膝的甲裙，款式与铁甲
无异，防护能力也相应提升，但这也是中国
传统样式皮甲最后的辉煌。

▲ 正以"曼古歹"战术疲敝敌军的蒙古骑兵

元清时期的皮甲

公元 13 世纪，蒙古崛起，先后灭亡了
金朝、南宋、西夏、南诏、吐蕃。其西征军
先灭西辽，再亡花剌子模，接着在阿里吉河
战役中击败数万欧洲钦察、罗斯联军，兵锋
直抵黑海。

不过作为草原游牧民族，蒙古人在扩张
初期连基本的铁器都无法自给，这种技术上
的困窘在甲胄装备上表现得尤为明显。蒙古
骑兵早期装备的甲胄中，铁甲极少，皮甲占据
绝大多数，甚至还有以牛角片连缀而成的骨甲。

▲ 收藏于莫斯科博物馆的蒙古皮甲

早期蒙古皮甲不同于中原样式，以牛皮
为材，简单粗放，和精美细致全不沾边，而
且不太拘束于固定的制式。总体上，蒙古皮
甲在制作上遵循怎么方便怎么来的原则，没
有如中原王朝那样详细规范过甲片尺寸、数

量、重量等细节。以蒙古甲式中最著名的罗
圈皮甲为例，其连缀方式类似日本战国时代
当世具足的披膊，以大块皮革横片加工成适
当弧形而后简单连接，人马甲尽皆如此。加
工精细点的罗圈甲尚算规整，加工粗放的则

连皮革片都七扭八歪，很不美观。

不过，罗圈甲再简陋，好歹还经过一系列皮革处理工序后再剪裁编缀。而在蒙古皮甲中还有一种更为返璞归真的样式，它直接由整张牛羊皮革简单鞣制后缝制而成，皮毛一体，蒙以布帛，本质上就是一件皮大衣。

随着蒙古人的快速扩张，从各国俘虏来的甲匠被充实到军中，蒙古皮甲开始变得精致起来，出现了札甲式和鱼鳞式的皮甲。俄罗斯圣彼得堡留存有一件蒙古鱼鳞甲，甲衣由直径三厘米见方的鱼鳞状皮革构成，连缀麻线全部隐藏于甲片之下，肩部兽吞带有明显的中原色彩。

在后世，蒙古人根据资料复原了一副甲胄，该甲胄由头盔、护肩、披膊、护臂、身甲和铜质护心镜组成。甲片不用皮绳或麻线连接，改用铜钉固定。皮盔由五片弧形皮革用铆钉连接，带龙纹眉庇，在头盔左右与后方带有皮革项顿，其上饰有铜质泡钉。护肩由整块皮革加工而成，整件甲胄所有部位都带有精美纹饰，是元代甲胄的典型样式。

到了 17 世纪，清王朝建立了。这个王朝与蒙古贵族长期联姻，奉行拿来主义，所以在甲胄方面也深受蒙古影响。在八旗兵装备的甲胄中，依然有皮甲的一席之地。八旗入关前，各牛录按丁出兵参与作战行动，甲兵需自备铠甲。史载清初摆牙喇兵勇悍无比，常披三层重甲上阵：一层铁甲，一层锁子甲，一层棉甲或者皮甲。在北京故宫博物院，收藏有一领著名的乾隆金银珠云龙纹甲，该甲配装的材质为黑漆皮胎，在甲衣左右胸部，各有一块棕色皮革。不过，如此华贵的工艺性甲，已经没有多少实战意义，更多是一种礼仪用品。其上的皮甲片，主要用途也是用来装饰。但皮甲依然通过这种方式，顽强地走完了甲胄史上的最后一程。

▲ 在日本人所作的《蒙古袭来绘词》中，可以清楚地看见蒙古军皮大衣式皮甲，图中不带泡钉的那种就是

◀ 现代人复原的蒙古后期皮甲

◀ 巴图鲁伊萨穆像，注意其皮制下裙，在紫光阁功臣像中这种下裙出现率很高，不过只能算是皮制行裳，而不能算作甲

铁（钢）甲

要说铁甲必说冶铁，中国铁器（陨铁）首次出现于商代，但成规模的冶铁业始于春秋晚期。"铠"这种事物正式出现是在司马迁的《史记》当中。司马迁提到：韩魏武卒身穿铁铠，锐不可当。不过，战国只是铁铠甲的发端时期。

虽然我国铁铠的出现比皮甲稍晚，但凭借出色的可加工性与防护能力，它从汉朝开始就在古代华夏军队的甲胄装备史上占据了绝对的统治地位。中国铁甲制作精良，工艺完备，随着时代发展演变出了札甲、明光甲、鱼鳞甲、山纹甲、锁子甲等代表性形制，配件也逐渐增加，其工艺水平在宋明时期达到顶峰。这其中，最具实战价值的是札甲和锁子甲。

札甲

札甲是中国铁（钢）甲胄中最为普遍的一种样式，也是实战中使用最多的一种铠甲形制。上到将领，下至士兵普遍都披挂札甲。早期铁札甲款式与同时期的皮甲无异，有大札和小札之分，大札甲叶相对较大，如宋制式"步人甲"；小札甲叶细密，如汉代几领出土自贵族墓葬的铁甲。札甲编织时，甲片排列方式主要有：左片叠右片，右片叠左片，上片压下片，以及在织物或者皮革衬里上将甲片排列对齐，再和内衬缝合固定到一起这四种形式。

两汉至西晋的铁札甲

西汉是中国历史上第一个长久大一统的

朝代。它休养生息，轻徭薄赋，又以"推恩令"消除了各诸侯王内乱隐患，使得社会经济稳步发展，在农业、手工业及商业领域均取得明显进步。它又是一个武威赫赫的朝代，北击匈奴，封狼居胥，使得北方蛮族数百年不敢南顾。安定和平的环境使得社会财富快速积累，生产力也相应明显提升，发达的冶铁业使当时铁甲装备量达到了历史上第一个小高峰。

汉朝尚武，当时的贵族们有以甲胄随葬的习惯，所以在汉代墓葬中，出土铁甲数量很多，从1957到1991年，共有七个带甲汉墓被发现，使得西汉成为中国甲胄研究史上资料比较丰富的朝代。依据目前出土实物来看，西汉铁甲全部是札甲，披挂形式大体分为前开对襟式、侧开系带式和龟甲吊带式三种，领口一般为方领样式，无防护，部分带有与战国皮甲款式相同的盆领。它们特点鲜明，有三大主要识别特征，可以使人一观即知是汉甲。

第一，式。身甲部分方领，无铠下裙。西汉铁甲与战国和秦代皮甲一样只有披膊和上下旅之分，对人体下肢防护不够重视。

第二，制。工艺考究，甲片细小。甲片越细，代表这领札甲防护能力和灵活性越好，档次越高。汉代一件只有身甲和披膊的铠甲甲片数量就可达3000片之多。如1968年，中山靖王刘胜墓中出土筒袖铁甲一领，重约16.85公斤，甲片共计2895块。又如1991年，西安北郊汉墓出土铁甲一领，重16.5公斤，甲片计有2857片，共分矩形、椭圆形、鱼

汉甲士示意图。图中绘的是东汉时期铁札甲，较西汉有所发展，综合参照老深河出土的东汉鲜卑甲胄、乌桓校尉府壁画、东汉画像砖等资料绘成。此处铁胄为铁叶编缀，肩臂部采用筒袖形式，大腿部增加了防护，配长环首刀（杨翌绘）

鳞形三种形制。需要注意的是，鱼鳞形甲片并不代表这领铠甲就是鱼鳞甲。

第三，色。当时铠甲甲叶一般饰以黑漆，以红绦连缀，所以西汉铁甲被称为"玄甲"。在《史记正义》等前汉史籍中到处都有关于这个名词的记载。

西汉札甲作为早期铁甲，在款式上依然带有浓重的先秦遗风，对人体下肢防护相对薄弱。其实在工艺水平上，当时的铁甲已经制作得非常规范细腻，只是设计理念暂时还没有冲破思维惯性罢了。

▲ 中山靖王刘胜墓出土的筒袖铁甲复制品，由鱼鳞形甲片连缀而成，但并不是鱼鳞甲

▲ 齐王墓出土的汉代鱼鳞札甲复制品

到了东汉与西晋两朝，由于三国割据战乱与晋代北方少数民族屡屡进犯，钢被运用到铠甲上，札甲样式也日臻完善。在1962年河南新野东汉墓葬的墓砖中，出现了一幅身披札甲，脚蹬蹶张弩的人像。1964年，徐州十里铺东汉石墓的前室横额上，也发现了一幅披甲战士追击敌人的画面。1971年，在内蒙古呼和浩特和林格尔县，人们修造梯田时发现了一座东汉时期的巨大墓葬，墓主人可能是当时某一任乌桓校尉。这座汉墓的墓道以及墓室的四壁、顶部全部绘满壁画，在代表东门的墓室东壁上发现有青龙、白虎、建鼓与城门图案，其中城门由数量众多的披甲武士执矛守卫。

以上三幅东汉披甲武士像有个共同的特征：他们所披挂的札甲上全部带有长度过膝的甲裙。另外，据考古研究发现，三国时期开始出现的甲骑具装身上也出现了以铁片编织而成的札甲裤。这些都说明在东汉，铠甲对军人下肢的防护逐步趋于完善。此后近两千年历史的中国各式甲胄中，铠下裙都是必不可少的防护组件。

关于铠下裙的穿法，战士须在着身甲之前以丝绦在腰间束好下裙，再以另一根丝绦绕过肩部打结承重，使下裙不坠，而后如穿坎肩般将前开对襟带盆领的铠甲披挂上身，最后用革带紧紧扎束停当。

西晋在札甲款式上大体承袭前汉，其最大的进步就是：在汉代属于高级护具的筒袖铠被大量装备，铠下裙也普遍配发。这个短命的朝代，总的来说在铠甲装备方面，中规中矩，无甚建树。

总之，两汉至西晋时期，中国札甲还没

有受到外来甲式影响，带有浓厚的传统皮甲韵味，款式相对保守，发展比较缓慢，可以称之为前札甲时代。

承上启下的南北朝铁札甲

西晋五十一年的国祚在五千年历史长河中只算一瞬，其门阀政治导致的军阀割据，让天下陷入混乱之中。北方少数民族趁机大举南下，朝廷无力回击只得被迫南渡，偏安江南，史称东晋，至此中国进入了南北朝对峙的时代。

南北朝是中国历史上的黑暗时期，却是甲胄发展史上一个非常重要的时期。它上承两汉，下启隋唐，数百年的战乱成了甲胄发展的强效催化剂。

在南北朝最为典型的裲裆、明光、甲骑具装三种甲式中，札甲附件都是主流。除皮裲裆和作为官员礼服穿用的布裲裆外，铁制裲裆凯的前后片皆为札甲。明光作为裲裆凯的进化产物，铠下裙和披膊多数也都以札甲片组成。

在这一时期，中国札甲虽然有所发展，但是还谈不上完善，更谈不上达到顶峰。说它地位重要，关键是在于"融合"。在长期的战争中，与西域联系紧密的北方少数民族大举南下，而南方汉族百姓为了躲避战乱也大量迁居西域与当地百姓杂处，这形成了一条连接中亚的大陆文化桥。中亚铠甲样式就此被传到中国，导致汉代札甲的盆领消失不见，如坎肩般前开襟带筒袖式样的身甲也被淘汰。皮铁复合的裲裆、明光甲虽然看似简陋，但它们却奠定了以后中国所有札甲身甲部分的标准样式，影响不可谓不深远。

唐宋札甲

经过南北朝的融合过渡，唐宋甲胄兼收并蓄，呈现出浓厚的多元化色彩，中国铠甲进入了后札甲时代。总体而言，唐宋甲胄样式越来越精致，工艺越来越复杂，附件越来越完善，装饰越来越华丽，而防护自然也越来越全面。就如同当时傲视全球的中华文明一样，中华甲胄也随之爆发出夺目光彩。

公元 618 年，唐高祖李渊在长安称帝，中国历史上首屈一指的强盛王朝诞生了。它全面继承大隋遗产，国力强盛，经济繁荣，文化灿烂，万国来朝。自唐太宗起，数代唐朝皇帝都被尊称为"天可汗"，中国成为名副其实的"天朝"。大唐疆域东起朝鲜半岛，西抵咸海以西，北囊贝加尔湖，南至中南半岛，先后设有安西、安北、安东、安南、单于、北庭六大都护府。如此广阔的版图离不开强大军队的保卫，唐军装备精良，勇武敢战，他们的装备一直为后世古战爱好者津津乐道。

一支军队装备是否精良，关键在于它所装备的铠甲数量。关于唐军披甲率，在唐代

▲ 敦煌壁画中身穿札甲的唐军

著作《通典》、《太白阴经·军械篇》和《太白阴经·阴阳队图篇》中都有明确记录。"一军一万二千八百人，甲六分，七千五百领；战袍四分，五千领。一队五十人，甲三十领，六分；战袍二十领，四分。"这在古代战争历史上是一个非常高的装备比率。

唐军甲式多样，共分十三种，且高度制式化，质量管控严格。唐贞观六年（公元632年），唐廷设立"甲署坊"，该机构下设署令一人、署丞一人、兼作两人，专门领导和管理铠甲生产。

唐甲中，步兵甲根据昭陵步兵武士壁画推测就是札甲。在壁画中，四位持矛武士由一名佩剑军官带领，五人头戴甲片组合式兜鍪，顶饰红缨；项顿过肩，与南北朝开始流行的一体护项式披膊形成完整的颈肩防护；身甲由前襟开合，左襟压右襟，胸部系有束甲袢，并加强有明光铠标配的金属护心镜，在腰部以革带贴身束紧；五领铠甲下裙过膝，甲叶大小适中，上肢前臂有红、蓝两色护臂，下配长筒乌皮靴。整领札甲防护全面，朴实但不简陋。值得注意的是，这五名武士不论官职，所披挂的札甲制式全部一模一样。在敦煌石窟发现的唐代武士壁画中，人物身着

▲ 昭陵壁画——武士出行图

▲ 《中兴瑞应图》中的宋军甲士

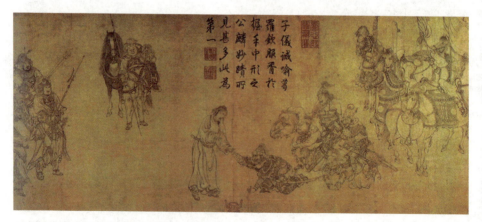

▲ 宋代画家李公麟所作《免胄图》局部

宋甲士示意图。两宋不仅是铁甲的高峰期，也是札甲的高峰期，这一时期士兵的防御面积全面且严密，头盔、披膊、身甲、护裆、腿裙，结构完整。重甲时代重型打击兵器盛行，图中甲士配的便是铁鞭（杨翌绘）

的札甲形制也与这五名武士完全相同。这说明在唐代，札甲高度制式化。另外，这种官兵一致性，也印证了唐军披甲比率非常高，甲胄确实不是少数军官的专有之物。

到宋一朝，札甲制作工艺达到极致。宋代札甲一般为前开式样，边沿以锦缎包边。穿着前，先内穿一层皮质或绢布坎肩，而后披挂身甲，在两肩用吊带连接承重。而披膊则变成了坎肩款式，在肩臂结合部出现了兽吞状护肩，加强了披膊的装饰性和防护性能。在胸腹部位，以内皮外锦质地的束腰和抱肚将身甲紧紧扎束在腰间以便活动。有时披挂完全后在甲胄外会再穿一件绣衫，英武中透着几分儒雅。

由于四面强敌环伺，宋朝在军队装备上的投入不遗余力。因为宋军缺少战马，强调以步制骑，所以披甲率奇高，达到惊人的70%以上，被辽、金评价为"戎具精劲，近古未有"。正是依靠这些精良重甲，两宋军人才有手持长枪、大斧硬撼对手铁骑的底气。

为了应付繁重的铠甲制造任务，宋朝在京师与各军州都开设有造作院，在铁甲作、钉铰作、铁身作、错磨作、丁牟作等作坊以流水线分工组装的形式大批生产铁甲。并且，宋代所著的《武经总要》一书中，记载了铠具的统一制式规范，足见宋代铠甲的制作体系已然成熟。

宋代铠甲以札甲为主，《武经总要》铠甲部分共收录了四类铠甲样式和一类战马具装。这四类铠甲，除山纹甲外，皆为札甲。宋札甲工艺精良，价格昂贵，标准严格，质量管控细化到了每一枚甲叶。

据《宋史》载："绍兴四年，军器所言：'得旨，依御降式造甲。缘甲之式有四等，甲叶千八百二十五，表里磨锃。内披膊叶五百四，每叶重二钱六分；又甲身叶三百三十二，每叶重四钱七分；又腿裙鹘尾叶六百七十九，每叶重四钱五分；又兜鍪帘叶三百一十，每叶重二钱五分。并兜鍪一，杯子、眉子共一斤一两，皮线结头等重五斤十二两五钱有奇。每一甲重四十有九斤十二两。若甲叶一一依元领分两，如重轻差殊，即弃不用，虚费工材。乞以新式甲叶分两轻重通融，全装共四十五斤至五十斤止。'诏勿过五十斤。"

当时的一领步人甲费工、费时、费财，所以价格昂贵。在绍兴年间全甲价值三万八千二百钱，相当于纯铜足陌三十八贯零二百文。当时市井小民一天生活花费四十文不到，一套步人甲的价值几乎等于一户普通百姓全家财产（包含房屋、田产、耕牛）的三分之一到二分之一。

另外，当时在工艺上除了旧有的热锻制甲外，冷锻法由吐蕃境内传入，并被运用到了札甲上，还被沈括的《梦溪笔谈》详细收录。能够采用冷锻技术的只有钢，

▲ 南宋步人甲

这说明在宋代，钢札甲被普遍装备。而宋甲之所以如此昂贵，与它普遍采用钢片编织不无关系。

另外，现代甲胄爱好者根据这些史籍，成功复原了一领宋代札甲。全甲连带兜鍪护面全重 40 公斤，对人体防护面积达 95%，共由 1876 枚一毫米厚钢制甲叶组成。在 5 米的距离上，90 磅弓力在 6 米外以三棱箭头直射无法穿透，可见防护性能极其强悍。总体上，宋式札甲在佩戴铁面后，全身弱点只有脚背与腋下两处，所以在宋代枪法中，下刺、挑刺动作尤其之多。

两宋时期少数民族政权的札甲

作为当时的亚洲中心，宋王朝对周边国家一直保有强大的同化作用。同时期的辽、金、西夏、大理均受其影响，甲胄样式与中原基本无异，札甲更是成为其主要装备。

创建辽朝的契丹族，本是游牧民族，为了更好地治理本朝，他们创造性地使用了两院制。在保留本民族特性的前提下，契丹积极汲取北宋、西夏、西域等地的先进知识和礼仪，尤其是北宋，用以管理多民族政体，强大自身。在这种方针的指导下，契丹人从典章到服饰全面汉化，甲胄风格也不例外。

同时，辽朝冶金业发达，又被称为"镔铁之国"，所以辽军铁甲装备量很大。在解放营子辽墓壁画《宴饮图》中，有两个身穿札甲的辽代武士形象。画中甲片清晰可辨，其护心镜和抱肚之类的附件带有浓重的唐代遗风。

随后崛起的女真人原本聚居于白山黑水之间，在辽代以前属于半渔猎半游牧部落，低下的生产力和契丹的残暴统治使得女真人生活极度困苦。同时凭着女真人原始公社水平的生产力是无法生产铁甲的，所以金军初期的甲胄全赖缴获，自然毫无女真痕迹。

金朝建立后的金军铁甲也照搬辽宋，没有明显的民族特色，在五台山金代壁画中，持钺金军武士所穿铠甲与宋军无异，项顿上的札甲片清晰可见。大名鼎鼎的金朝重骑兵铁浮屠全身都是披挂札甲，除了双眼部位，周身防护可谓密不透风。

至于同时期的西夏，这个政权的前身本来就是北宋臣属。李元昊上台之后，大力倡导学习融合汉族文化，所以西夏甲胄也深受宋甲影响，甚少胡风。党项步跋子、铁鹞

▲ 身披札甲的金军铁浮屠

▲ 《顾庐图》中身穿札甲的金军甲士

子就是身披宋式铁甲与宋军厮杀鏖战上百年。黑水城西夏壁画中，五位西夏武士身上穿的很明显就是宋式札甲。

地处云南的大理自古汉风浓郁，大理铠甲也是标准的中原形制。在宋代大理画家张胜温所作之《画梵图》中，大理武士赤足身披札甲，样式与唐代步兵甲几无区别。

◀黑水城壁画中身穿札甲的西夏武士

▲《画梵图》中的大理国武士，身上札甲与唐代步兵甲形制相同

在中国西部的世界屋脊上，曾经存在过一个强大的政权，那就是吐蕃王朝。不过在它四分五裂之后，吐蕃很快就被人忽略忘记。到了宋代，吐蕃王朝的余脉青唐唃厮啰政权已经沦为地区二流势力，需要在宋夏之间左右摇摆才能维持自身存在。但鲜为人知的是，吐蕃人在武器和铁甲制作方面造诣极高。

神臂弓是西夏人李宏发明的，而这位李宏其实是藏族人，但时人藏羌不分，所以才会搞错，误以为他乃羌族。而所谓的“西夏瘊子甲”也是吐蕃人制作的冷锻札甲，宋人正是通过吐蕃才掌握了冷锻技术。《资治通鉴》中对这种甲胄的评价是“工作器用，中国之所长，非外蕃可及。今贼甲皆冷锻而成，坚滑光莹，非劲弩可入”。在沈括所著的《梦溪笔谈》中，详细描述了这种札甲的制作流程和防护能力：“青堂羌善锻甲，铁色青黑，莹彻可鉴笔发，以麝皮为䪌旅之，柔薄而韧。镇戎军有一铁甲，匮藏之，相传以为宝器。

◀吐蕃武士，身上札甲做工极其精良

韩魏公帅泾、原，曾取试之。去之五十步，强弩射之，不能入。尝有一矢，是中其钻空；为钻空所刮，铁皆反卷，其坚如此。凡锻甲之法，其始甚厚，不用火，冷锻之，比元厚三分减二乃成。其末留头许不锻，隐然如瘊子。欲以验末锻时厚薄。如浚河留土笋也。谓之'瘊子甲'。"这种冷锻钢札甲因为多数装备西夏军，所以才会被讹传为西夏人所制。在整个北宋一朝，"青唐甲"都是上等铁甲的代名词。

甲骑具装

提到宋代少数民族政权的军队，很多人自然会想起著名的"铁鹞子"和"铁浮屠"。其实这些重装骑兵的正式名称是甲骑具装，"甲骑，人铠也；具装，马铠也。"它是我国古代对重骑兵人马铠甲的统称。严格说来，早在春秋时期，战车挽马就披挂有皮制具装。不过这些具装并没有被应用到骑兵开始兴起的战国时代。在秦汉时代，冲击型骑兵虽然出现了，但也没有立刻重装化。不过从汉末开始，我国出现了甲骑具装的雏形。

南北朝时期，伴随着北方游牧民族的南迁，冲击力强大的铁制甲骑具装正式走向成熟。1957 年，河南邓州市一座刘宋时期的墓葬中出土了带有具装战马形象的墓砖。砖体正面以浮雕形式模印战马两匹，其中一匹身负具装，可以清晰分辨出当时标准马铠有六大部分：面帘、鸡颈、当胸、身甲、搭后、寄生。除面帘以整块皮革或金属根据马首尺寸定制而成外，鸡颈、当胸、身甲、搭后全部由札甲组成，甲片以右压左的编织顺序清晰可见。如果说这块墓砖上的具装

材料不明的话，那么在国博、陕博收藏的南北朝具装骑兵俑所披挂的一定都是铁札甲，因为皮甲甲片不会如此窄小，这样反而影响防护性能。

2006 年抢救性发掘的东魏元祜墓中发现的甲骑具装俑身上所披很明显也是铁铠。此俑人马皆披铁铠，属于风格一致的大札，铠甲为表现金属质感甲片被画成白色，以左叠右，用红绳连缀。搭后安装寄生，与波兰翼骑兵身后的白色飞羽有异曲同工之妙，威风凛凛。"金戈铁马"一词便是由甲骑具装而来，为后世无数文人所吟诵。

隋朝征高丽时，甲骑具装曾大量出动。

▲ 南北朝甲骑具装俑，具装为表示是铁甲而特意涂成白色

在唐代，出于机动性的考虑，战马并不常穿戴具装。宋代时，宋军因为缺马，所以重甲骑兵数量也很少，《武经总要》中所收录的具装马铠样式，与此前历代具装区别不大。

金朝击灭辽朝之后，吸收了大量前辽甲匠为己所用。据统计，金朝极盛时，拥有六万甲骑。其中最为著名的莫过于铁浮屠了。

铁浮屠又号"铁塔兵"，常与"东西拐子马阵"配合使用。在战时，铁浮屠酷爱集结于敌方军阵斜角位置，默默观察战场。当敌方阵形出现前后脱节或本方形势吃紧时，铁浮屠们便会轰然出动，疾走、慢跑、冲刺，提速之后的重骑兵绝非人力可挡，因此在北方开阔地形无往不利。

元明清札甲

灭亡金朝的蒙古，历史上曾发动三次西征，最远曾一路杀到匈牙利。这也使得中国札甲第二次融入了异域元素。早期蒙古札甲和他们的皮甲一样，款式不羁，工艺粗放，甲叶中部打孔，以一根皮绳简单连接，为了增加牢固性，每一圈连缀好的甲片上下两端都用皮革包边，以保护甲绳，而后打孔固定，这种甲式被称为"蒙古罗圈甲"，是初期蒙古札甲最主要的形式。当蒙古人疯狂扩张，连续击灭一连串国家后，蒙古铁骑装备的札甲水平得到了质的飞跃。

在中原地区，蒙古札甲主要承袭宋金，依然采用前开对襟或后背对缝的方式穿着，并沿袭宋金的习惯将披膊分为不相连的左右两片，在身甲披挂完毕后，用布带以左肩右斜与右肩左斜方式在胸前交叉固定在腋下。另外，在喉部配有兽面形护喉，这也是蒙古札甲的特色之一。元朝时，中原式札甲还有一个最大特点，那就是甲叶极细，每片甲叶只有一指宽、一掌长。札甲作为一种金属铠甲，它的可弯折度注定不如非金属甲，甲片越宽大，活动越不便，所以细片札甲虽然防护性能不见得有所增强，但灵活性和舒适度

▲ 金军铁浮屠，全身披挂重型札甲，确实如同一座铁塔一般

▲ 元军札甲细节

肯定能够得到大大提高。在西域以及欧洲地区，蒙古诸汗国军队的札甲样式则不可避免地受到西方元素影响。这些西式札甲大多前开对襟，无传统披膊，细密的甲叶从肩部一直到甲裙如现代军大衣般连缀编织，在穿着前需要内穿带袖锁子背心，小臂外戴护臂，外罩欧式棉甲坎肩，拜占庭风格非常明显。

对比唐宋，元代札甲总的来说呈现倒退趋势，不再规定统一制式，工艺简化，甲叶大小、编织方式五花八门，对人体防护面积也有所降低。

元朝建国近百年，其对盔甲的影响不是一时半会就能够消除的。受此影响，明代札甲演化出了不同于传统札甲，也不同于元代札甲的特殊风格。

比如在明人所绘的《出警入跸图》中，御前大汉将军们所穿札甲全部取消束腰、抱肚，也没有披膊、护臂，取而代之的是新式的铁臂手。这种铁臂手用织物袖子固定铁片，可与身甲扣接在一起，性能更为良好。

而且，明代铠甲的式样在元代的基础上大为增加，这在《大明会典》所载兵仗局制造的铠甲上有所明证："今兵仗局造：抹金甲、青织金云綃丝裙襕、鱼鳞叶明甲、青织金界地锦綃丝裙襕、红绒绦穿匙头叶齐腰明甲、红绒绦穿齐腰明甲、绿绒绦穿齐腰明甲、绿绒绦穿方叶齐腰明甲、绿线绦穿鱼鳞叶齐腰明甲、匙头叶齐腰明甲、青綃丝镀金平顶丁钉齐腰甲、青綃丝黄铜平顶丁钉齐腰甲、青綃丝镀金丁钉齐腰甲、红绒绦穿齐腰甲、青绵布火漆丁钉齐腰甲、青綃丝黄铜平顶丁钉曳撒甲、紫花布火漆丁钉圆领甲、黑缨红铜镜马甲大叶明甲（后面四样甲，皆一年一修

造）、青綃丝火漆丁钉齐腰甲、青綃丝绦穿齐腰甲、青绵布绳穿齐腰甲。"

总体上，明军铠甲装备情况呈现"北重南轻"的状态。北方明军备甲率高，而且都是重甲。明朝沈周所著《用志边军劳苦》一诗中这么描写：

从军莫从口外军，身挟战具八十斤。
头盔脑包重得之，顿项掩遮以五论。
唯甲所披四十五，腰刀骨朵二四六。
精工精铁始合度，日夜磨淬光胜银。
二五弓箭及其服，随身衣裳八乃足。
佩多身重难负荷，还须上马看轻速。

《四镇三关志》曾详细记载了蓟镇的兵力和武备情况。其中督抚标下左营、主军和来自辽东、大同的客军共 3099 人，盔甲却高达 6220 副；振武营额兵 3017 人，盔甲 2254 副。最后，统计蓟镇主兵共 73562 人，盔甲 68398 副，备甲率高达 93%。

而明末民族英雄卢象升所练标营，兵力 10000 人，全军备甲；其中骑兵 6000 人，着铁甲；步兵 4000 人，着棉甲。

▲ 《出警入跸图》局部，右边的锦衣卫大汉将军身穿札甲

相对于北军的高着甲率，南军出于机动力和便于维护的因素，备甲率较低。在仇英所作之《倭寇图卷》中，剿倭明军只有将领以及亲随家丁们能够身穿防护周全的铁札甲，而且款式相对简朴，披膊系带在胸前左右交叉，与元甲基本相同。

值得一提的是，当明王朝被一场场天灾

人祸击垮之时，民族英雄郑成功特别组建了装备重甲的"铁人军"。根据清人江日升《台湾外记》所载，这支军队"挑选各提督壮勇者为亲军，厦门港筑演武亭操演。各以五百觔石力能举起遍游教场者五千人，画样与工官冯澄世，监造坚厚铁盔、铁铠及两臂、裙围、铁鞋等项，箭穿不入者。又制铁面，只露眼耳口鼻，妆画五彩如鬼形，手执斩马大刀。每人以二兵各执器械副之，专砍马脚，临阵

▲ 身穿札甲的大汉将军

▲ 《倭寇图卷》中身穿札甲的明军将领以及家丁，普通士兵只有齐腰甲

▲ 定陵出土的明神宗齐腰札甲

▲ 瑞士画家笔下的铁人军

▲ 当代绘画作品中的铁人军

有进无退，名曰'铁人'"。

在瑞士画家艾布瑞契·贺伯特（Albrecht Herport）的画笔下，铁人军战士身上所穿的明显就是札甲。这支铁人军在抗清斗争和收复台湾之战中屡立战功。但是，在17世纪火器开始称王的背景下，铁人军注定只能是一抹札甲反射的余晖。

待到清王朝完全建立其统治，伴随华夏军队走过了两千多年腥风血雨的铁札甲也走到其历史尽头，被锁子甲和棉甲（布面甲）所取代。

锁子甲

关于锁子甲的起源目前有两种说法：一说起码在公元前5世纪，斯基泰人就发明了锁子甲；一说锁子甲是由凯尔特人发明的。随着东汉年间丝绸之路的打通，锁子甲跟随胡商开始进入中国。三国年间曹植所著《先帝赐臣铠表》中，首次出现了"先帝赐臣铠，黑光、明光各一领，环锁铠一领，马铠一领，今代以升平，兵革无事，乞悉以付铠曹自理"的叙述，在此之前中国从无锁子甲的记录。

锁子甲，这种舶来品，顾名思义是由铁丝曲环，环环相扣而成的一种柔性金属铠甲。

锁子甲的结构看似简单，其实制作过程相当繁复。一领锁子甲所耗费的铁环数量不定，但一定与防护面积和编织层数成正比。如果将之分解，我们就可以发现这成千上万的铁环其实是由许许多多独立的铁环组构成，锁子甲的层数便是由铁环组的环数决定。

单层锁子甲在编织时，遵循"二挂一"原则。具体来说就是先根据甲衣尺寸，预先

组装若干三环组，用小于铁环直径的横杆将这些三环组中的两环穿连固定，而后以单个铁环将三环组中未被固定之剩余一环两枚一组连缀，而后再朝单枚铁环上穿两枚铁环，接着又以单枚铁环连缀。如此反复直至锁子甲最终成型。

双层锁子甲在编织时，则需要遵循"三挂一"原则，过程也相应要繁复许多。先取一个四环组，以横杆穿其中三环将之固定。而后暂时忽略剩余未固定环，先以单个铁环将横杆上的左两环扣到一起，再取另一枚单个铁环将横杆上的右两环扣接，相邻两组必须以左压右或右压左的方式呈波浪式交错连接，组成奇妙的双层结构。这样制成的锁子甲网眼细密，防护性能相对单层编织结构大大提高。

锁子甲的优点很明显，铁环连接的锁子甲不同于铁片穿缀的札甲，纺织式的编织结构使得穿着更为舒适，同等重量下，能够防护更多的面积，而且透气性良好，打理保养简便。

▲ 单层锁子甲

但舒适轻便的另一面就是防御力不足。根据欧洲铠甲研究者的复原试验推算，击破锁子甲所需要的动能焦耳要小于札甲。总体上，锁子甲应对刀剑劈砍时效果较好，而应对钝器效果最差，对抗锐器穿刺的防御效果也不理想。

比如《晋书·吕光载记》记录前秦征西域时，遭遇的龟兹军，"便弓马，善矛矟，铠如连环，射之不入"。说明传统样式的箭矢，在突然遭遇锁子甲的时候显得有些束手无策。但是不久之后，应对办法就被想出来了。《唐六典·武库令》中，有一种名为"穿耳箭"的箭矢，号称"箭镞细如针，力透网子甲"。穿耳箭这个例子说明锁子甲在防御力上还有不足，对方只要改变一下武器形制就可以破解其防御。

当然，如果将锁子甲铁环缩小，那么它的甲面会越发致密，防护效果越好，但是这样也就基本等于放弃了锁子甲轻便舒适的优点，而且其防御力依然比不过札甲。因此，虽然锁子甲在唐代就被列入十三甲式之一，但装备量并不多。

但是，在当时的吐蕃地区，锁子甲反而得到了大规模应用。吐蕃在唐代是一个非常强大的政权，吐谷浑部控制区也曾经深入于阗和今天的克什米尔，获得锁子甲的途径相对中原要便利得多。唐代《通典·吐蕃传》中记载藏兵"人马俱披锁子甲，其制甚精，周体皆遍，唯开两眼，非劲弓利刃所能之伤也"。在宋代，著名的吐蕃青唐甲中也包含有锁子甲样式。这种铠甲对藏区的影响是那么深远，以至于直到西藏解放前，活化石一般的藏军依然时常披着锁子甲出现在相机镜头中。

在元代，蒙古骑兵横扫欧亚大陆。在这个过程中元军通过各种途径获得了大量锁子甲，并将之应用到皮甲、札甲上作为防护组

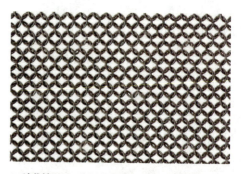

▲ 清代铁网甲，实际上也是锁子甲，但是比常规锁子甲编织方式更简单、重量更轻，当然防护力也差些

▲ 紫光阁《阿玉锡像》中的铁网甲细节

◀ 紫光阁《玛瑺斫阵图》中玛瑺身穿铁网甲

件。于是元代成为中国锁子甲的大发展时期。甚至在民间，锁子甲也变得广为人知，在元曲中"锁子甲"一词经常出现。

明代甲胄因深受元代影响，并且掌握了四孔拉丝机技术，明军开始大规模生产并装备锁子甲，据明《武编》记载，当时明军"各边军士役战，身荷锁甲战裙，臂遮等具，共重四十五斤"。这些锁子甲不同于西方那种套头式样，而是如中国传统札甲般被分为披膊、前开对襟式身甲、下裙三大部分。同蒙古军一样，明代锁子甲往往与札甲相结合被制成复合甲。

后金刚刚崛起时，后金军各牛录的正丁、余丁就通过缴获与包衣自制，装备了大量锁子甲。清军入关后，锁子甲与棉甲一起成了清军主要甲胄样式。在《清会典》中，清军铠甲共有明甲、暗甲、棉甲、铁甲四种形制，这里的铁甲专指锁子甲。其款式形同满人马褂，前开对襟小圆领，袖口为马蹄袖样式以便遮护手背，为护军营专用。为了轻便减重，清代锁子甲还发展出了另一种简化版本——铁网甲。相对于正规锁子甲，它最大的特点就是眼稀、环细、质轻、价低。此甲柔性相当出色，可与衣物合为一体，乍看确实犹如一张铁网蒙在穿着者身上。在清代紫光阁二十五功臣像中，有三位均穿着相同制式的铁网甲，可以推断此甲在清军中装备数量不小。

棉甲

棉花在宋代传入我国，但受限于纺织技术，"木棉布"一度是比丝绸还要贵重的高级面料。宋末元初时，黄道婆改进纺车，中

国棉纺业开始成熟，棉花种植呈现规模化。在此基础上，一种中国历史上前所未见的甲胄类型出现了，那就是棉甲（布面甲）。这种新式甲胄具备质轻、保暖、价廉等优点，

▲ 欧洲Coat of plates外部

▲ 欧洲Coat of plates内部

◀ 国外甲胄爱好者所做的棉甲防护试验

对付早期火枪弹丸有较好的防御力，因此在元明清三朝被广泛运用，成为中国 13 世纪后实战甲胄的主要代表之一。

值得注意的是，同时期的欧洲也有一种名为"Coat of plates"的类似甲胄出现。"Coat of plates"一词通常翻译成缀甲、铁甲衣，甚至也被译为布面甲。

要制作棉甲，需先制作棉片，将数斤棉絮放入模具，浸水之后反复模压，而后以线网缝制成薄片，以日晒不膨为合格标准。制甲时，以成型棉片数张裁剪叠加，分别缝制腿裙、护腋等组件，构成一领全甲。以材料与缝制方式区分，棉甲又分棉铁复合甲、纯棉甲两大类。如果将它们类比现代军队装备的破片衣，纯棉甲相当于破片衣的凯夫拉外皮部分；棉铁复合甲则相当于凯芙拉外皮配上陶瓷插板。

棉铁复合甲分暗甲和明甲，暗甲外观与普通棉衣无异，其实它或以泡钉在衬里内缀铁片，或在内层棉片之间内夹锁子铁网以增加防护性能。明甲则以棉胆为底，将钣金铁片以札甲形式连缀其上，或者直接将铁网包覆于棉胆之外，是为明甲。以清代棉甲为例，一领棉铁复合甲重量在 35 ~ 40 斤左右。

纯棉甲顾名思义，完全由模压棉片组成，重量大约只有 15 ~ 20 斤。总体上，纯棉甲没有多少实战意义，实战性的暗甲和明甲仍属于铁甲范畴。

元军在 1274 年、1281 年两征日本均遭失败，遗留下的大量装备辎重被日军缴获。根据竹崎季长所作的《元寇袭来绘词》，我们能看到元军棉甲采用典型的蒙古侧扣式样，厚重严实，浑身上下布满泡钉，以泡钉

▲《元寇袭来绘词》中元军身穿的泡钉棉甲

的整齐程度推测，应该是固定内部铁片而非装饰之用。元朝虽说也是个短命的朝代，但它不管皮甲、铁甲、棉甲都深深地影响着后来的明清两朝。

明军棉甲蒙古遗风浓重，可以说对比元代基本没有区别，只是将棉甲改为前开对襟以便穿着。研究明代棉甲，可从三方面入手。

第一，清太祖努尔哈赤号称以十三副铠甲起家，在北京故宫博物院，收藏有一领据说为清太祖努尔哈赤所有的红闪缎面铁叶棉甲，款式为对襟连体式样，从肩部直到袖口全部覆盖铁叶臂手，腋下带护腋。根据努尔哈赤以"七大恨"祭天起兵反明的时间，可以反推这领棉甲制式定然照搬自明军。

第二，在明代国宝《出警入跸图》中，有数队参与仪卫的明军身上所穿罩甲浑身布满铜钉，应该是内缀铁片的棉甲。

第三，在研究明代棉甲时，我们不妨将目光投向朝鲜半岛的老邻居。李朝作为明朝藩属，国内一应制度几乎全盘照搬宗主国，其军队装备更是如此。朝鲜军棉甲装备数量极大，而且有不少实物留存于世。日本东京国立博物馆收藏有一领朝鲜棉甲，款式为中

明甲士示意图。甲士身穿铁甲晚期的布面铁甲，布面之下内衬铁甲片。此时火器逐渐登上战争舞台，图中甲士扛的便是火绳枪（杨翌绘）

▲ 努尔哈赤红团花，棉甲，内衬铁片

▲ 博多元寇博物院中内衬铁叶，号称是"缴获自元寇"的一领棉甲，但朝鲜风格浓郁

▲ 《出警入跸图》中身穿棉甲的仪卫

▲ 《朝鲜战役海战图》中身穿棉甲的朝鲜水军

长款，下摆盖到大腿处，形制与《武备志》中收录的明军铠甲款式几乎相同。在博多元寇博物馆中，有两套所谓"文永弘安战役中缴获元军之甲胄"，但其中一领为分体马褂样式，明显是清军风格；另外一领红色褙子款式，以铜钉内缀铁片的棉甲出处也十分值得怀疑，不像元甲，反而与《朝鲜战役海战图》中的朝鲜军水师所穿棉甲式样完全相同。

另外需要澄清的是，很多人将明军胖袄认作是棉甲的一种，这其实是一个误会。据《大明会典》记载，洪武九年（公元 1376 年）

▲ 身穿大阅棉甲的乾隆皇帝

明军开始装备一种以红色为主，紫、青、黄为辅的四色棉花战衣，谓之"鸳鸯战袄"。"宣德十年定例，每袄长四尺六寸，装绵花绒二斤，裤装绵花绒半斤。"由战袄尺寸与实棉重量看，这明显就是一种御寒冬装而已，并非传言中的棉甲。

到了清代，清军在改制之前就将棉甲作为主要装备，从入关立国直到清朝灭亡，清军一直都是棉甲的忠实拥趸。清代棉甲实物留存最多，资料最为丰富。

清朝立国后，棉甲形制逐渐固定下来，共分为身甲、披膊、甲袖、前档、左档、甲裙、护心镜七大部分，按八旗旗色分为正黄、正白、正红、正蓝、镶黄、镶白、镶红、镶蓝八色。在清代佚名（一说为郎世宁，一说为金昆吾）所作的《大阅图卷》中，受阅八旗官兵95%以上身披棉甲，阵形严整，气势凛然。

乾隆皇帝则身穿一领明黄色棉甲，全身绣满金龙、日月、浪涛。甲裙以明甲形式排布四列金色札甲片，护臂细细缠绕金丝，兜鍪饰以金珠貂尾，华丽无比。如果说这套大阅甲没有实战意味，那么故宫博物院还收藏有一领乾隆御用棉甲，甲身呈宝蓝色，肩臂部带铁臂手，下裙密密缀满大约一指宽的钢片甲札，威仪与实用并重。

到了清代中期，棉甲的实战色彩逐渐褪去，棉铁复合甲变得不再受欢迎，纯棉甲大行其道，华丽有余而防护能力不足，沦为八旗子弟的仪仗道具，最终随着清王朝一同被时代所淘汰。

异形铁甲

中国军事文化源远流长，中国实战铁甲的形制远不止札甲、锁子甲和棉甲，也衍生出许多非主流形制的异形铁甲。

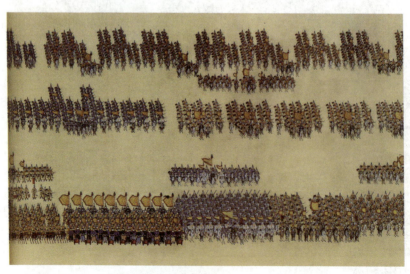

▲ 《大阅图卷》局部，身穿棉甲军容壮胜的八旗军

明光甲

明光甲自南北朝出现，于隋唐大成，在后世甲胄爱好者当中极具争议性。有人认为其防御力无双，是板甲的先驱；也有人认为其具有结构上的弱点，盛名之下其实难副；还有人认为史籍中的"明光"跟壁画和雕塑中的"明光"不是一回事，前者是一种抛光的铁札甲，后者是一种装饰性的礼仪甲。

其实最为稳妥的定义应该是杨泓先生所说的："'明光铠'是南北朝至唐代流行的胸前有两片板状护胸的铠甲。"此甲得名自胸前两块护板，经打磨后在阳光下熠熠生辉，"见日之光，天下大明"，所以谓为"明光"。

总体上，南北朝时期的明光甲属于一种半硬式复合甲，胸部为板式结构，由皮革或金属制作，左右各有一片金属护胸，在胸部以下结合札甲、山纹甲或鱼鳞甲组件构成全铠。对人体防护面积较大，以致南北朝时期穿着明光甲的武将曾被称为"铁猛兽"。

初唐时期的明光甲样式与南北朝、隋朝基本相同，相对简朴。到唐代中后期，明光甲已经发展得非常成熟了，为便于活动，胸口板甲和圆护面积缩小，在身甲肩部、腹部出现兽吞、束腰、抱肚等配件，甲式也越来

▲ 现存于伦敦大英博物馆的唐代广目天王绢画，其身上穿的正是明光甲

越华丽。在各类唐代石像、陶俑中，明光甲的出镜率是最高的。但唐代以后，明光甲就从雕塑和壁画上消失了，其实这种板状护胸加强胸部防御的甲胄设计并没有消失，它只是一直在演化，比如前文出现过的明代齐腰甲和藏军甲胄上那种护胸与护心镜的设计，便是由明光甲演化而来。

总体来说，用板状结构加强甲胄防御是一种全世界通行的做法，欧洲、中亚、南亚都曾出现过，比如著名的奥斯曼碟甲和印度四镜甲。

山纹甲

在唐、宋、明三朝神像、壁画、绘画、石刻中，山纹甲是一种出现率非常高的甲胄，也是中国历史上最为华丽、最为神秘的铁甲。

◀ 南北朝武士俑，身穿明光甲，配冲角付胄，一望可知年代

迄今为止，它没有一件实物留存，史籍中也未记载其编织方式。

目前关于山纹甲编织方式的公开猜想有四种。第一种，认为是一种布绢甲，而山纹则是这种绢甲的纺织纹理；第二种，认为山纹甲片以丝绳缝缀在织物上；第三种，认为山纹甲由繁体山字形甲片错插编织而成；第四种，认为山纹甲由人字形三棱锥互相咬合而成。虽然现代甲胄爱好者们绞尽脑汁地进行复原，但严谨性和准确性都还值得商榷。

鱼鳞甲

鱼鳞甲，顾名思义甲片呈鱼鳞状。这种甲本质上属于札甲，但因甲片的不同又有所区别。

鱼鳞甲是以一种斧形鱼鳞片在四个棱角打孔，并以钢铁环或丝线紧密连缀编织的护甲。因为鳞片交错分布，所以上片鳞甲会将下面两片鳞甲的结合部盖住，整件铠甲看不到任何一根丝线或者铁环，最大限度地减少了连缀点被锐器割断的可能。

▲ 身披山纹甲的韦陀像，下裙带有明清两代特有的鹘尾前挡

▲ 甲胄爱好者复原的山纹甲片

▲ 鱼鳞甲甲片形状和打孔穿绳位置

▲ 被90磅弓斜向穿透的鱼鳞甲，周边甲叶被射散。这些鱼鳞甲片以开口铁环连接，所以在防护性能上有所折扣

鱼鳞甲在汉代已经出现雏形，山东淄博汉齐王墓中，曾经发现一件鱼鳞札。不过那件鱼鳞札穿甲丝绦外露，因此算是具有鱼鳞甲和札甲的共同属性。洛阳西晋墓葬中，出现了一尊披着鱼鳞筒袖铠的武士俑，说明在晋代已经有鱼鳞甲出现。此后，这种甲胄样式在宋明两朝也曾出现。但鱼鳞甲片的编织方式决定了其在单位防护面积上，要重于札甲，同时防御力没有什么提高，因此鱼鳞甲片始终没有成为主流。

头盔

古代中国将军人所戴的头盔称为"兜鍪"，又叫"鞮瞀"或者"胄"，其实际出现历史已不可考，主要材质有青铜、皮、铁、钢四种。而中国甲胄的璀璨瑰丽有一大半就要归在这个"胄"身上。

前汉头盔

出土的中国头盔实物其最早年代和皮甲一样，都是商代。在那个时代，冶铁技术还未发明，所出现的铁器都是简单加工的陨铁。通过出土皮甲反推，商代制革工艺也并不高超，青铜器制作技术倒是已经非常成熟。所以，整个商代的所有出土头盔全部都是由青铜浇铸而成。

如果将江西新干大洋洲青铜盔、殷王廪辛墓青铜盔和殷墟出土的另一顶青铜头盔放在一起，我们可以发现这三顶不同年代的头盔在款式上非常接近。三顶头盔全部在前额装饰有饕餮纹，而且汉字中的"胄"字与这三顶头盔惊人的相似——头上一点代表盔顶

◀ 安阳殷墟出土的青铜胄

◀ 另一种饕餮青铜胄

的翎管，上面的田字代表额前的饕餮，下面的月字代表盔体护颊。

西周青铜头盔变得形制简单统一，摒弃了商代的复杂纹饰，简化了工艺，应该是为了便于大规模生产装备部队。

◀ 春秋时期的青铜盔

▲ 秦军石胄，与燕下都铁胄编织方式相同

▲ 徐州汉墓出土的铁胄

　　春秋战国时期频繁的征伐，有力地刺激了军事技术的发展。春秋时期，青铜盔变得圆润贴合头型，两边护颊加长，以丝绦穿过头顶的纽而后在下颌处打结固定。到了战国时期，皮胄和铁胄开始出现。战国皮胄为多片组合式，曾侯乙墓中出土的皮胄是它们的典型代表，共分胄脊、盔体片、护额片、项顿片四大部分，由丝线连缀成一个整体，盔型美观，贴合头部，可以说达到了相当的工艺水准。

　　1965 年在燕下都武阳台丛葬坑中，我国考古学界首次发现了战国铁胄实物。这顶胄由头顶圆片和八十八枚矩形铁制札片以上压下的方式编缀而成，将穿戴者的整个头部（除面门）全部置于保护之下。它的出土，证明了中国在战国时期铁制甲胄已经达到生产化和实战化的程度。在此后数百年里，这种札甲胄一直顽强地存在于中国军队中。

　　公元前 221 年，秦军灭六国。以前，学术界曾有人因为秦军是否有胄而争论激烈。当 1998 年秦陵墓陪葬坑内那些如燕下都铁胄一般，以石片叠压连缀而成的石胄实物现世后，这种争论才告一段落。"秦军无胄"的观点，可能来自于战国策士的夸张。至于为何秦始皇陵兵马俑没有戴胄，最可能的解释是，兵马俑的原型是秦皇禁卫军，有一定的仪仗和检阅作用，出于礼仪而免胄。

　　1978 年，在临淄汉齐王墓中出土了一顶或者说一片铁胄，胄体全部由矩形铁甲片加工成弧形连缀而成，以丝绦如头巾般在脑后和下颌打结固定，上不封顶，里侧有织物衬以防磨伤头皮。而在西汉初期徐州汉墓发现的铁胄，则状如一口倒扣的铁桶，在面部眉眼处开有矩形方口，编织方式类似于秦胄。

到了东汉，军人们所佩戴的铁胄有了新的发展。1980年吉林榆树县东汉墓葬出土了一顶铁胄，胄体上半部分以长条锥形铁片弯曲成弧构成一个半球体，下半部分以下缘打磨成弧形的长方形铁片编织成护颊，头顶部位由一杯状铁碗封口。这顶胄形状美观，在工艺上比此前的燕下都胄与齐王胄都有明显进步，而且此后的晋代铁胄也沿袭了它的样式。

除了札甲胄外，汉代同时还出现了一种新式头盔，它不再由小片札甲连接，而是一体成型，主体部分紧贴头部，体积从下到上逐渐缩小，前端带有帽檐状突出物。别看这种盔其貌不扬，它可是南北朝时期一种流行盔式的雏形，在后来的日本，也根据此盔演化出了一种外观极似西班牙M26，名为"冲角付胄"的盔形，可谓影响深远。

前汉时代，中国头盔演变缓慢，形制稳定，铁制胄绝大多数都是由各种形状的铁片以札甲方式组装，一体成型盔可能由于工艺难度较高出现晚，装备少。这一时期属于中国头盔史的初级阶段。

南北朝至五代头盔

与铠甲一样，在中国头盔的历史中，南北朝又是以承上启下的身份出现。这个时代在头部防护方面建树明显，片状札甲铁胄继续存在，但一体成型的钢铁头盔也不再属于新鲜事物。依据东汉"冲角付胄"发展而来的新式兜鍪大行其道，此盔一般顶带胄脊，前后附带冲角。在钵形盔体的左右后方，连接有皮革和札甲复合形制的顿项，下沿直垂护颈，对人体最脆弱的后脑与脖颈形成防护。这种胄成了当时的标志性头部装备，几乎所有南北朝武士在考古形象中所戴的都是这种外观独特的头盔。

隋代头盔萧规曹随，例如安徽合肥五里岗隋墓出土的铁胄依然保持着南北朝冲角付胄的样式。但是，隋代头盔也并不是全无发展。第一，在当时部分冲角盔顶部开始出现

▲ 吉林榆树县东汉墓出土的铁胄（线图）

▲ 南北朝武士头盔，注意那独特的冲角盔型

如同佛像菩萨发髻造型的凸起，奠定了唐代部分兜鍪的形制，本文将之称为"发髻盔"。第二，在隋朝，由于和突厥接触增多，开始出现兽首状兜鍪，这是此前中国头盔所没有过的款式。

煌煌大唐，光耀千古，在这一时期，头盔呈现出爆发式发展，各种兽首盔、凤翅盔、发髻盔工艺精美。唐承隋制，初唐兜鍪有着明显的隋代遗风。唐盔大致分为四种形制。

第一种形制由隋代发髻冲角盔演化而来，上半部分由数枚弧形铁片组成的主盔体和代表佛像发髻的小碗状凸起组成，以绢布构成顿项，左右两侧加强有双层护耳，但摒弃了额前冲角。1971年陕西礼泉郑仁泰墓俑、1976年湖南长沙唐岳州窑青瓷俑以及散落民间数量众多的唐代武士俑中，这种盔大量出现。

第二种形制本文称为"折返顿项盔"，这种盔由左右两片圆护状铁片构成主体，由盔脊相连，顿项以皮或者数层厚绢布制作，共有折耳部分翻起、顿项全部翻起、顿项翻起下返三种小样式。

▲ 奈良博物馆收藏的唐代多闻天王像，所佩戴的就是折返顿项盔

▲ 唐岳州窑青瓷武士俑头部

◀ 郑仁泰墓出土的唐三彩武士俑，所佩戴的盔是唐盔的代表样式之一

▲ 郑仁泰墓武士俑所戴盔的侧面图，可以清楚地看到绢皮复合顿项和绢制护耳

▲ 头戴折返项顿盔的武士俑　　　▲ 头戴朱雀盔的天王像　　▲ 另一种朱雀盔

　　第三种形制为"狻猊盔"，由一体成型的主盔体以及前额狻猊兽面组成，并且附带希腊样式的护颊，和商代饕餮纹胄非常相似。

　　第四种形制也是唐盔之中最夸张的一种，本文将其称为"朱雀盔"，在这种盔式顶部都站立着神鸟朱雀，或展翅欲飞，或凤尾高耸。

　　五代盔基本沿袭唐盔形制，可能因为实战需要，五代头盔配饰开始简化，折返顿项盔不再有三重折叠，基本上全部改为折耳部分翻起，令前端斜向后翻。日本大凯兜鍪上的"吹返"便是深受这种盔型影响。同时五代朱雀盔取消了完整朱雀形象，只在护颊两边保留凤翅。折返顿项盔和朱雀盔经过融合，最终演变为宋明两代所流行的凤翅盔形象。

　　中国佛教文化大兴于南北朝时期，盛于

▲ 头戴凤翅盔的五代武士

隋、唐、五代。在这段时期里，中国兜鍪不可避免地带有浓郁的佛文化色彩，比周秦汉晋精美，比宋元明清文艺，时代特色鲜明。

两宋头盔

从陈桥兵变赵匡胤黄袍加身，到崖山海战陆秀夫负少帝投海，两宋历经 320 年，经济空前繁荣，文化不逊盛唐，科技突飞猛进。陈寅恪曾言："华夏民族之文化，历数千载之演进，造极于赵宋之世。"

与豪迈的盛唐不同，两宋不管是在绘画、人文、诗词，还是其余方方面面审美都偏清丽，这种审美也深刻影响了两宋甲胄的形制发展。因此宋盔精致但不张扬，以细节称王。

要观宋代甲胄，影视作品不足信，《武经总要》录图又嫌粗糙，最好的参考对象就是李公麟所绘之《免胄图》。画作虽然是唐代题材，但里面的甲胄样式完全秉承宋制。在此画中，郭子仪侍卫们总共佩戴有四种兜鍪。

第一种，凤翅盔。该盔型脱胎自唐与五代时期，是折返顿项盔与朱雀盔相融合的产物。该盔由盔缨、盔体、盔脊、抹额、凤翅、顿项六大部分构成，盔脊、盔沿以祥云浪涛形贴片包边，正前方抹额与盔脊交接处饰以团花，左右凤翅根根翎毛乍起，纤毫毕现。

▲ 《免胄图》局部

◀ 《武经总要》收录的凤翅盔图样

部分此类盔带有凸出盔檐，盔檐样式形同日本当世具足兜，在《武经总要》中有收录图式。

第二种，笠形盔。这种样式的盔于宋朝首次出现，形似倒扣海碗，盔体绘有祥云纹饰，盔下缀顿项，这种盔型在南宋与元代十分流行。

第三种，莲沿笠形盔。在《免胄图》画卷靠近中央位置，有一位身着齐腰甲手牵战马的军人形象，其佩戴的头盔造型十分奇特，边沿翘起形同莲花瓣，不知是否为艺术夸张。

第四种，无名盔型。款式类似唐时步兵甲所配之兜鍪，护颊两侧没有凤翅形装饰，形制在《武经总要》中有收录图式。

"靖康之耻"后的南宋时期，宋军除了装备上述四种盔外，还出现了一种形似范阳毡帽，边沿如睡莲叶般反扣的笠盔。在南宋所绘的铁浮屠形象中，金军也有这种盔型，应是缴获自宋军。

由于宋时周边国家汉化程度很高，所以宋盔不但没有受到外来元素影响，反而在同化周边国家的盔型。宋盔前承佛教色彩浓厚的唐盔，下启元盔，所以宋代在我国甲胄兜鍪发展史上是一个重要的时代。

元明清时期的头盔

深受中亚、西亚元素影响的元代甲胄对中国后世甲胄样式产生了重大影响。元代头盔主要有三种形制，但无论细节装饰如何均万变不离其宗。

第一种，沿袭中原兜鍪样式，盔缨、盔体、抹额、顿项将头部紧密防护。

第二种，"钵胄"。早期蒙古骑兵也大量使用皮质头盔，盔体以四到五片皮革连接成尖顶深钵状。由此发展而来的胄形深刻影响了后来的明清两朝头盔，被考古学界称为"蒙古钵胄"。这种胄有皮有铁，前额带眉庇，顶饰是被后世戏称为"避雷针"的樱枪。此后的明清两代也大量装备这种形制的头盔，清八旗头盔更是完全以这种"蒙古钵胄"样式为主。

第三种，笠形盔。这种头盔盔型与南宋笠

▲ 元代钵胄

▲ 元代笠形铁盔

▲ 身穿中原式札甲，戴中原式兜鍪的元军

▲ 绘画作品中头戴笠形盔的蒙古骑兵

◀ 头戴笠形盔的元顺帝，这种皮制笠形盔没有防护功能，作为常服凉帽使用

形铜盔基本相同，不但作为军用盔，不少蒙古官员、贵族在平时也佩戴款式相同的皮笠。

元朝的残暴统治在持续 90 多年后终于引发了汉族的大规模反抗，崛起于两淮地区的红巾军在朱元璋的带领下推翻了元朝，恢复了汉家衣冠。在这个时期，明军头盔呈现出多元化特征，一部分承袭元代，一部分模仿宋制。

明军头盔中，元代盔型共有笠形盔与钵胄两种：

首先是笠形盔，明军称为"明铁盔"，民间又唤"帽儿盔"，由缨枪、盔顶、盔体、顿项四大部分组成。

明代笠形盔与元代笠形盔有两大区别：第一，为了留出发髻空间，盔体加高；第二，盔檐变平。

明铁盔属于明军主要的头部装备。明成化四年（公元 1468 年）兵仗局所监制记录的盔型中各种四瓣、六瓣、八瓣明铁盔占据了绝大多数。比如明定陵出土的神宗御用明铁盔顶饰金珠红缨，由莲台与真武帝君像构

▲ 明代"勇"字铁盔

▲ 《出警入跸图》中头戴明铁盔的锦衣卫大汉将军

成盔顶，盔体由饰有六丁六甲神的六瓣弧形铁片构成，以六条盔脊连接。

其次，钵胄也是明军大量装备使用的一种盔型。该盔与元代制式基本相同，由缨枪、盔顶、盔体、眉庇、顿项五大部分构成。明军钵胄顿项分为左、右、后三片，而元代钵胄顿项为一体式带护喉的风格，这是二者最大的差异。

明军传统样式头盔主要装备少数将领和锦衣卫中担负仪卫任务的御前大汉将军，主要以凤翅盔为主。明代凤翅盔由缨枪、盔顶、盔体、抹额、顿项五大部分构成。与宋式凤翅盔不同，明军凤翅盔护颊较浅，形状更为

◀ 定陵出土的明铁盔

圆润，凤翅较小，盔体除抹额外无其余装饰，多数为金银二色。在头盔凤翅两边或缨枪上安装有代表所属建制单位的小角旗。这是中国汉式盔型最后的存在，到了清代，凤翅盔从军队序列中完全消失。

有清一代，可能出于统一制式考虑，清军全部佩戴钵胄，和明代一样，清代钵胄也是分为缨枪、盔顶、盔体、眉庇、顿项五大部分，但是其缨枪加高，顿项再次变为带护喉的蒙古式样。

清初钵胄沿袭明制，缨枪较短，盔形较圆，

▲ 明军钵胄盔体

▲ 抚远将军头盔细节

◀ 纽约博物馆收藏的抚远将军头盔

▲ 头戴凤翅盔，手持金瓜的明代大汉将军

▲ 万历皇帝与随扈大汉将军佩戴的凤翅盔

如努尔哈赤甲胄所配头盔就是这种类型。清入关立国后，钵胄缨枪越来越高，装饰也越来越华丽。清代掐丝工艺水平十分高超，清军高级军官头盔大量使用镂空掐丝装饰。以纽约博物馆的清抚远将军头盔为例，此盔缨枪、盔顶莲座、盔体上的花纹和满文经文全部都以掐丝镂空工艺制作，呈现镂空花纹，异常精致华丽。乾隆大阅甲所配头盔缨枪、盔顶、盔体采用同样工艺，饰以珍珠、珊瑚珠、红蓝宝石，盔缨缀貂尾，精致程度更是令人咋舌。

中国甲胄的装饰

我国连环画鼻祖，有"当代画圣"之称的刘继卣先生曾于1956年创作过一套名为《闹天宫》的工笔组画，全套包括《石猴夤义天庭》、《弼马温怒扫山中》、《齐天大圣战神兵》、《蟠桃园内问真情》、《醉能瑶池食仙丹》、《下界为王会新朋》、《火眼金睛千钧棒》、《大闹天宫立轴》八幅单张画卷。其中《石猴夤义天庭》、《齐天大圣战神兵》、《下界为王会新朋》、《火眼金睛千钧棒》、《大闹天宫立轴》五张画作中，都出现了中国传统甲胄形象。尤为可贵的是，在创作这套作品前，刘继卣老先生查阅过大量中国甲胄资料，这些甲胄有札甲、鱼鳞甲、山纹甲，它们形制各异，但穿戴方法和甲胄配件在历史上都真实存在过，并无胡乱想象发挥之处。所以虽然它只是美术作品，但对我国甲胄附件装饰研究却有着很重要的意义。

先人有云："中国有礼仪之大，故称夏；有服章之美，谓之华。"甲胄虽为兵器，但也属于作战服饰。中华甲胄不管是用于仪仗还是实战，它的每一绺盔缨、每一根翠翎、每一块甲片、每一缕丝绦都浸润在民族服饰文化之中。配饰的莲台、凤翅、兽吞、祥云、经文、神像，处处流光溢彩，所有细节都反射着中华文明深厚的底蕴，闪耀着中华文化的璀璨光芒。这是祖先留给我们的遗产，作为后人，我们有义务了解它、保护它、宣传它、尊重它，并将之代代传承。

※ 267~271页皆为杨翌所绘

甲胄对比之战国甲（皮甲胄）

甲胄对比之秦甲（皮甲胄）

甲胄对比之汉甲（铁甲胄）

甲胄对比之鲜卑甲（铁甲胄）

甲胄对比之唐甲（铁甲胄）

甲胄对比之宋甲（铁甲胄）

甲胄对比之金铁浮屠（铁甲胄）

甲胄对比之元罗圈甲（铁甲胄）

甲冑对比之明布面铁甲（铁甲胄）

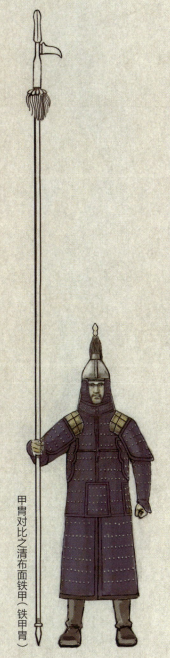

甲冑对比之清布面铁甲（铁甲胄）

雷霆之力：火器

作者／王龙润

第六章

火药，中国四大发明之一。它由硝、硫、炭组成，又被称为"黑火药"或"三组分火药"（指由三种成分按一定比例配合所组成的黑火药）。它是中国古代炼丹方士们炼制长生不老丹的意外产物。中国最早见于文字记载并能确认年代的火药配方出自《太上圣祖金丹秘诀》，这本书由炼丹方士清虚子在唐宪宗元和三年（公元 808 年）所著。该书里关于火药的配方后被选入《铅汞甲庚至宝集成》卷二中的《伏火礜法》篇，其原文为："硫黄二两，硝石二两，马兜铃（含炭物）三两半，右为末，拌匀。掘坑，入药于罐内，与地平。将熟火一块，弹子大，下放里面，烟渐起。以湿纸四五重盖，用方砖两片捺，以土冢之，候冷取出。"大意是用硫黄、硝石各二两，含碳物质马兜铃三两半，放在一起搅成粉末后拌匀。然后把粉末装在一个罐子里，挖一个与罐子同高的土坑将罐子放进去，接着拿一块如弹子大小的明火放进去。待燃烧起烟后用四五层湿纸盖严罐口，再拿两块方砖盖在上面，最后用土埋上堆成冢型，等燃烧殆尽罐子冷却后再取出其燃烧后残留的混合物。在这条记载中明确出现了硝、硫、炭，并说明把这三种物质混合在一起后可引火燃烧。但也有人认为《太上圣祖金丹秘诀》中所记载的不是最早的火药配方，因为在之前还有《孙真人丹经》中的"伏火硫黄法"，不过《孙真人丹经》为后人托做，所以并不能确认年代。总之，可以确定的是，最迟在唐宪宗元和三年，也就是公元 808 年，中国便已经发明出了火药。

火药的发明对人类的战争方式产生了巨大的影响，或者说完全改变了人类的战争模式。军队旧有的编制、组织，战争的规模、强度，乃至于兵法、战术都受到了强烈的冲击。

就如《剑桥战争史》中所说：

"在罗伯特·巴雷 1598 年的军事论文《现代战争的理论与应用》中，'一位绅士'向'一位上尉'指出：过去，英国人是用长矛而非枪炮完成伟业的。对此，那位上尉轻蔑地回答：'先生，过去是过去，现在是现在，自从火器出现以来，战争已被改变太多了。'大多数那个时代的职业军人都同意这种看法。作为一名英国退役军人，罗杰·威廉斯爵士在 1590 年写道：'我们必须承认亚历山大、恺撒、西庇阿和汉尼拔，他们都曾是最杰出、最著名的勇士，但可以肯定的是，如果他们碰上的是像现在法国、德国和低地国家一样装备起来的对手，他们绝不会如此轻易地征服对方。'在一个以自己是古人的传承和延续而自豪的时代，这样的认识是不同寻常的，但事实却也不容置疑。'火器'，确实'革命'了战争。"

所以火药是一项伟大的发明，这项发明证明了中国人民的智慧与创造力。作为第一个发明火药以及第一个把火药运用于战争的国家，中国战争模式的变化也是显而易见的。笔者就这一变化详细介绍一下宋至明清时期的几种典型火器。

第六章 雷霆之力：火器

纵火类和爆炸类火器

火药被发明之后，中国人很快就发现了其在军事领域的潜力。不过当时的军人显然是从火药最直观的特性上考虑其军事用途的。众所周知，火药极易燃烧，而且烧起来相当激烈，并会产生大量的氮气、二氧化碳，导致体积突然膨胀，若在密闭的容器内燃烧就会发生爆炸。因此，中国早期火器，都是利用火药燃烧和爆炸性能制成的纵火类和爆炸类火器。

纵火类火器最早的记载见于北宋初始。当时朝廷大力发展军备，军中便屡有军官研制火器进献朝廷。比如《宋史》卷一百九十七记载，开宝三年（公元970年）五月，"诏：'京都士庶之家，不得私蓄兵器。军士素能自备技击之器者，寄掌本军之司；俟出征，则陈牒以请。品官准法听得置随身器械。'时兵部令史冯继升等进火箭法，命试验，且赐衣物、束帛"。

三十年后的咸平三年（公元1000年），神卫水军队长唐福进献其研制的火药箭、火毬①、火蒺藜，并得到朝廷赏赐。"八月，神卫水军队长唐福献所制火箭、火毬、火蒺藜，造船务匠项绾等献海战船式，各赐缗钱。"

此后，宋仁宗在宝元三年（公元1040年）命天章阁曾公亮等人编纂，于庆历四年（公元1044年）成书的军事类书籍《武经总要》详细记载了北宋火药类武器。此书中共记载六种火毬类火器，为烟毬、毒药烟毬、火毬、引火毬、蒺藜火毬、霹雳火毬。

火毬：火毬是一种主要用来燃烧杀敌的纸壳球形火器，其火药配方为：晋州硫黄14两，窝黄7两，焰硝2.5斤，麻茹1两，干漆1两，砒黄1两，定粉1两，竹茹1两，黄丹1两，黄蜡0.5两，清油1分，桐油0.5两，松脂14两，浓油1分。具体制造方法为先把晋州硫黄、窝黄、焰硝一同捣碎，然后把砒黄、定粉、黄丹放在一起研干漆捣成粉末，之后把竹茹、麻茹微微炒热碾成碎末，再把黄蜡、松脂、清油、桐油、浓油等易燃油料一块熬成油膏，最后把前面这些粉末、油膏混在一起搅拌均匀后包裹在用5层厚纸裹成的球形纸壳内，随后用麻绳把纸壳扎紧，再把松脂熔成液体后涂抹在表面。火毬在使用时先用火锥烙热至可燃，然后用投石机抛射出去，可以野战也可以守城。

---

① 毬，同"球"，本意是"以毛填充的皮球"，也就是蹴鞠运动中所踢的那个球。提到蹴鞠，大家自然会想到北宋年间那个因善于蹴鞠而得宠的高俅，进而将其与玩乐联系在一起，但蹴鞠其实和之后衍生的"打毬"（骑马或徒步进行的用杖击毬运动）都是重要的军队体育运动。在宋代的记载中，"蹴鞠打毬社"往往和民间军事组织"踏弩射弓社"并列，可见蹴鞠深受军人喜爱。而军人想发明一种武器的时候，必然习惯从身边寻觅设计灵感，由此也就不难理解，为什么会成为中国人发明的第一种火器了。

War Story·275

烟毬：用纸制成球形外壳，球壳内装放火药3宋斤，在球壳表面包一层1宋斤重的黄蒿，共重4宋斤，之后如制造火毬一样在黄蒿表面涂上厚厚一层易燃油料。战时先用火锥将烟毬表面的易燃油料烙透，使其发热可燃，之后用投石机投射到敌方位置，可起到遮蔽敌人视线的效果。

毒药烟毬：毒药烟毬是一种燃烧后散发毒烟、毒气来杀伤敌人的火器，共重5宋斤。其火药配方为：硫黄15两，草乌头5两，焰硝1斤14两，芭豆5两，狼毒5两，桐油2.5两，小油2.5两，木炭末5两，沥青2.5两，砒霜2两，黄蜡1两，竹茹1两1分，麻茹1两1分。制作时，先把这些药物捣合后用球形纸壳包裹，之后用一条1.2丈长、半斤重的麻绳从中贯穿球体，利于抛放。最后用纸12.5两、麻皮10两、沥青2.5两、黄蜡2.5两、黄丹1.1两、炭末半斤等易燃材料涂抹于球形纸壳外。使用时，先用火锥烙热至可燃，然后用投石机投射。不过这种火毬多用于守城，在敌人蚁附攻城时用投石机投射到城外，或者在用瓮听探查到敌人挖掘地道时先在该处敌军路线上选一地点挖一条竖井，待敌军挖到竖井后两洞相通，守军便用毒烟火毬配合霹雳火毬烧热后扔进竖井内熏灼敌军。当其燃烧后便散布出浓烈毒烟，因其气体燥烈，凡是被熏到的无不口鼻出血头晕而丧失战斗力。

引火毬：引火毬是用来测试发射距离及精度的火毬，重3～5宋斤。其外壳用纸裹成球形，球内装满碎砖屑，再用黄蜡、沥青、炭末混在一起熬成泥膏状，涂满球形外壳表面，球体中间用麻绳贯穿，以便携带。使用

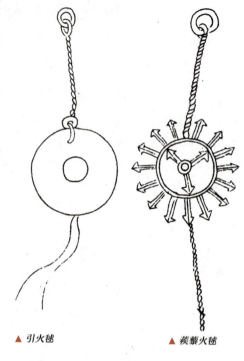

▲ 引火毬　　　　　　　▲ 蒺藜火毬

时用投石机抛出，测试远近精准，然后根据此数据投放火毬。

蒺藜火毬：蒺藜火毬是一种在爆炸后喷散铁蒺藜的球形火器，它是将3枚有六个尖刺的铁刃用火药裹住包成的球体。其具体制作工艺为：先用硫黄1.4斤、焰硝2.5斤、粗炭末5两、沥青2.5两、干漆2.5两混合在一起捣成粉末，再取竹茹1.1两、麻茹1.1两剪碎，之后将所有粉末用桐油、小油、蜡各2.5两搅在一起熔成汁液，最后将其包裹成球形。球体表面用纸12.5两、麻10两、黄丹1.1两、炭末半斤制成，然后以沥青2.5两、黄蜡2.5两混在一起熔成汁液，搅拌均匀后涂满球体周身，再用8枚有倒刺的铁蒺藜环绕一圈固

定在火毬表面，中间用一条1.2丈长的麻绳贯穿，便于携带。使用时，用铁锥烙热使其燃烧，之后用投石机投射出去。球体在燃烧过程中爆裂，使铁蒺藜四散飞落。

霹雳火毬：霹雳火毬是一种具有爆炸性能的球形火器。其用粗约1.5寸的两三节干竹中没有裂缝者一段，用3～4宋斤火药包裹住大小如铁钱的薄瓷片30枚，裹成球形。球体两端冒出约1寸的干竹头，外壳用易燃油料、杂药跟火毬一般涂遍周身。霹雳火毬主要用于守城，守军在用瓮听探查到敌人挖掘隧道后，在其路线上选一地点挖一道竖井，等敌人挖到竖井，两洞相通，便用火锥把霹雳火毬和毒药烟毬烙热燃烧扔进地道内，然后用扇子往地道内扇风以催使毒气向内蔓延熏灼敌人。应当注意的是，使用者需口含甘草，以免被毒气反熏。

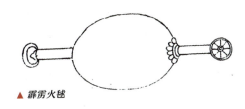

▲ *霹雳火毬*

铁嘴火鹞：此种火器按文字记载及图画来看，是一种外形类似鸟类的火器。其中间主体由木头制作，中贯一木棍，木棍上方用铁做成铁嘴安上为鸟头，下方在尾部用草秆捆作鸟尾，火药就藏在充作鸟尾的草秆里。该火器可以用投石机抛射。

竹火鹞：竹火鹞与铁嘴火鹞一样，是一种燃烧类火器，但外形略有不同。竹火鹞外壳是用竹片编织成椭圆形的竹笼，笼体修长，笼外刷上数层纸浆，再涂成黄色。壳内放1斤火药，其中混杂小圆石子若干，尾部则用2～5斤的草秆编织而成。竹火鹞与铁嘴火鹞这两种火器的用法跟火毬相同，可以用投石机抛射，主要用来焚烧敌人的器械、物资，以达到惊扰敌人的效果。

在《武经总要》的记载中，总共有三个

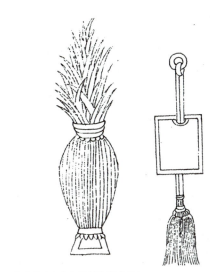

▲ *竹火鹞（左）与铁嘴火鹞（右）*

完整的黑火药配方，为火毬火药配方、蒺藜火毬火药配方、毒药烟毬火药配方。在这三种火药配方中，我们看到北宋火药的主要成分是硝石、硫黄和炭。在火毬火药配方中，硝石、硫黄和炭的比例占到83%；在蒺藜火毬中，硝石、硫黄和炭的占比为82%；在毒烟火毬中，硝石、硫黄和炭的占比则为65%。这说明，以硝、硫、炭为主的黑火药在北宋初期便已经被掌握并熟练使用，但因为时代的局限也存在很大缺陷。

比如，由于硝石的配比不够高，北宋的火器论及爆炸威力并不是很大。在火毬火药配方中，可知硝石、硫黄和炭的配比分别是48.66%、17.03%、17.03%；在蒺藜火毬火药配方中，硝石、硫黄和炭的配比分别是50.19%、25.09%、6.27%；在毒烟火毬火药的配方中，硝石、硫黄和炭的配比则分别是38.61%、19.31%、6.44%。而明代已经发展成熟，接近近代黑火药配比的鸟铳黑火药，其配方中硝石、硫黄和炭的配比分别为75.8%、10.6%、13.6%。另外，《武备志》记载的铳炮火药，其配方中硝石、硫黄和炭的配比则分别为80%、10%、10%。所以我们可以看出，宋代的黑火药还不适合做发射药。

除此之外，宋初火药还有以下三个弱点：

其一，用明火很难点燃，要用烧红的铁锥不断提供热量才能够点燃。

其二，只有在空气充足的情况下才能够充分燃烧。

其三，在密闭的容器里燃烧缓慢且不能充分燃烧。

这一切表明，在北宋时期中国还不具备出现爆炸类火器和身管火器的技术与条件。而史书记载也证实北宋这些火器主要靠燃烧作战。

不过结合时代背景看，自火药发明以来到宋初，火药中硝石、硫黄和炭的配比经过人们长期的实践、摸索，已经基本统一，其配比也有了书面规定，这在火药史上是很大的发展和进步。另外，根据刘旭先生所著的《中国古代火药火器史》中宋初这三种火药配方实验结果来看，火毬火药在燃烧后中心温度可高达1300℃，这已经超过了铸铁的熔点。配合宋代书籍描述的可以把敌人盔甲烧熔的记载来看，当时的纵火类火器已经具有非常可怕的杀伤力了。

上述这些早期火器除了用人力投掷外，为了打击更远距离的敌人，宋军也开始把火器放在投石机上进行远程投射。除了被用于守城之外，这些火器在野战当中也大量使用。不过为了保证机动力，往往把投石机改为投石车随军移动。《武经总要》载："凡砲，军中之利器也，攻守师行皆用之，守宜重，行宜轻，故旋风、单梢、虎蹲，师行即用之，守则皆可设也。又阵中可以打其队兵，中其行伍，则不整矣。若燔刍粮积聚及城门、敌棚、头车之类，则上施大球、火鹞、大枪以放之。"下面笔者就介绍几种宋人用来投射火器的投石机。

单梢砲：单梢砲[①]这种投石机与双梢砲、五梢砲、七梢砲同属于梯台式砲架。这种类型的投石机一般都由四根1尺多粗、10～15尺长的大木方为脚柱，然后用上下各四根横木把脚柱连接，形成一个梯形的框架。单梢

---

① 砲，投石机。火药发明之前，这种机械的功用是将石块抛掷到敌方；火药发明后，它又用于将火毬、燃烧弹一类物体抛掷至敌方。砲起源于春秋战国之际，五代之后与火药结合，所以抛石机开始被称为"火炮"，不过元朝之后以火药为驱动的管形火器逐渐被专称为"炮"，而明朝之后抛石机就慢慢退出了历史舞台。如今"砲"作为"炮"的异形词，已不常用，为了区别，这里称投掷之器为"砲"，火药驱动之器为"炮"。

砲在投射时需由 40 名砲手施放，手握拽索，另有 1 名砲手负责瞄准指挥。待放砲手命令一出，众人便一齐使劲往下猛拉拽索，使抛竿一端受力利用杠杆原理将石弹抛射出去。其射程可达 50 步（约 75 米），所用石弹重 2 斤，也可以抛射火毬。在野战中，可为其添置木轮以便移动。除此外，单梢砲还有一种形制，这种形制主要用于守城，其数据较之前一种单梢砲略有改动，体型要略大一些，配件也多一些。但砲手数量及石弹重量不变，主要布置在城墙内四周，用来打击攻城敌军。

双梢砲：双梢砲可野战可守城，使用时由 100 名砲手拉拽，1 名砲手瞄准指挥。其所抛射石弹可达 25 宋斤，射程为 80 步（约 120 米），除此外也可以投射火毬、火鹞、火枪、撒星石等火器，不过抛射火毬时射程较近，为 60 步（约 90 米）。守城时可以把双梢砲成对布置在马面及翁城内，这样可形成交叉火力打击攻城敌军。

车行砲：用一张大木板为车床，车床下施制四个大木轮，车床上建一根大竿，竿首用一个罗匡木。罗匡木上置放砲梢，高下约城为准，行走移动时用人力推拉，以逐便利。这种投石车所用石弹、火毬及发射方法与其

单梢砲，根据《武备志》记载绘制

车行砲，根据《武备志》记载绘制

▲ **两种砲类武器**（NEOSS绘）

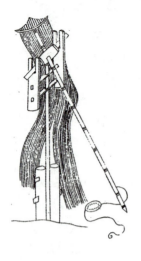

▲ 旋风砲

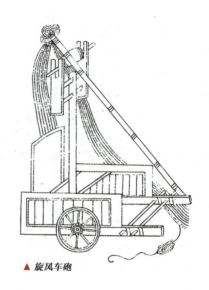

▲ 旋风车砲

▲ 单梢砲

▲ 车行砲

他投石机一样。

旋风砲：旋风砲是一种略小型的投石机，其主体为一根大木桩，称为冲天柱。此砲用砲手50人，另有1名砲手负责瞄准指挥。其所用大石弹重3斤半，射程可达50步（约75

米）。在使用的时候，先要把冲天柱埋在地下5.8寸，两边再用夹木夹紧，这样旋风砲才能稳定受力。守城时，旋风砲主要布置在城墙上战棚旁边；野战时，则用一大木板为车床，四周设木护板，安置两只大木轮以便于移动。

虎蹲砲：一种斜体三角支架式投石机，为加强防护力，在砲架上覆盖了一层铁叶子保护。虎蹲砲用砲手 50 人，另有 1 名砲手负责瞄准指挥。所用大石弹重 12 宋斤，火毬亦如此，射程可达 50 步（约 75 米）外。虎蹲砲可守城可野战，野战时施以木轮便可移动。

以上这些火器和武备很快在抗金战争中发挥了作用。北宋靖康元年（公元 1126 年）正月，金军东路军渡过黄河包围北宋首都开封。当时金兵进逼开封城咸丰门并在城外驻扎，又制造攻城器械准备攻城，而蔡懋（北宋奸臣）此人面对侵犯的金兵不但没有积极抗敌反而命令宋军士兵不得抵抗，凡是有攻击金兵的宋军士兵全被他抓起来施以刑罚。这么一来宋军士兵怨气冲天，恰在此时名臣李纲登上城楼巡查，听说这件事后告诉士兵不用理睬蔡懋的不抵抗命令，并且下令宋军施放弓弩打击金兵。于是宋军大振，使用床子弩与火毬攻击金军，并在夜间用霹雳炮（推测为霹雳火毬，或其改进型）攻击金军，其声如霹雳，金军在震骇之余惊呼不已。

金军攻城不得，向宋朝勒索大量金银与一些土地后退兵北撤。金军虽然撤围，但从被俘的宋军士兵和工匠那里学到了火器的制造与使用方法，并大量仿制宋军火器用于作战。到了靖康元年闰十一月，金军东西路军会合，再次合围开封。攻城时，金军在城外筑造了比开封城墙还要高的望台，并居高临下地用投石机投掷火毬烧毁开封城楼檐橹，与宋军展开激烈攻防战。《续资治通鉴长编拾补》载："癸卯，幸安肃门。至朝阳门，敌箭及驾前旗下。令军士三百余人缒城出战，

杀敌数百，复缒而上，命以官者数十人。敌筑望台，度高百尺，下瞰城中，又飞火炮燔楼橹，将士严警备，旋即缮治。"

金军在进攻宣化门时攻势更为猛烈。当时金兵制造大量的火梯、云梯等攻城器械蚁附攻城，并以五座大型攻城车"对楼"为掩护，投射弓箭与石弹压制守城宋军。宋军在城楼上用撞杆击毁了其中三座，这三座"对楼"被击毁后下面的金兵失去了掩护，于是宋军居高临下投掷大量燃烧物杀伤金兵，但金兵仍不退却，反而聚集起大量火器攻城。《三朝北盟会编》载："火炮如雨，箭尤不可计，其攻甚力。"由此可见，此时的金军已经学会火器的制造，并在开封攻城战中熟练使用，与宋军展开火器对攻。虽然宋军极力抵抗，但可惜的是宋钦宗迷信郭京能以六甲神兵退敌，于是命其开城门出战。六甲神兵自然是无稽之谈，而金军则把握住这次机会于二十五日攻破开封。至此，开封攻防战

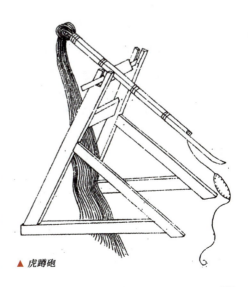

▲ **虎蹲砲**

结束，宋军失败。徽、钦二帝及大量宗室子女被金军掳掠北上，北宋灭亡，这就是著名的"靖康之耻"。

北宋灭亡之后，康王赵构在南京（今河南省商丘市南）建立南宋，并于建炎三年（公元1129年）二月南渡杭州。杭州遂更名"临安"，成为南宋都城。同时，随宋室南渡的还有大量的北方汉民，其中不乏技艺高超的工匠以及军器手工业制造者。他们大量汇集于临安，为南宋的火器制造与改进提供了稳定的基础。南宋的军器所便以北宋开封军器所为基础，创办了御前军器所。御前军器所规模巨大，平时有工匠2000余人，杂役兵500多人，最多时可达5000多人。这些人大多从两浙、福建招募，他们为南宋制造了数量众多的火器及军器。除御前军器所外，各军事重镇也都设有军器制造所，可以自行制造一些火器或军器。

比如宝祐五年（公元1257年），南宋大臣李曾伯报告静江（今广西桂林）存有铁火炮十余万，江陵府（今湖北江陵）每月可制造铁火炮1000～2000个。《景定建康志》记载，当时建康府在两年三个月的时间里便"创造、添修火攻器具共六万三千七百五十四件"。其中制造的火器高达"三万八千三百五十九件"，具体为："十斤重铁炮壳四只，七斤重铁炮壳八只，六斤重铁炮壳一百只，五斤重铁炮壳一万三千一百零四只，三斤重铁炮壳二万二千零四十四只，火弓箭一千只，火弩箭一千只，突火筒三百三十三个，火蒺藜三百三十三个，火药弄袴枪头三百三十三个，霹雳火炮壳一百只。"而"添修二万五千三百九十五件"，具体

则为："火弓箭九千八百零八只，火弩箭一万二千九百八十只，突火筒五百零二个，火药弄袴枪头一千三百九十六个，火药蒺藜四百零四个，小铁炮二百零八只，铁火桶七十四只，铁火椎二十三条。"由此可以看出，南宋军器所规模庞大，制造军器的数量颇为可观。当时除了延续北宋的旧式火器外，也出现了一些新式火器。但这些新式火器，却有不少是金人的发明。

金人在靖康之役中，由于大量使用火器与宋军对攻，使得对火器的制造、研发积累了大量经验，并在此基础上陆续创造出一些新式火器，其中更有爆炸类火器。

铁火炮就是一种由金人发明的爆炸性火器，也是历史上最早的金属火器。南宋嘉定十四年（公元1221年）金军进攻蕲州，围城25天，并用投石机发射铁火炮攻城，对宋军造成了很大杀伤。此种火器的爆炸威力让当时参与守城的司理赵与{容衣}印象深刻。城破后，赵与{容衣}在其所写的《辛巳泣蕲录》中对铁火炮做了详细描述。根据其记载，铁火炮第一次出现是在三月十一日，金军以十三座投石机攻打蕲州西北楼。"十一日，番贼攻击西北楼，横流炮十有三座，每一炮继以一铁火炮，其声大如霹雳。其日对炮，市兵贾用因拽炮被金贼以铁火炮所伤头目，面霹碎不见一半。又有同拽炮人，伤者六七。其阵亡者，太守每名支钱三十贯省，被伤者十贯。西门楼亦被打碎，垂空版十余片。"十三日，金军继续猛攻西北楼，赵与{容衣}亲自登城督军力战，此时金军用投石机投射铁火炮轰击城门。铁火炮的杀伤力，在《辛巳泣蕲录》描述为："其形如匏状而

口小，用生铁铸成，厚有二寸，震动城壁。其日，对炮，兵士詹进被炮打死。"

从这些记载中可以看出，金军的爆炸性铁火炮与宋军的燃烧性纸火毯相比，威力大大增加。在与宋军的对战中，金军将宋军砲手完全压制，宋军砲手或死或伤，死者头部甚至被炸碎一半，极为骇人。除了宋军砲手外，其守城军士也被铁火炮杀伤不少。赵与〔容衣〕又称："十四日……四门攻打甚亟，各隅军兵皆有伤重之人。最是暑字楼下与西南隅楼，铁火炮相继及，伤人最多。"铁火炮之威力可见一斑。

后来，铁火炮进一步改进为威力更加巨大的震天雷，并参与了金蒙战争。绍定四年（公元1231年），蒙军攻占河中府（今山西永济市）。金朝败将板讹可率领3000名残军夺船从水路逃跑，而数里外就有蒙古战船阻挡，金军战船遂用投石机连发震天雷，借机逃跑。《金史》载："至十一月，攻愈急。自王敢救军至，军士殊死斗，日夜不休，西北楼橹俱尽，白战又半月，力尽乃陷。草讹可战数十合始被擒，寻杀之。板讹可提败卒三千夺船走，北兵追及，鼓噪北岸上，矢石如雨。数里之外有战船横截之，败军不得过，船中有赍火砲名'震天雷'者连发之，砲火明，见北船军无几人，力斫横船开，得至潼关，遂入阌乡。"这是震天雷首次出现在文字记载中。

一年后的绍定五年（公元1232年），蒙军围攻开封，金军竭力抵抗，在此攻围战中震天雷的出现次数逐渐增多。绍定五年三月，蒙军进逼开封，他们驱赶汉人俘虏及四处抓获的老弱妇孺背着薪草去填埋开封城外的护

城壕，并用投石机日夜攻打。不几日，蒙军投掷的石弹便几乎跟开封内城等高，而金军的城楼檐橹也被蒙军投射的火毯、火炮所焚烧。除此外，蒙军还在开封城外以开封为中心筑起一道围城，周长一百五十余里。蒙军在开封西北用攻城器械"牛皮洞子"做掩护，直至城下掘城，攻城甚急。

为了抵抗蒙军掘城，金军用铁绳悬挂震天雷，顺着城墙滑到蒙军"牛皮洞子"下，火发炮起，人与牛皮皆碎进无迹。《金史》记载其震天雷，"铁罐盛药，以火点之，砲起火发，其声如雷，闻百里外，所蒸围半亩之上，火点著甲铁皆透"，可见震天雷威力奇大。因此蒙军经过十六天的强攻，依然无法攻破开封，不得已，于四月退兵。

到了明朝，爆炸类火器的技术与威力更进一步。2000年春，内蒙古自治区首府呼和浩特市西南托克托县出土了20余枚中空球形铁壳地雷。其中大地雷直径11厘米，重1.7公斤，顶部凸出一根圆锥形管，高0.6～0.7厘米，底面直径3厘米，顶面直径2厘米，中间有一个直径0.4～0.5的圆孔，为引爆之用；小地雷直径8.5厘米，重0.8公斤，其余与大地雷相同。在地雷内发现残留颗粒状黑火药，其形状为均匀的米粒状颗粒。经过研究，其天然黏结的可能性不大，应该是在制造过程中进行了"造粒"工序，而且经过对残留火药检测，此黑火药中硫黄含量约占20%，实现造粒相对容易。要知道，这可是个重大发明。因为黑火药经过颗粒化之后，和粉末状黑火药相比流动性更好，装填更容易，同时还具有适当的装填密度。这样既不会因为压装过实产生平行层燃烧，造成喷发，

又不会因装填过松而产生威力小或哑弹。引爆时，火焰从火药颗粒间的空隙穿过，将地雷内全部火药同时点燃，爆炸威力因此增大。颗粒火药的出现可谓是火药发展的一大进步。

经过估算，大地雷壁厚约 0.6 厘米，可装黑火药约 430 克；小地雷壁厚约 0.4 ~ 0.5 厘米，可装黑火药约 200 克，杀伤力相当于现今反步兵地雷。

▲ 明代地雷

出土洪武铁地雷数据表

出土洪武铁地雷	直径 / 毫米	锥形管 / 毫米	上底径 / 毫米	下底径 / 毫米	壁厚 / 毫米	火门 / 毫米	重量 / 千克	装药（黑火药）/ 克
大地雷	110	6 ~ 7	20	30	6	4 ~ 5	1.7	430
小地雷	85	6 ~ 7	20	30	4 ~ 5	4 ~ 5	0.8	200

早期管状火器

伴随着两宋时代激烈的战争，管状火器终于出现了，而最早发明管状火器的是一位名叫陈规的南宋防御战大师。

陈规，字元则，山东密州安丘（今山东诸城县）人，建炎元年（公元 1127 年）任德安（今湖北安陆）知府，在宋金关系中属于主战派。根据著写其守城机要的《守城录》一书记载，绍兴二年（公元 1132 年）开封失陷后，一股以李横为首领的乱军进犯德安，攻城长达 70 余天。在攻城期间，李横招募工匠制造了一种大型攻城器械——天桥。天桥由 6 个高 5 尺的脚轮支撑，分上中下三层，底层高 3.5 ~ 4 丈、宽 2 丈、长 6 丈，顶层宽 1 丈并自下向上前伸约 1 丈长。为了便于移动，天桥底盘上左右各绑两条长 20 余丈的大竹绳，每条都有 100 多人拖拽。而为了防御宋军火箭石炮，天桥正面、侧面以及顶部皆用牛皮、厚毡毯、棉被挂搭。

陈规为了抵御天桥，除了布置常规防御力量外，创造性地用长竹竿装上火药，制造了 20 余条"火枪"。每条"火枪"需由两名士兵操控，待天桥靠近城墙时，士兵便立即用"火枪"点火焚烧天桥。

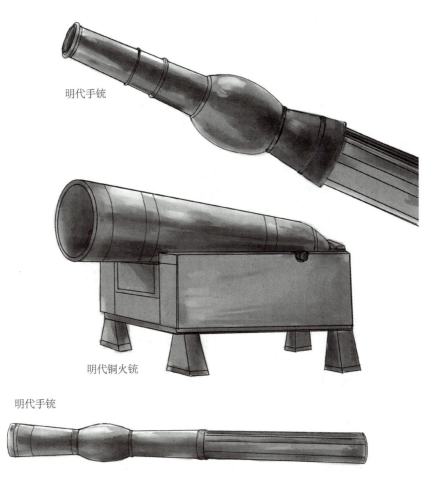

明代手铳

明代铜火铳

明代手铳

▲ **明代早期火器（NEOSS绘）**

按照这一描述，"陈规火枪"应该是一种以粗长竹竿做枪身，火药为燃料的喷火性火器。记载中，"陈规火枪"由两名士兵施放，猜测为一人持枪，一人点放。

《宋史》中说陈规"会濠桥陷，规以六十人持火枪自西门出，焚天桥，以火牛助之，须臾皆尽，横拔砦去"。从这条记载中

可以看出，在陈规的时代，中国火药已经有了较大发展及改进，其性能比150年前《武经总要》中所记载的火药性能大为提高，否则不足以进行长时间的喷射来烧毁外层有牛皮、厚毡毯、棉被保护的天桥。

在此后的金蒙战争中，也曾出现过一种管形火器，名"飞火枪"。顾名思义，飞火

枪与"陈规火枪"作战方式相同，都是喷射火焰燃烧敌人，不过其枪管材质和火药配方却不相同。

绍定六年（公元1233年）五月五日，金朝忠孝军将领蒲察官奴率忠孝军士450人夜袭王家寺蒙军。四更时两军接战，接战之初忠孝军寡不敌众渐渐不支，蒲察官奴分兵数十人乘小船从蒙军背后夹击，金军火枪喷发，蒙军大溃，溺水而死者3500余人。《金史》载："又飞火枪，注药以火发之，辄前烧十余步，人亦不敢近。大兵惟畏此二物云。"之后金军焚毁蒙军营寨而还，蒲察官奴也因此战被升为参知政事兼左副元帅，并被赐予御马。但这并非飞火枪的首次出现，在此战前一年的开封之战中，飞火枪便被金军用来配合震天雷一起守城作战。

《金史·蒲察官奴传》中记载飞火枪："枪制，以敕黄纸十六重为筒，长二尺许，实以柳炭、铁滓、磁末、硫黄、砒霜之属，以绳系枪端。军士各悬小铁罐藏火，临阵烧之，焰出枪前丈余，药尽而筒不损。盖汴京被攻已尝得用，今复用之。"由此可知，飞火枪主体是一杆长枪，并用16层黄纸卷成长约64厘米的纸筒绑在枪头处，外形与梨花枪相似，其火药由柳炭、铁滓、磁末、硫黄、砒霜调配而成，比例已不可知。不过这种火器较为轻便，可以单兵使用，在喷射火焰后还可以用长枪肉搏，很适合步兵装备。

按照火器发展的必然规律，当管状纵火类火器发展到一定程度，出现能够发射弹丸的管状火器只是时间问题了。当然这个过程一直缺乏详细的历史记载和证据，但一些历史记述、出土文物以及古代绘画，却能形成一定程度上的证据链。

首先，是南宋寿春府（今安徽寿县）军民创制的突火枪。《宋史》记载："开庆元年，寿春府造筒木弩，与常弩明牙发不同，箭置筒内甚稳，尤便夜中施发。又造突火枪，以钜竹为筒，内安子窠，如烧放，焰绝然后子窠发出，如炮声，远闻百五十余步。"从记载来看，突火枪由竹枪身、子窠两部分组成，内装火药。当火药点燃后，火药燃烧产生的压力会推动子窠，按竹筒内枪膛轨道直射出去。虽然关于突火枪是纵火类火器，还是依靠子窠的爆炸类火器仍有争论，但这一描述证明此时的南宋火药已经发展到较高水平，较之北宋火药其配方内硝石的比例大大增加，而且其爆炸性能已经能产生足够压力把管状容器里的子窠推射出去。子窠的飞出未必有多大的实战功能，但这种设计本身却具有划时代的意义。

其次，在一座属于公元1128年（也就是陈规当上德安知府的第二年）的墓穴中，其墓穴浮雕上的神像怀抱着一个花瓶状的纵火类火器。在英国人沃尔特·德·米拉梅特（Walter de Milamete）于1327年出版的火器书中，出现了一个同样是花瓶状，但可以射飞箭的金属炮。就此，美国陆军情报中心的军事历史学

▲ 摘自1327年英国手抄本中的花瓶状金属炮

家、资深情报分析家罗伯特·L·奥康奈尔（Robert L. O'Connel）在其《兵器史：由兵器科技促成的西方历史》一书中给出了这样的结论："大家公认中国人使用黑火药进行试验的时间要稍稍早一些……现在我们已经知道完全成形的火器是从外面带入欧洲的。"

总之，从1128年那个花瓶状的纵火类火器，到1259年能够将子窠推射出去的突火枪，再到1327年那个能发射箭矢的花瓶状火炮，我们可以看到一个较为清晰的由纵火类管状火器演变成枪炮类管状火器的历史进程。催生这个历史进程的，自然是激烈而漫长的宋金、金蒙、蒙夏、宋蒙战争。

因此，考古研究者们也发掘出大量这个时期的枪炮类管状火器文物。

1980年5月，在我国甘肃武威针织厂出土了一批窖藏文物。其中有一门保存完好的铜火铳，这门铜火铳全长100厘米，内径12厘米，总重108.5公斤，由前膛、药室、尾銎三部分组成。该火铳前膛为直筒状，长46.8厘米，有铁箍加固；药室呈椭圆形，上有火门，火门直径为0.2厘米；尾銎呈中空状态，为喇叭状，两侧各有一个对称的方形栓口，用来固定铳身。与铜火铳一起出土的还有一枚直径0.9厘米的铁弹丸和0.1公斤黑火药。至于其来历，经党寿山先生研究，认为随这门铜火铳一起

出土的瓷器多与武威塔儿湾出土的瓷器相同或类似，而塔儿湾出土瓷器上有西夏神宗"光定四年"（公元1214年）的提款，故认定该铜火铳为西夏晚期火铳，称之为"西夏铜火炮"。

2002年，宁夏一位文物爱好者收集到一件铜火铳，并且铳内有火药残余。这件铜火铳于1997年出土自银川市。后经比较，该火铳与西夏铜火炮形制相同，由前膛、药室、尾銎三部分组成，只是形体较小。经测量后，其全长24厘米，管壁厚度为0.8厘米，重1.5公斤；火铳前膛为直筒状，长13厘米，内径为2.2厘米，铳口和靠近药室处各有一道铁箍加固；药室呈椭圆形，长5厘米，直径为4.6厘米，药室前后各有一道铁箍加固；药室上有火门，但已腐锈不清，难以辨认；尾銎中空，呈喇叭状，长为6厘米，尾銎口径4厘米。从各种数据来看，这把铜火铳应属于手铳一类。因为随火铳一起出土的除了北宋钱币外，还有很多"天盛元宝"、"皇建元宝"等西夏钱，故推断此火铳也铸于西夏晚期。

不过可惜的是，以上两件火器都无法确定具体年代。但可以肯定的是，此时中国的枪炮类管状火器已经得到了长足的发展，这一点也可以从大量出土的元代火铳上得到验证。比如1970年7月在我国黑龙江省阿城县出土的一件铜手铳，1971年在内蒙古自治区托克

甘肃、宁夏出土火器数据表

火器名称	全长/毫米	全重/千克	前膛/毫米	口径/毫米	管壁厚/毫米	药室长/毫米	药室直径/毫米	火门直径/毫米	尾銎长/毫米	尾銎直径/毫米
武威炮	1000	108.5	468	120	–	–	–	2	–	–
银川铳	240	1.5	130	22	8	50	46	–	60	40

托县原黑城公社出土的一件铜火铳，1976年9月在清江县临江公社李家坊村出土的三尊小型单兵铜火铳。这些火器据推测都是14世纪左右的元代火器。

目前，中国乃至世界公认的最早的金属管状火器是元大德二年（公元1298年）铳。该铳是1989年7月于内蒙古锡林郭勒盟正蓝旗元上都遗址东北发现的一尊铜火铳。这门铜火铳锻铸而成，表面呈紫色，略有绿锈。按形制看，它为碗口铳一类，全长34.7厘米，重6.21公斤。其铳口外扩呈碗形，口外径10.2厘米，内径9.2厘米，壁厚约0.5厘米；膛深27厘米，药室微微隆起呈椭圆形，药室上方开有火门；尾銎中空呈圆形，长6.5厘米，直径7.5厘米。尾銎两侧管壁上有两个对称的直径为2厘米的穿孔，猜测这两个穿孔为水平轴孔，作用是将该火铳安装在木架上之后用一根水平轴穿入，这样一来只需要在铳身前部下方加垫或抽取垫块就可以抬高或降低铳口，改变射角，其作用相当于后世的火炮耳轴。铳身竖刻两行八思巴字铭文：

tay dey（dem）qoyar jil dipere dur
chaqlan burin nayan

大意为：大德二年于迭额列数整八十。

除了大德二年铳以外，已知的元代火铳还有乾隆二年（公元1737年）在山东益都出土的至正十一年（公元1351年）铳以及新中国成立前出土的至顺三年（公元1332年）铳。

元朝末年，各地义军起兵反元，火器也因优势明显在元末战争中发挥了重要作用。特别是朱元璋和陈友谅的争霸战中，双方都使用了大量的火器。

▲ 内蒙古新发现的元代铜火铳

▲ 出土铜火铳复原示意图

▲ 至正十一年铳

▲ 至顺三年铳

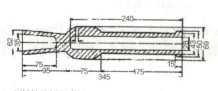

▲ 阿城铳分解示意图

出土元代铜火铳数据表

出土铜火铳	全长 /毫米	全重 /千克	前膛 /毫米	口径 /毫米	管壁厚 /毫米	药室长 /毫米	药室直径 /毫米	火门直径 /毫米	尾銎长 /毫米	尾銎直径 /毫米
清江铳	375	1.8	225	25	5	40	–	–	110	–
大德二年铳	347	6.21	270	92	5	–	–	–	65	7.5
阿城铳	345	–	175	26	15	65	28	–	105	35
黑城铳	295	–	175	25	–	40	–	–	8	–
至正十一年铳	435	4.75	–	30	–	–	–	–	–	–
至顺三年铳	353	6.94	–	105	–	–	8	–	–	77

　　1363 年 4 月，陈友谅趁朱元璋出兵救援安丰（今安徽寿县），江南兵力空虚之隙，发兵号称 60 万，围攻洪都。陈友谅一上来便纵兵攻打洪都抚州门，破坏城墙 30 多丈。抚州门守将邓愈便集结火铳兵在城坏处连放火铳击退陈兵，并在崩坏的城墙上树立木栅栏，最终保住抚州门不失。（出自《大明太祖高皇帝实录》卷十二）

　　除了陆战之外，朱元璋与陈友谅在鄱阳湖还进行了一次规模宏大的水战，这也是中国乃至世界历史上最早的炮舰对攻。《国初事迹》载："先是三月，徐达领大军攻庐州，老左坚守，不克。围至七月，陈友谅亲率大船进鄱阳湖来侵，徐达弃围援之。上亲领舟师往征，衣甲、铠仗、旗帜、火炮、火铳、火箭、火蒺藜、大小火枪、大小将军筒、大

小铁炮、神机箭……白船（明军）往来湖中，仰而射红船（汉军）；红船坚驻，不便转动。一日攻数次，白船轮次而战，红船军力疲倦……比至红船三百步间，箭铳、将军筒、标叉俱发如雨，红船将士无所躲避，仅以板牌遮身，或伏匿，或趋走，无出视者，白船竟过矣。"

　　此战朱、陈双方都大量使用火器杀伤对方战舰、人员，明军数次凭借火器取胜，陈军亦使用火炮反击，战况极其惨烈，最终陈友谅兵败，本人也被明军射杀。鉴于火器的威力和重要性，朱元璋建立明朝后，于洪武十三年（公元 1380 年）下令，每 100 名士兵，火铳兵要占 10 名。《大明太祖高皇帝实录》卷一百二十九记载："罢军需库置军器局，专典应用军器。凡军一百户，铳十、刀牌

二十、弓箭三十、枪四十。"

此后，明军火器在与麓川土司思伦发的战争中，展现了卓越的战斗力。洪武二十一年（公元1388年），思伦发率兵"号三十万，象百余只复寇定边"，西平侯沐英得知后挑选精骑3万人与思伦发对垒。明军先以300骑兵挑战，思伦发派番兵1万余人及大象30余只出战。云南前卫指挥张因率骑兵50人为前锋，并用弓箭射中战象膝盖，战象倒地后，张因又射杀番兵将领，使番兵大乱崩溃，明军趁势追杀斩首数百级。但敌军人多势众，战象高大有力。沐英认为虽然明军骑兵精悍，但日久体力有限必不能支，于是下令"军中置火铳、神机箭为三行，列阵中，俟象进则前行铳箭俱发，若不退则次行继之，又不退则三行继之"。

此为世界上最早的火枪三段击战术。第二天，明军分三队出战，思伦发使大象冲击，明军火铳齐发，大象皆受惊奔散，指挥张因、千户张荣祖趁势率领骑兵至思伦发大营。至此思伦发大败，明军斩首3万余级，俘获万余人，抓获大象37只。

明军在此战中使用的轻型火铳出土众多。比如内蒙古乌兰察布市凉城县南部明代长城遗址内出土的4件洪武五年铜手铳，1971年内蒙古托克县出土的洪武十年铳，1971年内

▲ 洪武五年铜手铳

出土洪武大炮数据一览表

出土铜火铳	全长/毫米	口径/毫米	全重/千克	铁弹质量/克	铭文
洪武五年铳	430	20	1.9	33	江阴卫全字三十八号长铳筒 重三斤二两 洪武五年吉日宝源厂造
洪武五年铳	442	22	1.7	43	骁骑右卫胜字四百一号长铳筒 重二斤十二两 洪武五年八月吉日宝源局造
洪武五年铳 （碗口型）	365	110	15.75	－	水军左卫进字四十二号大碗口筒 重二十六斤 洪武五年十二月吉日宝源局造
洪武十年铳	435	20	2.1	33	凤阳行府造 重三斤八两 监造镇抚刘聚 教匠陈有才　军匠崔玉 洪武十年　月　日造

出土铜火铳	全长/毫米	口径/毫米	全重/千克	铁弹质量/克	铭文
洪武十年铳	440	20	2.1	33	凤阳行府造 监造官镇抚孙英 教匠谢阿佛 军匠华孝顺 重三斤半 洪武十年 月 日造
洪武十年铳	430	20	2	33	凤阳府 监造镇抚孙英 教匠潘茂 军匠李青 三斤七两 洪武十年 月 日造
洪武十年铳	320	21	2.2	37.8	南昌左卫 监造镇抚李龙 中左千户所习学军匠刘善甫 教师王景名 洪武十年 月 日造
洪武十年铳	440	21.5	1.8	40.57	武威卫 教师轩原宝 习学军人陈才七 铳筒重三斤二两 洪武十年 月 日造
洪武十年铳	430	31	1.75	121.61	杭州护卫 教师吴佳孙 习举军人王宦音宝 铳筒重三斤七两 洪武十年 月 日造
洪武十年铳	443	21	1.8	37.8	杭州护卫 教师吴佳孙 习学军人 朝 铳筒重三斤四两 洪武十年 月 日造
洪武十年铳	437	23	1.85	49.66	水师左卫 教师沈名二 习学军人阿德 铳筒重三斤八两 洪武十年 月 日造
洪武十二年铳	445	20	1.9	33	袁州卫军具提调所 镇抚何祥 民匠教师徐成远 习学军匠施署 计三斤四两 洪武十二年 月 日造
洪武十二年铳	450	20	1.79	33	吉安守御千户所 监局镇抚李荣 军匠马舟和 计三斤八两重 洪武十二年造

蒙古托克托县出土的洪武十二年铳等。

据表格中数据显示，洪武年铜火铳长度一般为32～45厘米，口径在2～3厘米之间。2000年春，内蒙古呼和浩特市西南的托克托县，出土了大量的洪武五年、洪武十二年铜火铳，以及铁质弹丸。这些弹丸直径也在2～3厘米之间，重33～110克，显然明初火铳已经开始考虑火器气密性的问题，所以使用"合口铁弹丸"了。再加上前文提到，洪武年间明军已经开始使用颗粒化火药。由此可见，明初的火器已经发展得相当成熟了。

除了轻型火器，洪武年间的重型火器也有出土。比如现藏于山西博物馆的三尊洪武十年造"将军炮"。据1982年《山西文物》介绍，这三门铁炮是洪武十年（公元1377年）平阳（今临汾市）卫的明军铸造的，它们炮身短粗，双耳柄，三道箍，通长100厘米，口径21厘米，耳柄长16厘米，尾长10厘米。炮口下两缝间铸有三行十九字，为"大明洪武十年丁巳口口口季月吉日平阳卫铸造"。据《明史》记载："自京师达于郡县，皆立卫所。"在军事上，重要的地方设卫，次要的地方设所。明初大约有120余万军队，都编置在卫所之中，大约112人编为一个百户所，1120人编为一个千户所，5600人编为一个卫。

当永乐皇帝通过靖难之役，击败侄子建文帝登上皇位后，明朝火器又迎来了一个大发展时期，其数量、质量、战术运用等方面，都有了长足的进步，出土文物也众多。比如河北省文物研究所收藏的永乐七年"天字"铜手铳，1978年辽宁辽阳出土的永乐七年九月二日"天字"铜手铳，日本秩父宫收

▲ 三尊洪武十年造"将军炮"　　　　　　　　　　▲ A炮炮身的铭文（左）和残留弹丸（右）

出土洪武大铁炮数据表

出土洪武十年大铁炮	全长/毫米	内径/毫米	外径/毫米	尾径/毫米	耳轴/毫米	尾长/毫米	重量/千克
洪武大炮A	980	215	320	230	160	100	445.9
洪武大炮B	1000	210	320	250	160	100	443.5
洪武大炮C	1000	210	330	250	160	100	–

藏的永乐七年"天字"铜手铳，日本藤村贞喜氏收藏的永乐七年"天字"铜手铳，日本多贺宗之氏收藏的永乐十二年"天字"铜手铳，日本马成甫收藏的永乐十二年"天字"铜手铳、永乐十九年"天字"铜手铳、永乐二十一年"天字"铜手铳等等。除了"天字"火铳外，还有 1983 年甘肃张掖出土的永乐七年"奇字"铜手铳，首都博物馆收藏的永乐十三年"英字"铜手铳，河北省文物研究所收藏的永乐十三年"奇字"铜手铳，1981年内蒙古出土的永乐十三年"功字"号铜手铳等等。

从出土实物可以看出，永乐手铳与洪武手铳相比，长度减短在 36 厘米左右，口径缩小在1.5厘米左右。另外又新出现了"奇字"、"英字"、"功字"等中型铜手铳，长度在44～55 厘米之间，与洪武手铳相差不远，但口径却增大到 5～7 厘米之间，可见其威力在洪武手铳之上。而且，永乐手铳火门上还新添了火药槽和火门盖。火门盖可以自由开合，这样就防止了火药在风雨天气被吹散、打湿，保证作战时尽量免受环境影响。重要的是，在铭文中可以看到这些铜手铳的生产

▲ 永乐二十一年"天字"铜手铳，首都博物馆藏

和编制序号，而序号甚至已经排到了六万。可见永乐朝火器生产和装备的数量之庞大。

除传统铜手铳外，永乐时期还有一种著名的火铳，那就是神机铳。神机铳以点钢箭做投射物，借火药爆发飞出杀敌。嘉靖年间，神机铳被尹耕改为发射铅弹。很多人认为神机铳是自越南之役所得，比如《明史制第六十八兵四》就写道："至明成祖平交阯，得神机枪砲法，特置神机营肄习。制用生、熟赤铜相间，其用铁者，建铁柔为最，西铁次之。大小不等，大者发用车，次及小者用架、用桩、用托。大利于守，小利于战。随宜而用，为行军要器。"

但据查，明军在初入越南时便已经装备并使用神机铳了。据《大明太宗孝文皇帝实录》卷六十二记载，永乐四年（公元1406年）十二月初九，明军总兵官张辅在简招市江口留都督高士文守辎重船只，他自己则率领大军于十一日和云南西平侯沐晟的军队合兵一处，准备进攻多邦城。当时越南军队常沿江立寨，凭借水势抵抗明军，因地势狭小，明军很难全部展开；但多邦城不一样，该城城外有一片开阔沙滩，极利于攻城一方集结部队。不过多邦守军早有防备，他们在城外挖掘出两道壕沟，沟内密密麻麻地插满了削尖的竹棍，又在壕沟周围挖了很多陷马坑来阻挡明军。张辅和沐晟商量后决定：张辅主攻多邦城西南部，沐晟主攻东南部，形成两面夹击之势。另外，张辅还派遣一队明军前往拟定攻击点一里之外的地方以为疑兵，吸引对方注意力。

十二日凌晨，张辅下令集结军队，准备攻城，他对士兵们说："越南军队所凭借的

出土永乐铜手铳数据一览表

出土铜火铳	全长/毫米	口径/毫米	全重/千克	铭文
永乐七年铜手铳	345	17	–	天字五千二百三十八号 永乐七年九月二日造 （后刻：赤城二边石门墩）
永乐七年铜手铳	352	15	2.5	天字二万二千五十八号 永乐七年九月 日造
永乐七年铜手铳	350	15	2.27	天字二万三千二百八十三号 永乐七年九月 日造
永乐七年铜手铳	355	15	2.5	天字二万三千六百二十五号 永乐七年九月 日造
永乐十二年铜手铳	360	14	2.3	天字三万四千六百六号 永乐十二年三月 日造
永乐十二年铜手铳	300	15	2.2	天字四万五百五十四号 永乐十三年三月 日造
永乐十九年铜手铳	358	15	2.25	天字四万四千八百五十四号 永乐十九年九月 日造
永乐二十一年铜手铳	358	14	2.2	天字六万二百三十一号 永乐二十一年九月 日造
永乐七年"奇字"铜手铳	550	73	20	奇字一千六百十一号 永乐七年九月 日造
永乐十三年"英字"铜手铳	440	52	–	英字一万三千三十四号 永乐十三年九月 日造
永乐十三年"奇字"铜手铳	436	53	8	奇字一万二千四十六号 永乐十三年九月 日造
永乐十三年"功字"铜手铳	440	52	–	功字一万八千五百六十八号 永乐十三年九月 日造

不过就是这一座孤城，大丈夫应当报效国家，功成名就只在此战！只要是登上城池的，不分先后一律奖赏！"明军听到后士气大涨，纷纷奋勇杀敌。四鼓时分，张辅遣都督黄中等携攻城器械悄悄越过重壕，潜至城下，以云梯攻城。抢攻上城楼的明军点燃明火、吹响号角，攻城部队得到信号后，军心大振，争先攻城。多邦守城士兵见大势已去，纷纷跑下城墙逃命，明军遂占领城墙。但败退入城的多邦城守将不甘心失败，他们纠集起战象、士兵在城内列阵，与明军进行巷战。面对御像猛冲的多邦守军，张辅令游击将军朱广等用狮子像蒙在战马身上，神机将军罗文率领神机铳部队在旁攒射，"翼而前"。所谓"翼而前"，是指两队火枪兵交替进攻，一队火枪兵开枪时另一队负责装药，并在交替的过程中不断向前推进。战象被"狮子"惊吓的同时被火枪打伤，纷纷失去控制反过来向后奔散。明军紧跟其后长驱直入，击杀越南守将梁民献、蔡伯乐，并一直追到伞圆山下，大获全胜。由此可见，明军在进攻越南前就已经装备了神机铳，并且有了相应的部队与官职。

再加上从出土实物看，永乐四年之后的火铳与之前火铳相比，在火药与弹丸之间多了一个木马子。木马子是一种放置在火药与弹丸之间的木制附件，由硬木制成，以加强气密性，增加射程。而此前建文铜火铳与洪武铜火铳皆无此物。因此，笔者认为神机铳就是中国传统的铜手铳，而书中所说"习得之法"应该是自越南处学到木马子。

神机铳在作战时由三人操作，前面一人专管瞄准点放，中间一人用来转递空枪，最后一人负责装填弹药。这样三人一组分工明确，极大地增加了神机铳的火力持续时间，而其在军队中的配置也比洪武年间的10%增加很多，并最终引发了军队编制的变革。

如《明英宗睿皇帝实录》卷一百九十三记载，景泰元年（公元1450年）六月，五军坐营都指挥佥事王淳上书："国朝神机枪诚为难敌之兵，但用之不当，盖枪率数层排列，前层既发，退居次层之后装枪。若不量敌远近，一时数层乱发，后无以继，敌遂乘机而进，是乱军引敌，自取败绩。臣访求太宗皇帝旧制，参为束伍法，一每队五十七人，队长副各一人，旗军五十五人，内旗枪三人，牌五人，长刀十人，药桶四人，神机枪三十三人。遇敌，牌居前，五刀居左，五刀居右，神机枪前十一人放枪，中十一人转枪，后十一人装药，隔一人放一枪，先放六枪，余五枪备敌进退。前放者即转空枪于中，中转饱枪于前，转空枪于后，装药更迭而放，次第而转，擅动滥放者队长诛之，装药转枪怠慢不如法者队副诛之。如此则枪不绝声，对无坚阵。"

之后王淳召集10万明军试炼，其中步兵7万人，而神机铳手则有大约2万余名，由此可见，相对于洪武时期10%的火枪装备

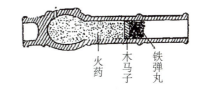

▲ 木马子图

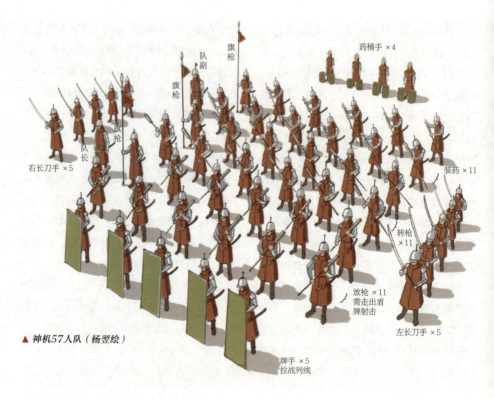

右长刀手 ×5

队长

队副

旗枪

旗枪

旗枪

药桶手 ×4

装药 ×11

转枪 ×11

放枪 ×11 需走出盾牌射击

左长刀手 ×5

牌手 ×5 拉战列线

▲ 神机57人队（杨翌绘）

率来说，起码到景泰年间明军的火枪装备率提高到了将近 30％，可见火器在明军中的快速发展。而这时候火器的有效射程是一百步（约 150 米），已经能有效压制弓箭等武器，从而取代了原战术体系中弩的地位，并在新战术体系中占据重要位置。

明代中后期火器

15 世纪中叶到 17 世纪，火器在全球范围内得到持续性扩散和发展，引发了一系列的军事革命和社会变革。在大发展的年代，不同国度的军人、手工艺人、科学家的奇思妙想、设计理念和思路，以及新的制作工艺，也回传到火器的诞生地——中国。这就使得明代中后期的火器，无论是品类和样式上都与之前有了很大的不同，同时也诞生了快枪、三眼铳、鸟铳、佛郎机等一系列长身管的新式火器。

三眼铳

鸟铳

小佛郎机

▲ **明代中后期单兵火器（NEOSS绘）**

快枪

　　快枪是明代中后期的单兵火枪，属于火门枪，用药线引燃火药。它由铳身、枪头与木柄两部分组成，步兵、骑兵都有装备，守城时所用数量较多。这种火枪并非一种规格，

中间曾被抗倭名将戚继光改进过一次。此后戚继光所改快枪取代旧式快枪装备于明军中，这种新式快枪可投射可肉搏，是明代火器一物多用的典型。

　　有人认为快枪出现在嘉靖年间（公元1522～公元1566年），因为现存明代兵书

身长二尺

柄长五尺

◀ 快枪

多数把快枪与鸟铳、佛郎机、子母炮等火器并列。比如《皇明经世文编》卷二百五十九《唐顺之所奏条陈蓟镇练兵事宜疏》称："国初止有神机火枪一种，天助圣明，除凶灭虏；而佛郎机、子母炮、快枪、鸟嘴铳，皆出嘉靖间。"

但事实并非如此，快枪的出现要比唐顺之所说的年代早得多。据《大明会典》卷一百九十三《军器军装二火器》记载，兵仗局曾于弘治十三年（公元1500年）造快枪、飞枪筒两种火器。虽然没有说明具体数量，但也证明最晚于弘治十三年快枪便已出现并被应用于军中。加上中间的正德皇帝，快枪实际出现的年代要比唐顺之所说的嘉靖年早了两代。

从制造工艺上讲，快枪的枪管与三眼铳、鸟铳是相同的，都属于锻铁卷制。工艺为先把生铁炼熟，之后锻打成一块铁片，捶打后把铁片卷成筒状，卷的时候要严丝合缝、各无漏隙。卷好后再用钢钻车磨，必要使枪膛光滑圆直，枪膛内底径与口径大小一致。在枪膛最底部用钢钻钻出火门，位置与枪膛底径垂直，门口大小适宜。而所使用铅弹也要圆滑，直径与铳口内径大小相同，这样才会使火药燃烧强劲，铅子发而有力。从形制和工艺上说，三种火器使用的枪管其实都是一样的，只是后期工艺和具体装备略有不同。

三种火器中，快枪结构最为简单，就是铳身后接上一根圆直木柄，铳口处备一个可拆卸的锋利枪头。

旧式快枪铳身长1尺3寸，约41.6厘米；枪膛长1尺，约32厘米。后来戚继光认为旧式快枪"身短体薄"，且"柄短赘重，将欲兼持战器，则不能两负，将只持此器，则近身无可恃者"，于是将快枪铳管改为2尺长，约64厘米，并把木柄改为5尺长，约160厘米。这样除去快枪铳尾与木柄连接处，快枪全长为6尺5寸，约208厘米。其所用铅弹重3~4钱，约11.1~14.8克，用火药5钱，约18.5克。每名快枪士兵备铅子300个，火药9斤6两。除此外，快枪手亦装备明盔1顶，甲1副，鞓带1条，快枪1杆，搠杖1根，锥1把，剪1把，药袋1个，药管30个，药线筒1个，药线500根，硫黄蘸2头，铅子袋1个，火绳3根，锋利腰刀1把，每局铅子模1副，火镰石1副，椰瓢1个。

快枪在点放时，先把铳柄夹在左臂腋下，士兵半蹲把快枪枪柄架放在左膝上，这样可以防止快枪头重脚轻、摇摆不定，之后用右手点燃火线放铳，也可以站立点放。快枪的打靶距离与鸟铳相当，比三眼铳远，为100步。士兵的考核方式是个人技艺考核，这种考核考验的是士兵个人的技巧是否纯熟巧练。具体为每个快枪手发给9发铅弹，在100步的距离上打靶，并按中靶次数进行考核。而明军射远考核共分九个等级，分别为上等三则：上上、上中、上下；中等三则：中上、中中、中下；下等三则：下上、下中、下下。其中，"九中者，准超等。八中者，准上上等。七中者，准上中等，六中者，准上下等。五中者，准中上等。四中、三中者，准中中等。二中者，准中下等。一中者，准下上等。不中者，准下中等。不知者，准下下"。

三眼铳

提到快枪，就不能不提到著名的三眼铳了。它自问世以来迅速风靡明朝各军各镇。守城、野战、骑战、步战、车战等到处都有它的身影。上至京师重镇九边马步，下至村庄乡堡团练民壮，都有它存在的位置。

在一些演义的描写中，三眼铳堪比古代的机关枪，但也有人认为，三眼铳不过是个粗制滥造的落后武器，最多听着名声响亮。

▲ 日本仿《神器谱》制造的旋机翼虎铳，它是明军火门式三眼铳改进而来的火绳式三眼铳。现代网上流传的一些所谓的明代三眼铳图片，其实多是清代之后的礼仪用品或民间礼炮，非实战用具

▲ 国初三眼枪

◀ 三眼铳

那么三眼铳到底是一种什么样的武器呢？

明代赵士祯在其所著的《神器谱》中记载了一种被叫作"三眼枪"的火器，这种火器可以追溯到宋代的梨花枪。它用一根长枪为主体，在靠近枪头部位用细麻绳绑上三个圆滑竹筒，每竹筒内装有一支小火箭，用火绳药线引燃。待距敌人三四十步的时候点燃药线便发火箭击打敌人，而且在攻城的时候也可以使用。火箭连发时声势骇人，就算敌人躲过飞来的火箭，也难躲开随后跟进攒刺的长枪。

三眼铳很可能就是从这种武器上找到的灵感。据明代何乔远的《名山藏·卷七十八·刘天和》记载："天和才而廉，所居官必有独创自制，治河道有手制乘沙量水等器，治边则造独轮车及诸火器，三眼枪后来多遵用之。"

刘天和，字养和，湖广黄州麻城县人，正德戊辰进士，于嘉靖十五年（公元1536年）以兵部左侍郎兼都察院右副都御使总制陕西三边军务。他在任时置办车营，制造战车、火器、弓弩。明代雷礼所著的《国朝列卿记·卷一百二十六·刘天和》对刘天和及其制造的轻车进行了详细记载："轻车之为制也，其轮只，其足四，其前二足行悬而住立，前兽面牌一，为孔四，以安诸火器，其傍挨牌左右各一，着裙有枢，战则转前以蔽矢，夹轮箱二，轮后箱一，载战具用具三，牌间建斧枪刀钩诸兵，大辕二，后向一人推之，前设横木二人翼之前挽者一一车轮推挽者共十人，皆战士……轻车战用佛朗机一，用七眼枪三眼枪各一，用旋风砲一，用神机箭三十，弩二。"

除了给战车步卒配置三眼铳外，刘天和也为骑兵装备上了三眼铳这一武器，"凡师出，百车为营，用步兵千，骑兵二百，用火器凡五百，弩二百，骑每队用佛朗机五，三、七眼枪五，强弩十余，弓矢翼之"。这是明军配置三眼铳的最早记载。后来在嘉靖二十三年（公元1544年），同为右副都御史衔巡抚陕西的翁万达在《置造火器疏》中，称三眼铳为"近者"之火器，因此笔者认为何乔远所写《名山藏》中把三眼铳的发明人归于刘天和还是比较可信的。

三眼铳顾名思义是由三个铳管组成，呈品字状，因此也被称为"品字铳"。三眼铳属于火门枪范畴，本质上是三把快枪的组合。铳管制造工艺与快枪相同，造好后把三个铳管攒为一处，用三道铁箍把铳管固定连接，只在铳口处加箍一道也可以，最后在铳身后面再造一个库箍，用来装一根木棍以作枪柄，在木柄后边安一枪头或铁箍，便于近身搏杀。其工艺在明代余自强所著的《治谱》中记载较为详细："一铳筒合缝处，要卷得极融极牢极相生，恐防炸开。初卷筒，筒内不可太大。卷就后内有未平，用天车架就细绳搅扯，将纯铜舞钻从筒孔中一直生活钻下，则筒内光而前后大小一样。以后入药，火药不滞，筒不遽热，可连放数铳不炸……一火线眼要平平恰在底上，不可高了一分。如高了一分，便有十分气力倒退，不惟有坐底之

害，且向前无力……一铅弹子因囗子铸就，将细磁瓦和合碓春，后又用粗糠和合碓春期于极光极圆。然铳口有大小，铅弹亦有大小，须要不松不紧，预先分配明白，紧则炮炸，松则去无力不得远……一铳制要打多人及远者，百子铳为上。稍，则三眼枪为妙。每一木柄，头上篏三铳筒，其中心木各环抱隔之，使铁筒不相邻，则筒不易热，可连放连装不绝。"

明代火器大家赵士祯在《神器谱》中对三眼铳做出改良，其改良步兵所用三眼铳全长5尺5寸，约176厘米，铳管长1尺3寸，约41.6厘米。骑兵所用三眼铳全长4尺4寸，约140.8厘米，铳管长1尺3寸，约41.6厘米。改良三眼铳其木柄顶部加粗，在上面呈品字形挖出三道凹槽，便于镶嵌铳管，然后用铁箍固定；之后在木柄底部加一铳刀，铳管底部全部换成螺丝底。螺丝底就像螺丝一样，可旋转拆卸，这样对于清理火枪膛壁的火药锈迹极为方便。《治谱》中说："一铳底有平底，有螺丝底。平底者打就平底，同筒尾一齐烧红，将筒尾略分开安入，用锤锤融，为力虽易而铳底药锈不便铲洗。螺丝底者底虽平，而底身斜槽周身围绕而下，如螺丝然。待削整丝路停匀，便将冷盐水激之。俟筒尾烧红分开后，即以冷螺丝底安入，用锤锤桄，则此底与筒身不相融合，可旋进亦可旋出，磨洗药锈极便，但非良工不可为耳。"

另外，因为快枪、三眼铳与

▲螺丝底图

明朝度量衡换算

明朝计量单位	现代公制单位
1斤（1斤=16两=160钱）	595克
1两	37.2克
1钱	3.72克
1丈（1丈=10尺=100寸）	3.2米
1尺	32厘米
1寸	3.2厘米

鸟铳枪管的锻造方法相同，因此也可以将鸟铳改为三眼铳。明代陈仁锡便在《无梦园初集·漫集一》中说："其鸟枪改为三眼枪者，亦以一砲可发三耳。"

三眼铳通常管长1尺，约为32厘米，每管用火药3钱，约为11.2克，所用铅子重量与火药同，也是3钱，约11.2克，弹药比为1∶1。但按明代熊廷弼所著的《按辽疏稿》卷五记载："臣又思御房惟火器为长技，檄行各道打造，而臣亲于辽阳开局打造过盔一千四百六十顶、甲一千四百六十副、大三眼枪六百杆、小三眼枪二千二百一十杆、百子铳四百六十位、棍枪二百九十杆、腰刀一千把、弓九百八十张、箭一万六千六百枝、头砲四十杆。一一经臣验试而又新造独轮战车三百辆以防鞑虏。"可见三眼铳并非只有一种规格，亦有大小之分，那么弹药自然也不尽相同。如明代茅元仪《石民四十集》之《四议奇兵》载："奇兵以三眼枪手为之，每方每隔各百人以护大车，共为八百人，人执高丽牌一具，牌阔一尺五寸，轻而易运，出而为椅，则牌立成营，亦俨然车也，而运变无穷矣。每铳備三百出，每出药三钱，计五斤十两，铅子三百枚，重如之。共合正奇之兵而为五千人矣。"而在《自造神火轻车议》中，弹药的规格为："三眼铳每出用药四钱，三眼共一两二钱，六门一百出该药四十斤共一百四十五斤。"另外，从出土实物看，三眼铳小者长30厘米，大者长44厘米，可见根据铳管长短不同其所用火药、铅子亦不相同，而这也很符合明代火器弹药"量铳管长短，铳口大小酌情加减"的情况。

三眼铳属于站立夹枪射击，把木柄夹于左臂腋下，左手持铳身，头略低看铳尾至铳口照准，右手拿火绳点燃火门上的药线向前打去。马上三眼铳则是挑选身体强壮有力者，作战时五骑一排，冲锋时先用弓箭骑射，待快要和敌人接触时突然勒马回转，收弓矢入袋，拿出三眼铳夹在腋下转身射击，意在出

三眼铳瞄准示意图，根据古画绘制。铳手左手持铳身，右腋夹持三眼铳杆，同时右手点火（杨翌绘）

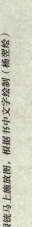

三眼铳马上施放图，根据书中文字绘制（杨翌绘）

其不意。（《明季甲乙汇编》卷四）

三眼铳作为火器自然要打远射靶，其训练方式在明代《开原图说》一书中记载较为详细。按书中所说，三眼铳手要先练装放，防止临战时手慌脚乱，装药不细，打放不齐。而早期火铳因为精度、威力和火力连续的问题，要想保证对敌时有较大的杀伤力只能结成战阵列为数排，在数十步内由一排火枪手齐放以保证较大命中率，然后前排与后排火枪手替换装药、放铳，以保证连续发挥出早期火器的最大威力。

因此明军强调"临阵点放得齐，后边装替得快，装不误打，打不误装，更番熟习，如雨不绝，斯为得法"。在训练时，编成队伍，由队长指挥。队长鸣号角一声，则第一排士兵点三眼其中一眼齐发，又响一声则第二眼齐发，以此类推。第一排士兵三眼打完后就退后装药，第二排士兵按前法听队长指挥打放，等打完后第一排士兵也装药完毕，如此更迭不停。

除此之外，明军还有射准训练。开原明军选择一堵坚固厚实的土墙，在墙面与人胸口一般高的地方用生石灰划一道横线，这道横线约32厘米长，然后士兵站在离墙80步（约120米）外的地方照着土墙射击，这样既训练了士兵打准，铅子打在土墙上还可以回收不至于浪费。

在《治谱》一书中，还记载有另一种射靶方式，就是在河里放一块木板，在木板上装一件长宽同等的篱笆，士兵持三眼铳在岸上射击，弹子中则篱笆动，观察极为便利。"三眼等铳练习之法，切不可朝天上放打，须要横打笆子，使手脚惯熟。其法用一木板

浮在河里，上插长窄一笆，弹子中着，则笆动。此一法也。"

至于三眼铳的编制和战术，则可参考《开原图说》一书。书中火器营步兵全部装备三眼铳，而其列阵方法也有详细描述。开原正兵火器营，有枪手400人，列为方阵，方阵四边每边100人，其中把总1人、队长4人，四边共把总4人、队长16人。方阵每边具体设三眼铳手80人、炮兵20人、灭虏炮10门，每炮设2名炮兵，四边共计三眼铳手320人、炮兵80人、灭虏炮40门。方阵四边每边10名三眼铳手间大炮1门，80人共间8门炮，剩下2门设在营门。除设在营门的大炮外，每边大炮又设骑兵4人，8炮共32人，四边32门大炮共骑兵128人。此外，每边安放拒马枪80架，四边共320架以防虏骑冲击；而阵中又有人役200人、内丁100人、中军内丁50人，共350人，分为14队以护卫主将1人，全营共计879人。

遇敌时，士兵各按队伍站好列为四边，每边先在最外层安放80架拒马枪，以铁索连环；后放大炮8门，炮兵16人，营门大炮2门，炮兵4人，骑兵32人，三眼铳手80人。若敌人来冲则听号令，鸣金一声齐放三眼铳一眼，鸣金二声齐放第二眼，鸣金三声齐放第三眼，敌人冲来不止则三眼铳连放不绝。要是军队行营或追敌之时与敌人遭遇来不及安放拒马枪、火炮，则士兵各按队伍迅速站立轮番打放，边打边走只前不退。

值得注意的是，无论是快枪还是三眼铳，都能找到与之相近或类似的西方早期火器，这也是武器必然出现趋同性的一个例证。

正兵火器营人员器械简表

三眼铳手	炮兵	骑兵	人役	内丁	中军内丁	主将	灭虏炮总数	拒马枪总数	人员总数
320 人	80 人	128 人	200 人	100 人	50 人	1 人	40 门	320 架	879 人

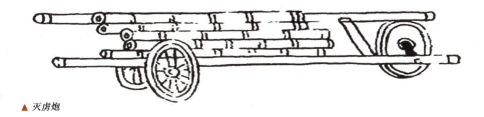

▲ 灭虏炮

鸟铳

　　根据《西方澳门史料选萃 15 ~ 16 世纪》中的记载，最早在 1505 年，葡萄牙人阿尔梅达便率领船队西来。其所携武器清单有：大铁炮 27 门，鹰炮 18 门（其中铁质 14 门，铜质 4 门），配有 3 子铳的佛郎机 468 门（其中铜质 316 门，铁质 152 门），托架大炮 53 门，钢鸟枪 80 支。至此，带有西方设计理念和样式的新式火器出现在明军的视野中。这之中最为人所熟知的就是鸟铳和佛郎机了。

　　与快枪和三眼铳这样的传统火门枪不同，鸟铳是一种新型的火绳枪。它由葡萄牙殖民者于 16 世纪初带到东南亚和东亚，并在之后一系列战争中传入中国。与中国传统火门枪相比，鸟铳枪管长，有准星照门，由扳机牵动火绳点火，因此具有射程远、威力大、射速快、精度高等优点。鸟铳凭借这些优势一进入中国便大受青睐，在明军中广泛

装备。嘉靖三十七年（公元 1558 年）一年，明政府便制造了一万把鸟铳装备军队。万历年间，据汪道昆记载，明军新练京军车营共装备鸟铳 11760 把，其数量之多令人惊叹。乃至于最后，明代鸟铳已经普及到边缘村堡每村装备 30 把的地步。

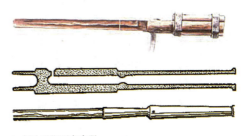

▲ 部分早期西方火器

▲ 鸟铳

鸟铳的来源有两种说法。一种说是传自日本，如戚继光所言："此器中国原无，传之倭寇，始得之。"另一种说是传自番夷，如《筹海图编》："鸟铳之制，自西番流入中国，其来远矣。"

事实上，鸟铳的确是由葡萄牙人传入中国的，而非日本人。日本第一次接触鸟铳是在1544年8月25日，葡萄牙商人在后来的海贼王王直引领下来到日本种子岛。《铁炮记》记载："天文癸卯秋八月二十五日丁酉，我西村小浦有一大船，不知自何国来，船客百余人，其形不类，其语不通，见者以为奇怪矣。其中有大明儒生一人，名五峰者，今不详其姓字（王直又名五峰，号五峰先生）。时西村主宰有织部丞者，颇解文字，偶遇五峰，以杖书于沙上云：'船中之客，不知何国人也，何其形之异哉？'五峰即书云：'此是西南蛮种之贾胡也。'"

但在此之前的嘉靖二十年即公元1541年，明军就已经装备了鸟铳。据《大明会典》卷二百零八《南京工部》记载："凡南京营操、关用鸟铳鞭铳，每年操备合用火药三千三百四十一斤四两，药线三万一千三百二十条，大木马子八千六百四十个，小木马子一十三万五千个，竹翎铳箭九万枝，嘉靖二十年题准，本部每年一次料造，放支演习。"可见在鸟铳传入日本的三年前，明军已经大规模装备了，因此鸟铳不可能是从日本传入中国的。

一般认为，在之前的屯门之战（公元1521年）或西草湾之战（公元1523年）中，明军缴获了葡萄牙人的火绳枪和长管火炮，并对其进行仿制，最终出现了鸟铳和佛郎机炮。

制造鸟铳时，先用三四十斤生铁炼出七八斤熟铁，大约用银7钱到2两不等。然后"不论长短，分为三节；每节分四块，形如瓦样，边薄中厚"。一节铁板长1尺，因为鸟铳根据型号长度在3、4、5尺不等，因此铁板数量按其长度而定。前文描述的把熟铁锻打成3节12块，是为后边锻接铳管做准备。因为鸟铳用的是双层复合式的锻打方法，因此要两边薄、中间厚，边缘薄是为了便于两层铁板的锻打结合。铳管锻接成功后再用钢攒车磨内膛，使其光滑洁净。之后"则火门筒应得八分径，口筒应得四分径。各节熘此比例，上下周围厚薄，适均其节。缝合口之处，更要极力煮熟。于将合未合之畸，用铁刷刷去重皮，灰淬镞煮，浑化一体。"

鸟铳使用火药3~4钱，与铅弹弹药比为1:1，射靶距离与快枪同为100步，考核士兵时以9发为准，士兵射击9枪后停止。射击时，鸟铳手将脸部贴近枪托，目视准星照门瞄准目标，然后左手托铳身，右手扣动扳机发射。鸟铳点火装置为一个金属弯钩，弯钩一端固定在枪尾，另一端是一个用来夹火绳的被称为"龙头"的机头。发射鸟铳时要先将火绳点燃，之后扣动扳机使龙头下落，

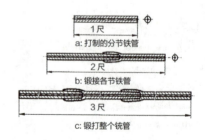

a：打制的分节铁管

b：锻接各节铁管

c：锻接整个铳管

▲ 摘自《明代佛郎机与鸟铳的制造技术》

这样夹在上面的火绳便自动落入药室引燃火药，发射弹丸。

步兵在射击鸟铳时可以半跪射击，也可站立射击。"放铳之法，先将药预装各小竹桶内，约铳口可容几钱铅子一枚，即每桶装药几钱。药多则铅化，药少则子无力。先装药入铳，用搠杖送实，方下铅子一枚，又搠杖送下，至药际。将火门取开，用另装细火药倾入鸟铳火门内，向上振摇，药入线门，将火门闭之，以火绳安入龙头。前手托铳架中腰，后手开火门，即拿铳架后尾，人面妥架尾之上，用一只眼看后照星对前照星，前照星对所打之人，用右手大食指拨鬼向后，鬼入龙头，落在火门，药燃铳响。"

至于鸟铳兵的常备装备，通常是："搠杖一根，锡鳖一个，药管三十个，铅子袋一个，铳套一个，细火药六斤，铅子三百个，火绳五根。"

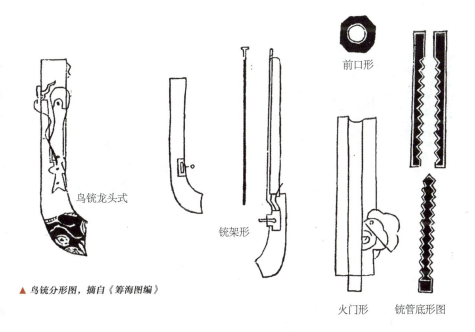

前口形

铳架形

鸟铳龙头式

火门形　　铳管底形图

▲ 鸟铳分形图，摘自《筹海图编》

明代中后期火器数据表

火枪类型	铳管长度 / 厘米	口径 / 厘米	火药 / 克	铅弹 / 克	实战射程 / 米
步兵用三眼铳	32 ~ 45	14 ~ 15	11.1 ~ 14.8	11.1 ~ 14.8	128
骑兵用三眼铳	32 ~ 45	14 ~ 15	11.1 ~ 14.8	11.1 ~ 14.8	48
快枪	64	14 ~ 15	18.5	11.1 ~ 14.8	160
鸟铳	96 ~ 112	14 ~ 15	11.1 ~ 14.8	11.1 ~ 14.8	160

佛郎机铳

在明军缴获的葡萄牙火器中有一种后膛火炮，也被明军大量仿制和装备，那就是佛郎机铳。佛郎机在铳身后方开一大孔，再另用小炮预先装好火药炮弹，用时直接将小炮装在孔内点火射击，使用十分便利，射速也较其他前膛火炮快，因此被深受蒙古骑兵"来去如风"高机动力困扰的明军喜爱。此后该炮在明军装备使用的过程中经历再发展、再

▲ 大佛郎机

创造，短短十数年间便发展出小型的骑兵用马上佛郎机、单兵使用的万胜佛郎机、百出

碗口铳

大佛郎机

虎蹲炮

大神铳

▲ 明代中后期火炮（NEOSS绘）

先锋炮、大型的无敌大将军炮、神威飞电大将军炮等一系列火器。

不过最初的佛郎机铳并不是特指那种后膛火炮，而是明朝对"佛郎机人"，即葡萄牙人所带来的所有火炮的统称，范景文在《战守全书》中说的"佛郎机初唯全身"就是这个意思。唐顺之在《武编》里描述了一种嘉靖年北方边军装备的7000斤西洋大炮。这门长3.8米、炮口直径76厘米的生铁造大炮，或许就是根据葡萄牙人长管炮改造而来。

佛郎机铳最早出现在中国并被仿造是在正德年间，宁王造反时曾派人赴广东学习佛郎机制造之法并加以仿制。但随着宁王兵败，佛郎机也就没有得到普及，直到正德十六年（公元1521年）葡萄牙人在屯门与明军发生冲突，时任广东按察司副使巡视海道的汪鋐决定率兵驱逐才发生转机。战前的正德十六年正月，东莞县白沙巡检司巡检何儒报告汪鋐，称其在佛郎机船上遇见过两个叫杨三、戴明的中国人，这两个人跟随佛郎机人时间很长，并熟知佛郎机造船铸炮的技艺。汪鋐得此情报后随即命令何儒以派人送食物酒水的名义到佛郎机

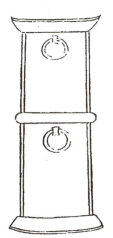

▲ 《武编》收录的西洋大炮

船上与杨三、戴明接触，加以利诱，之后杨三、戴明与何儒定好期限在夜里被接回中国。回到中国后，汪鋐命令二人铸造佛朗机铳，成功后装备水师战舰，随即进攻佛郎机人。

据汪鋐《奏臣愚见以弭边患事》描述，佛郎机人所用战舰"其船用夹板长十丈，阔三丈，两旁架橹四十余枝，周围置铳三十余管。船底尖而面平，不畏风浪。人立之处用板杆蔽，不畏矢石，每船二百人，撑架橹多而人众，虽无风，可以疾走。各铳举发，弹落如雨，所向无敌，号曰蜈蚣船。其铳管用铜铸造，大者一千余斤，中者五百斤，小者一百五十斤。每铳一管，用提铳四把，大小量铳管，以铁为之。铳弹内用铁，外用铅，大者八斤。其火药制法，与中国异。其铳举放，远可去百余丈，木石犯之皆碎"。汪鋐与水师装备仿制成功的佛郎机铳之后，"赖用此铳取捷，杀灭无遗，夺获伊铳大小二十余管，比于杨三等所造体制皆同"。

屯门之战胜利后，升为都察院右都御使的汪鋐于嘉靖九年（公元1530年）九月上书朝廷，建议在北边各军镇墩堡普及佛郎机铳：

"都察院右都御史江鋐言，国家于江北沿边各设重镇，如甘肃、延绥、宁夏、大同、宣府，每镇官军不下六七万人，又设墩台城堡，其为守御之计似无不周。然每当虏入卒莫能御，损伤官军动以千百计，此其故何也？盖墩台初无遏截之兵，徒为瞭望之所，而城堡又多不备，所执兵器不能及远，所以往往覆败，为今之计当用臣所进佛郎机铳。小如二十斤以下远可六百步者，则用之墩台，每墩一铳以三人守之；大如七十斤以上远可五六里者，则用之城堡，每堡三铳以十人守之。五里一

墩，十里一堡，大小相依，远近相应，星列棋布，无有空阙，贼将无所容足，可以收不战之功。窃计每镇要害，寇所必由者不出千里，十里一堡则千里当用一百堡，五里一墩则千里当用二百墩，一堡十人则百堡当用一千人，一墩三人则二百墩当用六百人，然则一千六百人可以遍守一镇矣。以更番之法一年分为四班，则一千六百人当用六千四百人，一镇之军士十用其一已有余裕。分拨指挥，千百户等官管领，仍行巡按御史巡视稽考。余军尽督之，屯种仍十取其一，更番操备于镇城，则不必调客兵，而常额之士且十可九耕，不必出内帑。开盐利而屯田之入且岁可数十万，窃谓御虏之计当无出此人。"

嘉靖皇帝阅读奏章后深以为然，嘉奖汪鋐筹边忠虑，并下令兵部、户部对此讨论商议。不久兵部尚书李承勋便上书称"佛郎机手铳诚为军中利器，宜申饬各边，如所议修墩堡，拨军士，给发教习，为守堡守墩之具"，对汪鋐所说很是赞同。至此，佛郎机铳开始大量装备明朝边军。同时，由于嘉靖年间倭寇肆虐，明军水师也开始大量装备佛郎机铳。如《两浙海防类考续编》所载，万历年临观总水哨装备有福船4艘、苍船4艘、渔船8艘、沙船4艘、叭喇唬船8艘、网船6艘，共装

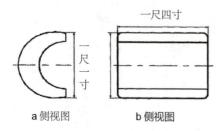

一尺四寸

一尺一寸

a 侧视图　　b 侧视图

▲ 铁片示意图，引自《明代佛郎机与鸟铳的制造技术》一书

备有铜发熕4门（主要用于福船舰首）、铁炮弹218个、铜佛郎机25门、铜提铳72个、铁佛郎机43门、铁提铳142个、连珠炮（单兵用火器，用铅子1.8两，约重66克）30把、子铳120个、百子铳（战船所用百子铳有使用30两大铅弹，约合2.5磅）124架、鸟铳224门。

佛郎机造法与鸟铳、快枪、三眼铳相同，为锻打造炮，先用5～7斤生铁炼成1斤熟铁，再把熟铁打成铁板，"将铁分作八块，打如瓦样，长一尺四寸，阔一尺一寸，中厚边薄"。《武备志》中这段话的意思就是将熟铁分作八块，然后捶打成瓦片状，每片长约44.8厘米，宽约35.2厘米，中间厚于四边。而之所以用八块铁片是因为一段铳管一般由两块铁片双层卷合锻打而成，而佛郎机铳身较长，因此需用八块铁片打作四段铳管，再把四段铳管连接成一根完整的铳管。

佛郎机前后设有照门，打放时"用一目眇看，后照星孔中对前照星，前照星孔中对所打之物"。佛郎机的火药铅弹尽放在子铳内，合口大铅弹要比子铳口微大一分，先装火药再隔以木马子，最后装入铅弹。但此法比较麻烦，"苟子马俱大，则难出；出则力大，要坐后，而人力不能架之。若子小，则出口松而无力，歪斜难准"。于是戚继光改制为"今法止用铅子，预将铅子照子铳合口微大一分制就，用时入药之后，即以子下口用凹心铁送杆打下入口一寸，即入母铳放之。此法既省下木马烦难之功，又出口最易。而且铅子合母铳之口，紧激直利，便速成功"。

根据《武备志》中佛郎机条目可知，明军使用的小型佛郎机有5种型号，每种都用

提铳9个，每个备弹药10发，总共备弹90发。

此外，大型佛郎机有无敌大将军与神威飞电大将军（即神飞炮）两种，这两种炮都是嘉靖年间名将戚继光改造并使用的。戚继光在北边指挥防务时有感于蒙古骑兵大弓快马，往往数万骑聚在一起一齐冲锋，快枪、鸟铳等火枪碍于射速及火力持续不够的问题往往难以压制骑兵的冲锋。而明军旧有的大将军炮重达1000多斤，移动不便，再加上前装炮装药费时费力，在面对以骑兵为主的蒙古人时不及两三发便被拉近了距离，依然难以起到压制的作用。于是戚继光便参考佛郎机形制，把大将军炮改造为后装大型佛郎机炮，母铳重1000斤，子铳重150斤，但无炮耳，在炮身下置放木枕来调整角度，并载以炮车，所用弹药以散弹为主。无敌大将军炮备子铳3个，每个备弹药10出，共备火药120明斤、铅弹10950个、生铁弹10920个。点放时装药4明斤，若用铅弹便装365个，若用生铁弹则装364个，另有合口大石弹30个。待敌军骑兵冲到三四十步时推出施放，号称一发五百子，草枯人糜，威力巨大。

神威飞电大将军炮形制与无敌大将军炮相似，但神飞炮母铳炮身由熟铁铸造，子铳

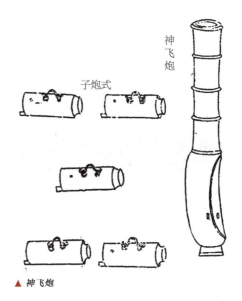

▲ 神飞炮

▲ 无敌大将军炮及其炮车

五款小型佛郎机铳参数一览表

佛郎机型号	长度 / 厘米	子铳口径 / 毫米	重量 / 千克	用药量 / 克	弹丸重量 / 克
1号	256 ~ 288	38	135 ~ 152	592	592
2号	192 ~ 224	34	102 ~ 119	407	370
3号	128 ~ 160	28	68 ~ 85	222	185
4号	64 ~ 96	25	34 ~ 51	130	111
5号	32	14	17	18.5	11.1

才像其他佛郎机一样采用锻接法制造。神飞炮野战、攻城、海战都可使用，早期戚继光便拿它来装备福船作为舰首炮使用，后来又被用于船舷两侧船舱，多时一船可装备四门

神飞炮。神飞炮备有子铳 5 门，母铳则有三种形制，其中 1 号神飞炮最大，攻城海战用 25 明斤大石弹，打人则用散弹，装 200 个小石弹（重 74 克），500 个小铁弹（重 37 克）。

三款神飞炮参数一览表

神飞炮型号	母铳长 / 厘米	母铳口径 / 毫米	母铳重 / 千克	子铳长 / 厘米	子铳口径 / 毫米	子铳重 / 千克	装药量 / 千克
1 号	256	25.6	592	48	22.4	47.4	3
2 号	224	22.4	474	41	19.2	40.5	–
3 号	192	16	355	27	12.8	26.7	–

大神炮

除了外来的佛郎机外，明军大量装备的本土火炮之中也有佼佼者，而最出名的当属叶梦熊所造的大神炮。叶梦熊乃是明代冷锻造炮第一人，他所创的大神炮用净铁 1000 斤打造，属于冷锻炮。此炮由无敌大将军的子铳加以改造而来，造价不过十余两，因此叶梦熊刚制造成功便上报朝廷要求大量制造。朝廷很快做出了回应："万历二十一年二月丙午，发太仆寺及经略存留马价银共一万二千两与甘镇，领造大神炮一千御虏，俱从甘肃巡抚叶梦熊请也。"

其炮最精者长 6 尺（约 182 厘米），重不过 280 斤，炮身可能已经锻打成钢。其一次投射弹药量十分惊人，《神铳议》描述："大铅弹七斤为公，弹次者三斤为子弹，又次者一斤为孙弹，三钱二钱者二百为群孙弹，名之曰：公领孙，尚以铁磁片用班毛毒药煮过者佐之，共重二十斤。"

普通大神炮一般小者长度在 3 尺 5 寸（约 112 厘米）左右，重 350 斤，这种大神炮在雷州府明军中多有装备，一般一队明军（50人）装备一门。由于锻造炮强度比铸造炮强，重量也要比铸造炮轻很多，因此大神炮与同时期欧洲长管炮相比虽然炮管短、重量轻，但所用炮弹却更重、更多。小者其合口铁炮弹重 7 斤，内散装铁炮弹 4 个，分别重 4 斤、1.5 斤、1 斤、0.5 斤，除此外还有重 1 两的小铁弹 150 个、重 8 钱小铅弹 50 个，炮弹总重达 25 余斤，装黑火药 38 两。

另外还有一款大神炮，大者长度在 4 尺 5 寸（约 144 厘米）左右，重 1000 余斤，并被冠以"将军"之名。目前在日本藏有 3 门万历年所造的大神铳型将军炮。

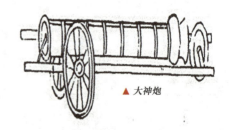

▲ *大神炮*

五款大神炮参数一览表

大神炮	长度／厘米	口径／毫米	重量／千克	装药／克	合口弹重／千克
叶梦熊初造	182	62	165.76	–	4.14（铅）
雷州府装备	112	68	207.2	1406	4.14（铁）
万历"天字"大铁炮（25号）	136	121	–	–	7.26（铁）
万历"天字"大铁炮（69号）	142	119	–	–	7.03（铁）
万历"天字"大铁炮（135号）	143	113	–	–	6.03（铁）

清代火器

明万历末期，努尔哈赤在辽东起兵叛明。由于努尔哈赤此前曾为辽东总兵宁远伯李成梁的家丁，且与其关系不浅，在明军中服役多年，后来更是袭其父职并被封为龙虎将军，因此他对明军火器印象深刻，并自主制造获得成功，只是数量稀少。

后来在宁远之战中，袁崇焕以红夷大炮守城，配合本土火炮交替攻击，后金战败。努尔哈赤死后，继任的皇太极因在宁锦之战中再次被明军以火器击败，便决心制造火器。天命十一年（公元1626年），皇太极正式继位之后便开始组织人手制造红夷炮。天聪五年（1631年），后金在佟养性的帮助下终于成功制造出第一门红夷炮。铸炮成功后，皇太极下令编制炮兵，但由于满人不习操炮之术，便任命佟养性为统理官，抽调投降明军为炮兵，至此，后金出现炮兵部队。

在此后一段时间里，由于明朝孙元化所编练的以西洋铳炮为主、由葡萄牙炮手教练的火器新军叛变降金，带去了大量的红夷炮、西洋炮，后金的火器力量得到了大大加强。有了底气的后金军在锦州一度驻守了100门红夷炮，使得明军大为惊恐。之后清军在吴三桂的带领下入关南下，在扬州之战、江阴之战中更是携带大量火炮与明军进行激烈炮战。清朝统一全国后，火器技术慢慢停滞，加上八旗贵族"防汉"心理使得全国范围内火器、火药制造技术产生断层。虽然这时候燧发枪已经传入中国，清军在与缅甸作战时也吃了大亏，但清朝并没有选择大量制造装备，而是将其作为御制火枪深藏在宫内把玩或作为官用火枪奖赏官员，普通士兵依然使用老式的火绳枪。

如此这般，清军火器年代久远，保养不善。

以致鸦片战争后，清政府普查各地驻防八旗鸟铳情况时，赫然发现黑龙江驻防八旗的鸟铳竟然已经使用了116年之久没有更换！驻防八旗尚且如此，更不用说火器质量最低下的绿营兵丁了。其军备败坏，可见一斑。

清代鸟铳种类繁多，见于《皇朝礼器图式》的就有53种，其中御制火枪16种、花枪5种、交枪8种、线枪20种、奇枪3种、兵丁鸟枪1种。不过这些多为御制火枪与官用火枪，真正大规模装备士兵的是兵丁鸟枪。兵丁鸟枪沿袭自明代鸟铳，但形制不同，虽然依然是火绳枪，但要比明代鸟铳长了将近一倍，达6.1尺，重6斤。其填装火药与明代相同，为3钱，但装弹却是1钱，只有明代鸟铳的三分之一。兵丁鸟枪在枪口下方还加有一个1尺长的双脚叉架，一般满、蒙八旗把木枪托染成黄色，汉八旗染成黑色，普通的绿营士兵则染成红色，便于区分。清代鸟铳的装备量较高，雍正年间下令淘汰三眼铳等火门枪，全部换装鸟铳，这让各省驻军鸟铳装备率曾一度达到50%，但与同时期已经迈入全火器时代的西方各国相比，清军依然处在冷热混编的阶段。加上女真贵族"防汉"思想贯彻始终，因此鸟铳的质量是御制鸟铳优于八旗鸟铳，八旗鸟铳优于绿营鸟铳。

鸟铳之外，在明末清初大放异彩的红夷炮到了清代也有了很多名为"将军炮"的变种。

神威大将军炮：为红夷炮型，炮身前细后粗，用铜铸造，长8尺5寸（约272厘米），炮身隆起4道箍，重3800斤。火炮施放时装黑火药5斤，铁炮弹10斤。载以四轮炮车。

神威无敌大将军炮：为红夷炮型，炮身前细后粗，重2000～3000斤，长7尺3寸至8尺（约234～256厘米），炮身表面隆起5道箍。施放时放黑火药3～4斤，使用铁炮弹重6～8斤。载以三轮炮车。

神威将军炮：为红夷炮型，炮身前细后粗，炮尾似斗笠，炮重400斤，长6尺7寸（约214厘米），炮口上方有照门。施放时用黑火药8～9两，铅弹重18两。载以双轮炮车。

武成永固大将军炮：康熙二十八年（公元1689年）由南怀仁铸造，小者重3600斤，炮身长9尺6寸（约307厘米），大者重7000斤，炮身长1丈1尺1寸（355厘米）。炮身有精美花纹，隆起10道箍，炮口上有照门。施放时大者用黑火药10斤，放铁炮弹20斤；小者用黑火药5斤，放铁炮弹10斤。载以四轮炮车。

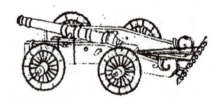

▲ 神威大将军炮

▲ 神威无敌大将军炮

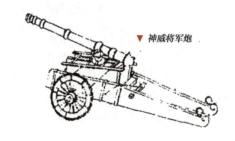

▼ 神威将军炮

德胜门复原清代古炮。炮身为神威
大将军炮原炮身，炮车根据宣武门
清代古炮炮车照片复原而成

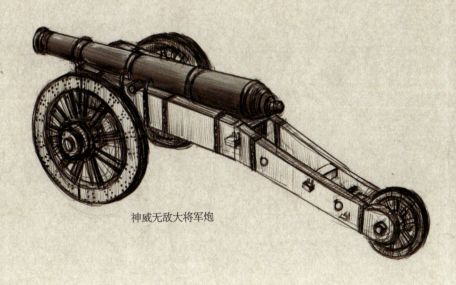

神威无敌大将军炮

▲ 两种清代"将军炮"（NEOSS绘）

神功将军炮：康熙二十八年由南怀仁铸造，炮重1000斤，炮身长7尺（约224厘米）。炮身隆起5道箍，炮口有照门。施放时用黑火药1.12斤，放铁炮弹3.8斤。载以三轮炮车。

虽然清朝前期或自造或借助南怀仁等传教士铸造了相当数量的重型欧式火炮，但清廷只是将火器技术视为凌驾汉人的专用品，以致鸦片战争前对火器技术的压制、分割使得国内火器水平参差不齐。比如左宗棠收复新疆时挖出明代开花弹感慨不已，言说清朝无此物，却不知他的前辈满人将领年羹尧在几十年前于所著兵书中提到过此物。由此可见清朝对火器技术的分割有多严重。除了火器技术，火药技术也是如此，各地火药质量差异较大，有些地方甚至退化到了使用粉末火药的地步。

到了鸦片战争时，沿海清军所用火炮有很大一部分是清朝国初便已经制造装备的火炮，更有相当一部分火炮是明朝遗物，甚至有大臣仿造明朝戚继光虎蹲炮、火箭来对英作战。另一方面，当时即便是新炮也同样不堪重用，比如道光十五年（公元1835年）虎门新造的59门火炮，在试射中炸膛10门、损坏3门，损失率占22%。关天培调查后发现新炮炮身渣滓遍布，炮膛内坑洼不平毫无光滑可言，其中最大的孔洞竟然可以装4碗水。新造火炮质量低劣至此，甚至已经比不上前明遗留的火炮，使用这样的火炮作战

其结果不言自明。

1841年，英军进攻虎门，对虎门炮台进行迂回进攻并用舰炮覆盖攻击。清军虽然发炮还击但因为火药掺杂泥沙，因此射程短，威力小，且准度差，所发炮弹能击中英舰的少之又少。此战清军伤亡惨重，前后阵亡士兵527人，受伤560余人，另有1000余人被俘虏（此后这些俘虏被英军集体屠杀），而英军伤亡甚小，几乎可以忽略不计。

于是，在西方殖民者的坚船利炮和屠杀下，中国历史走入了屈辱的近代，而那些中国火器也被近代西式火器取代。在之后的一百年里不断被侵略、打击、羞辱的中国人，也慢慢遗忘了祖先曾经的荣耀……

▲ **武成永固大将军炮**

▲ **神功将军炮**

创作团队简介

指文烽火工作室：由众多历史、战史作家组成，从事古今历史、中外战争的研究、写作与翻译工作，致力于通过严谨的考证、精美的图片、优美的文字、独到的视角为读者理清历史的脉络。目前已经出版军事历史类图书四十余本，其中包括《战争事典》、《战场决胜者》、《透过镜头看历史》、《信史》四款 MOOK 系列丛书，以及《中国古代实战兵器图鉴》、《倭寇战争全史》、《明帝国边防史》、《拿破仑战记》、《秘密战三千年》、《帝国强军：欧洲八大古战精锐》、《帝国强军：中国八大古战精锐》等专题性图书。

太极白熊：军史爱好者，热衷于唐代中前期的军事历史，对传统武术有较为浓厚的兴趣，尤喜太极、形意等内家门派，一直致力于探索中国武术古典实战技艺在军阵中的作用。

文韬：古兵器研磨复原爱好者，一直致力于魏晋及之前时代冷兵器、军用护具的研究与复原工作。

赵开阳：师从日本剑道名家，修习剑道多年，涉猎多种格斗技艺的学习和研究，擅长古代格斗技巧及剑道研究。

肇英：传统弓箭爱好者、职业作者、历史研究者，研究主攻方向为中唐至北宋元丰改制前的职官制度、日本政治制度史、国际共运史等。

虎符：前中国人民解放军装甲指挥车车长，从军经历使其对古典军事理论和军事科学，特别是军人防护领域上有着独到的理解。

巨侠：七十年代生人，剑道三段，非著名收藏家。长期从事于东西方古代兵器、甲胄的研究。

王龙润：古代火器和明代军事历史研究者，一直注意发掘古代军事领域武器发展的同源性，用现代科学思维理解中国古代火器的技术水准。

杨翌：酷爱军事历史及军事装备，擅长绘画，喜欢以画者的角度观察军事历史题材，思考军事历史事件的发生过程和军事武器的运用会是何种画面。传统弓箭爱好者，主要练习拇指式大拉距射法。

NEOSS：自由插画师，毕业于吉林动画学院。军史、军武、科幻、奇幻、ACGN 爱好者，喜欢收集书籍、模型和古兵，并对古兵进行复原的图画创作。

战略战术

史实军备的视觉盛宴
千年战争的图像史诗

欧美近百位历史学家、考古学家、军事专家、
作家、画家、编辑集数年之力编成。

《世界军服图解百科》丛书

史实军备的视觉盛宴
千年战争的图像史诗

欧美近百位历史学家、考古学家、军事专家、作家、
画家、编辑集数年之力编成。

超过600幅战场实地照片及彩色手绘插图

第二次世界大战
军服、徽标、武器图解百科

英国、美国、德国、苏联及其他盟国与轴心国

二战时期诸多参战国军队制服及相关装备的专业指南、战场上的
制服、装具、武器、徽标、战场地图、作战计划

中国甲胄史图鉴

一场有关甲胄的视觉指南，多方位展现中国甲胄发展史

◎ 高清的陶俑、壁画、出土甲胄图片
◎ 刘永华教授、复原甲胄画师刘诗巍的精美手绘图
◎ 函人堂甲胄复原工作室、中式甲胄艺术家李辉提供的精美复原甲图片

战争事典

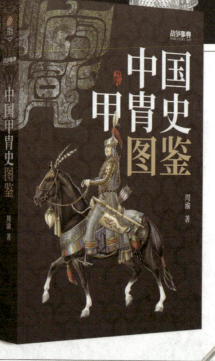

中国甲胄史图鉴

周渝 著

战争事典
WAR STORY